Ulrich Knoll

SCHULJAHR

Der ganz normale Wahnsinn:
Erlebnisse eines Schulleiters

Mit Illustrationen von Jana Moskito

SCHWARZKOPF & SCHWARZKOPF

Alle Personen, Namen und Episoden in *Schuljahr* sind frei erfunden.
Weder gibt es Knorr noch die anderen Charaktere noch diese Schule.

Nichts von dem, was folgt, hat jemals stattgefunden.
Natürlich außer dem, was wahr ist.
(Frei nach Jean-Claude Izzo)

Inhalt

1. Kapitel
VOR SCHULJAHRESBEGINN 7

2. Kapitel
DER ERSTE SCHULTAG 21

3. Kapitel
DIE ERSTE SCHULWOCHE 29

4. Kapitel
SEPTEMBER UND OKTOBER 39

5. Kapitel
NOVEMBER UND DEZEMBER 65

6. Kapitel
JANUAR UND FEBRUAR 107

7. Kapitel
MÄRZ UND APRIL 155

8. Kapitel
MAI, JUNI UND JULI 201

9. Kapitel
DIE LETZTEN SCHULWOCHEN 233

10. Kapitel
DER LETZTE SCHULTAG 253

9:59 Uhr. Knorr saß in seinem Arbeitszimmer und ordnete seine Unterlagen für die Konferenz. Zehn Meter bis zum Lehrerzimmer, eine Minute bis zur ersten Lehrerkonferenz des neuen Schuljahres. Knorr öffnete die Lehrerzimmertür nur einen Spalt und spähte vorsichtig in den Raum. Drinnen ein ungeheures Lärmen und Tosen, quasi eine Bombenstimmung, überschwängliche Begrüßungsrituale zum neuen Schuljahr, Gelächter, ja Wiehern, die üblichen Protagonisten der Fröhlichkeit in offensichtlicher Vorfreude auf die kommenden Monate, dazwischen ein paar zaghaftere Gemüter, die Neuen. 60 Lehrer, mehr als 20 neue Referendare zur Ausbildung. Es war erstaunlich und erfreulich zugleich, dass alle Anwesenden so gute Laune zu haben schienen, begann doch jetzt die Arbeit nach den Sommerferien aufs Neue. Doch Knorr wusste aus langjähriger Erfahrung, dass diese positive Grundstimmung trügerisch war und wahrscheinlich nicht lange anhalten würde, wenn das Schuljahr mit all seinen Komplikationen erst einmal ins Rollen kam.

Noch flogen Wortfetzen inmitten von Küsschen rechts, Küsschen links hin und her. Knorr glaubte alle möglichen Urlaubsorte von Nepal über Bayerischer Wald bis zu Sylt, Grand Canyon, Kalterer See und Varadero herauszuhören. In der Tat: Ein inspiriertes, gut gelauntes, lautstarkes Geschnatter erfüllte den Raum ob all der ungeheuren Ferienerlebnisse, die man da gerade hinter sich gebracht hatte und von denen man natürlich berichten wollte.

Knorr ging gemessenen Schritts zwischen den einzelnen Tischen hindurch zu seinem Stehpult. Er ordnete seine Papiere penibel, der erste Auftritt war durchaus wichtig. Freundliche Begrüßungsrufe schallten aus allen Ecken. Die Personalratsvorsitzende eilte herbei, schüttelte ihm die Hand und drückte ihre Zuversicht auf ein harmonisches Schuljahr in guter Zusammenarbeit aus. Das war schon mal erfreulich. Die Mitglieder der schulischen Incrowd, also sozusagen die staatstragenden Elemente im Lehrerkollegium, zwinkerten ihm aufmunternd zu, man kannte sich schon lange und vertraute einander. Na, das ist doch wirklich nett hier, dachte er sich.

»Liebe Kolleginnen und Kollegen, ich begrüße Sie alle recht herzlich zum neuen Schuljahr und freue mich, dass Sie sich nach den Sommerferien alle wieder gesund, munter und bester Stimmung am Ort des Grauens eingefunden haben ...« – der seit Jahren ritualisierte Standardsatz zu Beginn wurde von den Routiniers mit wohlwollendem Gelächter quittiert. Die Neuen schauten zaghaft, wussten sie doch weder, wen sie da vor sich hatten, noch wer die netten, wer die unangenehmen Kolleginnen und Kollegen waren. Wie würde jetzt alles weitergehen? Und wieso »Ort des Grauens«? Langsam kam das Lehrerzimmer zur Ruhe, nur die eine oder andere Urlaubsanekdote und der eine oder andere Witz machten noch die Runde. Die Ecke links hinten am Fenster tuschelte wie immer und reagierte auf Blickkontakt wie ertappte Schulkinder. So kannte Knorr das seit vielen Jahren.

*

Er selbst und sein Schulleitungsteam waren schon seit zehn Tagen »im Dienst«. Vorbei waren die Jahre, in denen man zu Beginn der Ferien halbwegs beruhigt aus der Schule gehen und seine Ferien entspannt und ohne Sorgen genießen konnte, weil man wusste, welche Lehrer versetzt wurden und welche neuen Lehrer mit welchen Fächerverbindungen zum neuen Schuljahr zuverlässig zugewiesen wurden. Nur selten gab es damals personelle Komplikationen, etwa weil eine Lehrkraft den Dienst nicht antrat oder eine Kollegin ein Kind bekam. Doch die goldenen Zeiten der Planungssicherheit waren lange vorbei. Alles war sehr komplex geworden.

Aber selbst wenn das Schulleitungsteam hätte vorarbeiten wollen: Es machte keinen rechten Sinn, in den Kernzeiten der Ferien in der Schule vorbeizuschauen. Die Putzkolonnen hatten alles auf den Kopf gestellt, die Server funktionierten nicht und alle Verbindungen nach außen waren sozusagen gekappt. Eine Schule in den Sommerferien war eine äußerst trostlose Angelegenheit und stank penetrant nach Putzmitteln.

So hatte die Schulleitung zumindest ein Alibi für ausgedehnte Ferien, wenngleich mit leisen Zweifeln, ob denn alles gut gehen würde. Aber nun war das Team schon zehn Tage vor dem eigentlichen Schulbeginn vor Ort. Zehn Tage, in denen anfangs das reinste Chaos herrschte und sich keiner so recht vorstellen konnte, wie man das Ganze in Gang bringen sollte. Es hakte an allen Ecken und Enden: Einige Zuweisungen waren noch immer nicht geklärt, eine neue Kollegin sollte man sich mit einer benachbarten Schule teilen, in drei Fällen kamen Lehrer mit anderen Fächerverbindungen als den jeweils angeforderten, eine neue Kollegin trat ihren Dienst aus welchen Gründen auch immer gar nicht an, eine mobile Reserve konnte man zwar einbauen, sie würde aber wohl sowieso nach wenigen Tagen oder Wochen wieder weg sein, die Zahl der neuen Referendare änderte sich fast täglich, wegen unvermeidlicher Koppelungen gingen zahlreiche Stunden verloren, die man für Förder- und Ergänzungsunterricht gut hätte gebrauchen können und so weiter und so fort. Die Personalabteilung im Ministerium war ebenfalls in keiner beneidenswerten Situation und hatte mehr oder weniger den telefonischen Kontakt zu den Schulen eingestellt, um nicht in zahllosen Anfragen unterzugehen. So blieb ziemlich viel unklar.

Natürlich wusste Knorr, dass sich am Ende wieder alles auf wundersame Weise zusammenfügen würde, eine Melange aus Kompromissen, gesundem Menschenverstand und Trickserei. Die Konrektoren im Planungszimmer waren nicht zu beneiden. Das ganze Planspiel der Unterrichtsverteilung war ein Puzzle, das sich nie störungsfrei und reibungslos entwickeln konnte. Tagelang bastelten die Stundenplaner herum, mehrfach war das Programm abgestürzt. Immer wieder bot es wegen falscher Parameter im Sportunterricht die absurdesten Pläne an. Alles wurde von Jahr zu Jahr komplizierter, komplexer, detailversessener.

Die Rahmenbedingungen entwickelten sich widrig: große Klassen, überhaupt zu viele Schüler, nicht genügend Räume, Lehrermangel in einigen Fächern, ständig neue, ziselierte Anweisungen aus dem Ministerium, Anforderung von Unterrichtsübersichten, die man zumindest theoretisch bis ins hinterletzte Detail nachprüfen konnte. In der Praxis ging das wohl eher nicht. Man hatte im hohen Haus zwar zunehmend von jeder Schule ungeheure Datenmengen, die aber im Grunde gerade wegen ihrer Komplexität sinnlos waren. Denn bis man sie erfasst, kompiliert, analysiert und rückgemeldet hatte, war es eh schon zum konkreten Eingreifen im Fehlerfall zu spät. Das System schien immer mehr auf begründetem oder unbegründetem Misstrauen zu beruhen, führte sich jedoch mit der Datenflut selbst ad absurdum. Das gab man gegenüber der Basis, also den Schulen, natürlich nicht zu.

Neue Kollegen stellten sich vor, was zwar eine nette Geste war und von deren Interesse zeugte, in der Woche vor Schulbeginn jedoch permanente Störungen bedeutete. Knorr nahm sich trotzdem für die Neuen immer viel Zeit, um sie an die Schule heranzuführen und sie quasi als Aktivposten von vornherein einzubinden. Meist hatte er damit guten Erfolg. Die üblichen Antichambrierer tauchten auf, um ihren noch gar nicht vorhandenen Stundenplan zu optimieren oder sich kleine Vorteile zu erschleichen. Die Teilzeitler wollten wie jedes Jahr ihre ihnen eigentlich gar nicht zustehenden freien Tage am Freitag oder Montag, die Freizeitorientierten wollten keine 5. und 6. Stunde am Freitag. Es war wie jedes Schuljahr das leicht durchschaubare Szenario zu Beginn, Jahr für Jahr das gleiche kleinkarierte Spiel. Einige traten dabei durchaus vorwurfsvoll auf und schienen sich zu fragen, ob die Schulleitung wohl während der Ferien geschlafen habe, weil nun immer noch kein Stundenplan existierte. Das sagten sie zwar nicht laut, aber Knorr merkte es ihnen an, wenn sie immer wieder ihre Kreise im Planungsbüro drehten und andere von der Arbeit abhielten.

Als Knorr vor zehn Tagen zum ersten Mal wieder in sein Büro kam, war sein Schreibtisch mit Post eingedeckt: Hausmeister Klotzer hatte in der ihm eigenen, hämischen Art Hunderte wichtiger und unwichtiger Briefe, Prospekte und Päckchen genüsslich darauf verteilt, zu Pyramiden aufgetürmt und sich wohl insgeheim gedacht, dass es dem Faulenzer recht geschehe, wenn er jetzt auch wieder mal etwas zu arbeiten habe. Knorr wusste natürlich, dass der Großteil dieser Post sowieso Mist war, den er umgehend entsorgen konnte: Prospekte über Klassenfahrten, Angebote für neue Schulmöbel, Verlautbarungen der Stadtratsfraktionen und Parteien, Einladungen zu irgendwelchen Veranstaltungen. Aber da waren auch Schreiben des Kultusministeriums, die selten etwas Gutes verhießen, da waren Anforderungen von eigenartigen Statistiken, Neuregelungen zum Datenschutz, Anweisungen zum Brandschutz, da waren Stellungnahmen zu irgendwelchen schulischen Problemen, Zuweisungsschreiben und dergleichen. Ein ungeheurer Wust, dessen Systematisierung und Abbau wieder unverhältnismäßig viel Zeit und Energie kosten würde.

Und da waren Briefe von Eltern, in denen es um Wiederholung der Jahrgangsstufe, Klassenwechsel, Schmähungen von Lehrkräften und ähnliche Zumutungen ging. Knorr saß schon fast resigniert, ja in gewisser Weise konsterniert vor diesem Berg an Post und griff sich einen Brief, der ihm besonders verdächtig vorkam. Er wusste nicht genau warum, aber er hatte im Laufe der Jahre einen Blick für die problematischen Schreiben entwickelt, täuschte sich selten. Und siehe da, ein Volltreffer:

... und so teile ich Ihnen mit, dass mein Sohn Daniel im nächsten Schuljahr die achte Jahrgangsstufe Ihrer Schule besuchen wird, und zwar den Wirtschaftszweig. Leider konnten wir ihn bisher nicht anmelden, da wir mehrere Wochen in Südamerika weilten. Ich mache Sie schon jetzt darauf aufmerksam, dass Daniel ADHS hat und Legastheniker ist, zudem Dyskalkulierer. Ich gehe davon aus, dass er in den an der Schule angebotenen Förderkursen entsprechend Hilfestellung erhält. Ich werde in den nächsten Tagen, falls es meine Zeit erlaubt, bei Ihnen vorbeikommen und alles detailliert mit Ihnen besprechen. Mit freundlichen Grüßen, Hubert A., Managing Director Industrial Solutions (des ortsansässigen Weltkonzerns).

Bravo. Knorr wusste, dass er keine Lösung parat hatte. Denn erstens war der Wirtschaftszweig in der 8. Jahrgangsstufe hoffnungslos ausgebucht und die Maximalzahlen durften nicht überschritten werden. Zweitens ging es nicht, die entsprechende Klasse zu teilen und noch eine neue aufzumachen, da dafür keine Lehrerstunden mehr im Personalbudget vorhanden waren. Drittens musste man überhaupt erst mal schauen, ob noch ein paar Lehrerstunden für Förderunterricht übrig blieben. Knorr wusste nur eins: Dieser Fall würde ihn mehrere Stunden seiner Existenz kosten und das Ergebnis würde unbefriedigend sein.

Aber klar war ihm auch, dass die Eltern Ansprüche aus ihrem Vorverständnis von Schule stellten. Die Schule wiederum hatte ihre Sachzwänge, daraus erwuchs eine permanente Diskrepanz von Interessen mit entsprechendem Konfliktpotenzial. Das alles war sozusagen elementarer Bestandteil von Knorrs Schulleiterposten, seiner »Job Description«. Diese Konflikte auszuhalten, sie einzudämmen und sie – falls möglich – niederlagenfrei zu lösen, dafür wurden Schulleiter auch bezahlt. Aber genau deswegen wollten immer weniger qualifizierte Kolleginnen und Kollegen Konrektor, geschweige denn Schulleiter werden. Kein Wunder.

*

Erste Lehrerkonferenz des Schuljahres also. Knorr versuchte wie immer, diese erste Konferenz zügig, ja zackig hinter sich zu bringen. Er war gut vorbereitet: Personalsituation, Regularien, Klassenverteilung, ein bisschen was Pädagogisches, ja, auch das. Er hatte es längst aufgegeben, kultusministerielle Schreiben vorzulesen, geschweige denn zu diskutieren. Er erwähnte sie nicht einmal mehr, sondern stellte sie einfach kommentarlos ins schulinterne Netz. Sie würden gerade am Anfang nur zu mieser Stimmung führen und es würden sich sowieso nur die üblichen Verdächtigen dazu zu Wort melden, die etwas zu mäkeln und zu nörgeln hatten und denen die ganze Richtung nicht passte. Das würde später im Schuljahr sowieso oft genug vorkommen. Warum es also gleich zu Beginn noch unnötigerweise provozieren?

Knorr kürzte und kürzte, machte launige Bemerkungen zu diesem und jenem, erheischte ein paar Lacher. Zwischendurch ließ er seinen Blick ins Kollegium schweifen. Er war Routinier genug, um Situationen einzuschätzen, Launen zu erkennen, Gedanken zu antizipieren. Wenn er sich nicht völlig täuschte, dann geschah in wunderbarer Parallelität gerade in etwa Folgendes: Kollegin Schnarr schrieb emsig irgendwelche Listen vor sich hin, Kollege Gratz berichtete von seiner Besteigung des Ortler, Studienrat Brönner murmelte etwas von Reliquienschreinen, Frau Boltke schwärmte von ihrer Metabolic-Balance-Diät, mit der sie im Gegensatz zu ihren Kolleginnen angeblich schon sechs Kilo abgenommen hatte, Fachlehrer Horten las heimlich in der Zeitschrift *Wild und Hund*, Frau Kümmerli war kurz vor dem Einschlafen, da sie erst zwei Stunden vor Konferenzbeginn aus Südafrika zurückgekommen war, Herr Streb schaute wie immer eifrig und emsig um sich, auf eventuelle

Fehler und Unschärfen der Knorr'schen Diktion wartend. Einige blickten interessiert, andere lächelten vor sich hin, man musterte sich gegenseitig und insbesondere die Neuen.

Spürbar war, dass sich die Laune der Kolleginnen und Kollegen nach der Anfangseuphorie leicht verdüsterte. Knorr vermutete, dass dies damit zu tun hatte, dass sie während der Konferenz merkten, dass sie mit der Präsentation ihrer Ferienerlebnisse ihr Pulver vorerst verschossen hatten, dass es nun Herbst wurde und damit das Wetter schlechter, man in den Ferien zu viel Geld ausgegeben und zudem zugenommen hatte und dass der Schulalltag und damit auch irgendwelcher amorphe Stress oder Ärger bevorstanden. Gab es unter diesen Umständen wirklich Grund zur Freude?

Knorr tat unbeteiligt, als ob ihn alles nichts anginge, und zog die Konferenz durch. Im Grunde wusste er in den allermeisten Fällen eh schon vorher, was wer wieder wozu sagen würde, wer sich wie verhielt und wie er selbst kleinere Hiobsbotschaften geschickt unters Lehrervolk bringen konnte, sodass man sie entweder gar nicht oder erst nach einiger Reaktionszeit bemerkte.

Zum ersten kleinen Aufreger des Schuljahres kam es, als beim Tagesordnungspunkt »Fragen, Anträge, Beschwerden, Drohungen« ein neuer Kollege, ein Herr Hettmann, urplötzlich einen Prospekt einer sogenannten »Sorpreso-Kaffeemaschine« hochhielt und das Leasing einer ebensolchen Maschine für die Lehrerküche vorschlug. Er hätte damit an einer anderen Schule »glänzende Erfahrungen« gemacht. Das Kollegium dort habe ungeheure Mengen an Sorpreso-Kaffee getrunken und dafür sogar wegen seiner nachhaltigen Vorbildfunktion beim Kaffeetrinken eine Belobigung der Sorpreso-Kaffeefabrik erhalten. Das Kollegium hier nun müsse nur zusagen, dass es pro Tag mindestens 50 Sorpreso-Kaffees trinken würde, was ja wohl »ein Kinderspiel« sei, dann wäre ein ihm bekannter »Leasing-Franchiser« oder dergleichen gerne bereit, diese wundervolle Qualitätsmaschine aufzustellen. Herr Hettmann schien Kaffee-Junkie zu sein, denn sonst hätte er sich als Neuer bei der ersten Konferenz kaum gleich so weit aus dem Fenster gelehnt.

Die Kolleginnen und Kollegen guckten verdutzt. Das Angebot rief umgehend den Chef-Ökologen, Umweltaktivisten und Gutmenschen Studienrat Bleyer auf den Plan. Ob es sich dabei denn um Fair-Trade-Kaffee handle, wollte er mit besorgter Miene wissen. Frau Wunderlich schrie von hinten links, man solle lauter reden und wieso dies ein »Vertreterkaffee« sei. Die Mitglieder des hochintellektuellen Mathematiker-Tisches grinsten süffisant beziehungsweise rollten mit den Augen.

Wie sollte das überhaupt gehen? Wenn nun 30 Lehrkörper in der 20-minütigen Pause einen Sorpreso-Kaffee aus der Sorpreso-Kaffeemaschine trinken wollten, dann müssten sie nacheinander jeweils ein Pad einlegen, das Wasser durchlaufen lassen, das dauerte pro Pad circa 30 Sekunden, das bedeutete ... Sie rechneten angestrengt herum, kamen aber zu keinem Ergebnis, außer dass die Pause irgendwie gefährdet war.

Offenkundig hatte die Konferenz ihre wahre Bestimmung, ihren wahren Sinngehalt nunmehr gefunden. Munter wogte die Debatte auf und ab, und Knorr freute sich, da dieses ad hoc aufs Tableau gebrachte Thema alle Energien, allen Kampfgeist auf sich zog. Damit hatte er vorerst eine Ruhepause. Er lauschte, auf sein Rednerpult gelehnt, für ein paar Minuten dem bunten Gerede. Er wusste, dass es nicht mehr lange, maximal zwei Minuten, dauern würde, bis Studienrätin Waddel ihre mächtige Stimme erheben würde, dahin gehend, dass die Lehrerküche sowieso ein einziger Saustall sei und dass sie dort erst kurz vor Konferenzbeginn verschimmelte Marmelade, stinkende Wurstsemmeln und ausgelaufene und verrottete Marinade entdeckt habe. Genauso geschah es. »Und da wollt ihr eine neue Kaffeemaschine?«, zeterte sie. »Wenn solche nachlässigen Dreckfinken unter uns sind, die sich um nichts kümmern, dann brauchen wir erst mal einen funktionierenden Küchendienst. Ich habe es satt. Ich habe mich seit Jahr und Tag für die Lehrerküche aufgeopfert und sie sauber gemacht. Jetzt reicht es mir. Ich bin dagegen.«

Kollege Hettmann zuckte zusammen. Seine Pläne hinsichtlich der famosen Sorpreso-Kaffeemaschine gerieten ins Wanken. Er hatte sich wohl zu weit vorgewagt, ohne vorher Mehrheiten abzusichern. Knorr war entzückt. Alles wie erwartet. Alles wie jedes Jahr. Jedes Jahr der Lehrerküchenskandal. Einmal am Anfang, einmal zwischendurch, einmal am Ende des Schuljahres. Man diskutierte heftig und erwog, die Angelegenheit zunächst vom Personalrat prüfen zu lassen.

Knorr, dem das alles völlig einerlei war, weil er ja seine eigene Kaffeemaschine hatte, gab sich staatsmännisch. »Meine sehr geehrten Kolleginnen und Kollegen, es sind alle Argumente ausgetauscht. Sollten wir nicht ein Sorpreso-Kaffeemaschinen-Tandem bilden, oder gar ein Trio, das sich um diese Maschine kümmert, falls wir sie leasen?«

Allgemeines Gemurmel. Wohlwollendes Gebrummel. Na, das war doch eine Idee. Kollege Zündt, ein großer Kaffeetrinker, meldete sich spontan. Er würde beim Tandem sofort mitmachen. Hettmann, offenbar doch kaffeesüchtig, zog sofort nach. Knorr war innerlich entzückt. Wie elegant hatte er das doch »gelöst«. Studienrat Bleyer schaute besorgt, Studienrätin Waddel beleidigt.

Am Schluss der ersten Lehrerkonferenz stand wie üblich die Ausgabe des vorläufigen Stundenplans an. Jetzt herrschte sehr rege Aufmerksamkeit. Jeder studierte seinen Plan, zählte die Stunden, freute sich über die eine oder andere Klasse, maulte über die Stundenverteilung. Von dieser war schließlich die Gestaltung des ganzen individuellen Schuljahres mit abhängig. Manche unterrichteten gerne die Kleinen, manche schätzten die Ganztagsklassen, andere mochten wiederum die Abschlussklassen, einige wollten freitags schon um 11:15 Uhr ins Wochenende fahren, andere mussten die Kinder abholen und wollten keine 6. Stunden. All die Petitessen, auf die Stundenplaner Rücksicht nehmen sollten und für die Ende des vorhergehenden Schuljahres ein Wunschzettel abgegeben werden konnte, ohne Anspruch auf Erfüllung. Aber man versuchte ja, kollegial zu arbeiten und das Beste für die Kolleginnen und Kollegen herauszuholen. Ob sie es immer zurückgeben würden, war eine andere Frage.

Knorr nutzte die Chance, verließ möglichst unauffällig das Lehrerzimmer und zog sich in sein Büro zurück, wo die Beantwortung von gefühlten 120 Mails auf ihn wartete. Rums. Die Tür zu seinem Büro wurde ohne vorheriges Klopfen aufgestoßen. Frau von Plechschmidt-Hammerstein schleppte sich herein, ihr Blick weidwund, die Mundwinkel heruntergezogen, ihre Stimme tonlos. Sie schaute lange auf ihren Stundenplanausdruck, dann auf Knorr.

»Donnerstag, 6. und 7. Stunde Deutsch in der 6c-Ganztagsklasse. Hatte ich nicht mehrfach darum gebeten, dass mir diese Stunden frei gehalten werden? Mein Yoga-Kurs«, hauchte sie mit letzter Kraft.

Konrektor Böllmann, der herbeigeeilt war, weil er Frau von Plechschmidt-Hammerstein im Sekretariat gesehen und die Probleme antizipiert hatte, setzte zur üblichen Verteidigungsrede an: Rahmenbedingungen, klassenübergreifende Koppelungen, Knappheit der Hallenplätze, Gruppenstärken, Raummangel, Seminarbedingungen, Gleichbehandlung der Kollegen und Kolleginnen.

Frau von Plechschmidt-Hammerstein ächzte schwer mit ersterbender Stimme. »Ich kann nicht mehr, ... ich kann nicht mehr. Das nun auch noch. Donnerstag, 6. und 7. Stunde. In meinem Alter. Kurz vor der Pensionierung. Kann man nicht einmal in 38 Jahren Rücksicht nehmen, nur einmal?« Sie blickte auf einen imaginären Punkt an der Wand, würdigte die Schulleitung keines Blickes mehr und schlurfte gramgebeugt aus dem Raum, wohl wissend, dass sie den Boden für allerlei Schuldgefühle bereitet hatte, und darum ging es schließlich.

Böllmann und Knorr schauten sich an und schnauften durch. Wie war das mit der Kunst, es allen recht zu machen? Das würde wieder heiter werden mit Frau von Plechschmidt-Hammerstein. Trotz allem: Der Anfang war gemacht. Beide wussten, dass es morgen, am eigentlichen ersten Schultag, richtig losgehen würde. Sie wussten aber auch, dass das Kollegium im neuen Schuljahr wieder gute Arbeit leisten würde und dass diese erste Konferenz am Tag zuvor nur der ritualisierte Startschuss für die kommenden Monate war. Same procedure as every year. Da capo al fine.

KAPITEL 2
Der erste Schultag

Knorr war schon seit 6:30 Uhr in der Schule, um wenigstens etwas vorarbeiten zu können und das Sammelsurium auf dem Schreibtisch zu reduzieren, denn erfahrungsgemäß würde er im allgemeinen Durcheinander des ersten Schultags später nicht mehr dazu kommen. Allgemeiner Schulbeginn war um 8:00 Uhr, und es war erstaunlich, wie fröhlich und gut gelaunt die Schülerinnen und Schüler zu den Schultoren hereinkamen, sich nach doch recht langen Ferien auf ein Wiedersehen zu freuen schienen. Knorr sah von seinem Fenster aber auch ein paar Schüchterne und Außenseiter, die sich in irgendwelche Ecken des Eingangsbereichs drückten. Für sie schien die Schule schon am ersten Schultag ein Albtraum zu sein. Die neuen Kleinen, die zum ersten Mal in diese Schule kamen, sollten um 8:45 Uhr von ihm empfangen und begrüßt werden. Schon geraume Zeit vorher drängten sich die Neuen mit ihren Eltern in der Aula, fröhlich krakeelend die einen, sehr timid an der Hand der Mutter die anderen. Einige speziell abgeordnete Sympathieträger des Lehrerkollegiums leiteten Kinder und Eltern in den Multifunktionsraum. Dieser war zwar aufgrund seiner abscheulichen Farbgebung im Stile der frühen Siebzigerjahre und seiner Düsternis der mit Abstand hässlichste des Schulgebäudes, aber eben auch der größte. Er reichte trotzdem nicht für die fast 150 neuen Schüler mit ihren Eltern. Das Gedränge war gar fürchterlich, die Luft schon nach wenigen Minuten zum Schneiden.

Schon kurz vor 8:00 Uhr war die Klasse 6b schnell zum Üben eines Liedes zusammengetrommelt worden. Die Schülerinnen und Schüler hatten sich vor der Tafel aufgebaut und Musiklehrer Wickert hub auf ein Zeichen Knorrs kraftvoll und aufmunternd in die Tasten seines mickrigen elektrischen Pianos, um die Neuankömmlinge mit einem kleinen musikalischen Gruß zu beglücken.

Knorr verstand nicht so recht, worum es in dem Lied eigentlich ging, irgendwie jedoch drückten die Strophen aus, dass im Schulalltag immer irgendwas schieflief, so jedenfalls deutete er mühsam den matten, ja nachgerade erbarmungswürdigen Singsang der offensichtlich von den Ferien noch völlig erschöpften Schüler. Aber nachdem eh alle entweder gespannter Erwartung oder sinnlos guter Laune waren, war die Qualität der Darbietung sowieso egal. Eltern und Kinder ließen sich diese erste Stunde an der neuen Schule nicht verdrießen.

Dann kam Knorrs Auftritt. Er musste natürlich eine kleine Begrüßungsrede halten. Das war immer eine heikle Angelegenheit, denn entweder sprach er die Kinder an, dann wurde es eher albern, oder er sprach die Eltern an, dann schauten die Kinder befremdet und waren schnell gelangweilt. So hielt er sich nicht lange mit wertvollen Gedanken zur Schule von heute und zum erforderlichen Lernen auf, machte lieber ein paar Späßchen und gab der Überzeugung Ausdruck, dass für die Kleinen alles gut werden würde. Er war sich nicht sicher, ob er selber daran glauben sollte.

Die Klassenlisten wurden verlesen, die Klassenleiter der neuen fünften Klassen schnappten sich ihre erwartungsvoll blickenden

Kleinen und strebten mit ihnen den Fachräumen zu. So viele hoffnungsfrohe Blicke. Doch das dicke Ende würde bei einigen von ihnen nachkommen, da war sich Knorr ganz sicher. Es gelang ihm nicht, heiter und entspannt zu sein.

*

Knorr kreuzte rasch durch das vor Aktivitäten nur so brummende Lehrerzimmer, machte ein paar Honneurs, grüßte hier, lächelte da und eilte zur ersten Sitzung mit den neuen achtzehn Referendarinnen und Referendaren, die um 10:00 Uhr vereidigt werden sollten. Das war seine ehrenvolle Aufgabe als Seminarleiter. In dieser Funktion war er zudem Vermittler der Inhalte von Schulrecht und Schulentwicklung.

Erwartungsfroh und doch auch etwas verzagt saßen die Referendarinnen und Referendare im kalten, kahlen Seminarraum, der am Ende eines langen Ganges lag. In diesem Teil des Schulhauses war es fast immer kühl und unwirtlich. Die Einfachglasscheiben waren fast blind, die Isolierung ein Witz. Zwar hatten die Rahmenbedingungen nicht unmittelbar etwas mit Inhalten und Atmosphäre zu tun, Knorr wusste aber, dass der erste Eindruck gerade in einer Schule wichtig war. Knorr wusste damit auch, dass er selbst jetzt gut sein musste, denn die erste Sitzung eines neuen Studienseminars entschied über vieles. Es galt, Atmosphäre und Charakter der Ausbildungsschule zu vermitteln, wenn möglich etwas die Anspannung herauszunehmen, Lockerheit zu zeigen, Identifikation mit der Schule herzustellen, Sympathie zu wecken.

Knorr setzte sich ans Tischende und ließ den Blick schweifen. Auf den ersten Blick eine nette Gruppe freundlicher, adretter junger Leute. Alle blickten gespannt, alle schienen auch besorgt und das nicht umsonst. Zwei Jahre würde das Referendariat dauern, ein Jahr hier an der Seminarschule, ein Jahr irgendwo draußen im Lande an einer Einsatzschule mit nur gelegentlicher Rückkehr an die Seminarschule anlässlich der sogenannten Seminartage.

Die Einstellungschancen und damit die Übernahme in den Staatsdienst nach zwei Jahren, so viel war jetzt schon klar, waren für diese jungen Leute miserabel. Knorr hatte die letzten, frustrierenden Statistiken gesehen. Es war das alte Lied. Es wurde gespart, wo man nur konnte. Und da man mittelfristig aufgrund der demografischen Entwicklung mit sinkenden Schülerzahlen rechnete, stellte man auch nur noch sehr begrenzt neue Lehrer ein. Auf die Idee, weiterhin großzügig einzustellen, um die hohen Klassenstärken abzubauen, kam niemand oder besser: durfte niemand kommen. Überall prahlte man damit, wie viel man in Bildung und Lehre investierte. Die Realität war ernüchternd. Am schlimmsten war die Einstellungslage in den Sprachen und in den gesellschaftspolitischen Fächern. Genau diese Fächerkombinationen aber hatten die Referendare und Referendarinnen an Knorrs Schule: Englisch, Deutsch, Erdkunde, Geschichte, Sport. Eine bittere Situation.

Bei der Vereidigung stellte Knorr fest, dass eine Referendarin, deren Name auf der vom Kultusministerium übermittelten Liste stand, nicht anwesend war. War sie im letzten Moment abgesprungen? Hatte sie sich für einen anderen Beruf entschieden? So etwas kam immer wieder einmal vor. Gegen 11:00 Uhr klopfte die Sekretärin an die Tür und sagte, dass sie einen Anruf einer Referendarin erhalten habe, die berichtete, sie habe sich hoffnungslos verfahren. Das war seltsam, denn sie kam aus der benachbarten Großstadt, aus der eine nicht zu verfehlende Autobahn herführte. Um 11:20 Uhr informierte die Sekretärin über einen neuerlichen Anruf der Referendarin. Diese sei nunmehr auf der betreffenden Autobahn, aber in der falschen Richtung. Um 11:45 Uhr traf die nächste Nachricht von einer diagonal im Großraum gelegenen Schule ein, dass die Referendarin irrtümlicherweise dort aufgetaucht sei und sich nunmehr auf den Weg zur Seminarschule begebe. Um 12:00 Uhr klopfte wiederum die Sekretärin und sagte, die neue Referendarin habe angerufen und berichtet, dass sie jetzt auf der Autobahn stehe und leider das Benzin ausgegangen sei.

Während Knorr mit seinen neuen Referendaren nach seinen einführenden Worten und der Vereidigung einen Rundgang durch das Schulhaus unternahm, kam die neue Referendarin gegen 13:00 Uhr nach ihrer Odyssee verschwitzt und völlig aufgelöst durch den Nebeneingang in die Schule. Sie blickte verschreckt, lief hektisch auf und ab, entdeckte die Gruppe und berichtete mit schriller Stimme von ihren Abenteuern bei der Anreise. So kompliziert hatte sie sich das nicht vorgestellt. Knorr, einem smarten Vorurteil nicht abgeneigt, war sich sicher, dass sie sich während des kommenden Schuljahres auch im Schulhaus verlaufen würde und die Klassen nicht finden würde. Genauso kam es.

Doch nun stand erst mal die Vorstellungsrunde mit allen Referendaren und den Seminarlehrern auf dem Programm: der übliche pseudo-zwanglose Stuhlkreis, allerdings ohne Kerze in der Mitte, das übliche seichte Geplauder, mit dem die Seminarlehrer einen positiven Ersteindruck hinterlassen wollten, ohne zugleich auf die Bekanntgabe ihrer hehren Ausbildungsziele zu verzichten. Knorr kannte ihre seit Jahr und Tag gleichen Witzchen und Anekdoten. Er hatte zunehmend ein Problem damit, alles schon einmal gesehen und gehört zu haben. Das lag wohl am schulischen Jahreszyklus, am sich stetig wiederholenden Ritual. Die neuen Referendare und Referendarinnen aber schienen interessiert oder taten zumindest so. Was hätten sie auch anderes tun sollen? Sie waren ja irgendwie abhängig und versuchten ebenfalls, einen guten Eindruck zu hinterlassen.

Knorr verzichtete auf das traditionelle gemeinsame Mittagessen beim Italiener um die Ecke, einer ganz und gar miserablen Trattoria, die sich aufgrund ihrer Monopolstellung nahe dem Schulzentrum kulinarisch alle Tiefschläge erlauben konnte. Er schlich sich durch einen von ihm oft frequentierten Hinterausgang in der Nähe der

Dreifachturnhalle davon ins nächstgelegene Kaffeehaus, um kurz seine Ruhe zu haben. Er wurde mit lautem Hallo von allerhand Kollegen und Schülern begrüßt, die den Weg dorthin aus unerfindlichen Gründen bereits vor ihm geschafft hatten. Pech gehabt.

KAPITEL 3

Die erste Schulwoche

Mit dem Stundenplan für das neue Schuljahr stimmte so einiges nicht. Die Schulleitung hatte sich zwar inzwischen daran gewöhnt, dass sie im Gegensatz zu früher mehrmals im Jahr einen neuen Stundenplan aufstellen musste, aber so viele Ungereimtheiten gleich zu Beginn? In einer Jahrgangsstufe ging eine Religionskoppelung nicht auf, weil die zulässige Gesamtschülerzahl massiv überschritten wurde. Eine fest eingeplante Halle für den Sportunterricht stand eigenartigerweise nicht mehr zur Verfügung. Knorr kannte dieses Szenario nur zu gut. Er erinnerte sich daran, dass er als neuer Konrektor vor vielen Jahren an einer Schule vor Beginn des Schuljahres Sporthallenteile verplant hatte, die aus welchen Gründen auch immer nur auf dem Papier vorhanden waren. Am ersten Schultag war sein wunderschöner, damals wie üblich noch von Hand gebastelter Stundenplan dann kollabiert und er musste von Neuem beginnen. In der jetzigen Situation kam als weitere Komplikation hinzu, dass eine Einsatzreferendarin in den naturwissenschaftlichen Fächern ihren Dienst nicht angetreten hatte und dies vom Ministerium sehr kurzfristig mitgeteilt wurde. So fehlten 17 Stunden, die auf andere Kollegen verteilt werden mussten. Eine Ersatzlehrkraft mit den Fächern Biologie und Chemie war nirgends zu finden und die Personalzuweisung durch das Ministerium war definitiv abgeschlossen. Das wiederum hieß, dass von vornherein im Wahlunterricht und bei naturwissenschaftlichen Übungen gekürzt werden musste, da Pflichtunterricht natürlich Vorrang hatte. Eine Schule mit völlig ausgedünntem Zusatzangebot jedoch war Knorr genauso zuwider wie den Eltern. Diese aber würden wohl demnächst wiederum die Schule für unfähig erklären, weil sie keine zusätzlichen Wahlfächer und Förderkurse anbieten konnte.

»Wenn wir die Sportkoppel der 7a und der 7d von der 3./4. Stunde auf die 5./6. Stunde schieben und dafür in IT die 7c mit den evangelischen Schülern der 7d koppeln, dann könnten wir ...«

»Geht nicht, weil dann die Mädchen der 7a und 7d mit denen der 7e gekoppelt werden müssten, dann aber ...«

»Wenn Herr Horten die 9a in Biologie in der 5. Stunde am Dienstag nimmt, dann kann Frau Stumpf-Breitkreuz die 9b in der 6. Stunde im Chemiesaal unterrichten, weil ...«

»Das siehst du falsch, dann müsste parallel die 8f aus dem Biologiesaal 1 raus, das klappt aber nicht, weil Horten in der 4. Stunde, wo wir noch eine Lücke haben, bereits ...«

»Und außerdem ist der Pfarrer am Donnerstag in der 3./4. Stunde sowieso nicht da, also können wir die Religionskoppel nur ...«

So ging es den ganzen Tag lang bei den Konrektoren und Stundenplanern zu. Mit fiktiven Räumen, Querbeet-Verschiebungen und allerlei Tauschgeschäften versuchten sie, all das zu bereinigen, was einerseits das durchaus elaborierte Computer-Stundenplanprogramm und andererseits die neu aufgetretenen Parameter noch an weiteren Ungereimtheiten hinterlassen hatten. Das würde noch die eine oder andere Abend- oder sogar Nachtschicht erfordern, denn der endgültige Stundenplan sollte, wie sich das für eine gut geführte Schule gehörte, ja baldmöglichst stehen.

*

Die Stundenplaner, die um mehrere Ecken dachten und mit geröteten Augen vor den Bildschirmen saßen, merkten nicht, dass sich Frau von Plechschmidt-Hammerstein bereits heimlich hinter sie geschoben hatte und ebenfalls auf den Bildschirm lugte.

Sie hatte zwar stets selbst zugegeben, dass sie die ganze EDV für Teufelswerk halte und davon nichts verstehe und auch niemals etwas zu verstehen gedenke, tat aber in diesem Augenblick so, als würde sie sofort kapieren, was sie auf dem Bildschirm an kryptischen Zeichen erblickte. Aber obwohl sich da insgesamt gesehen sozusagen nur böhmische Dörfer auftaten, gelang es ihr doch, flugs auf ihrem eigenen Einsatzplan die geplanten Zwischen- und Präsenzstunden zu zählen, und kam dabei auf vier.

»Das ertrage ich nicht«, hauchte sie vollkommen erledigt. »Ich habe es schon geahnt, dass man mich, nunmehr da ich auf die 60 zugehe, endgültig fertigmachen will. Drei Zwischenstunden, in denen ich ja sowieso wieder vertreten muss, und die Sprechstunde obendrein! Bereits vor vier Jahren hatte ich vier Zwischenstunden! Ich habe das alles protokolliert! Und letztes Jahr hatte ich die 10. Klasse immer in der 5. und 6. Stunde! Aber bitte, meine Herren, machen Sie nur so weiter. Wenn Sie unbedingt wollen, dass ich krankheitsbedingt oder wegen eines Erschöpfungssyndroms ausfalle, bitte schön. Sie werden schon sehen.«

Frau von Plechschmidt-Hammerstein würdigte die Stundenplaner keines Blickes mehr, zitierte mit allerletzter Kraft irgendeinen Vers irgendeines berühmten Melancholikers und schlurfte ermatteten Schrittes aus dem Raum. So hatte sie es als Hobby-Psychologin den Kollegen wieder mal gezeigt. Die schauten sich fragend an und tranken dann Kaffee. Ihre Schuldgefühle hielten sich diesmal jedoch in sehr engen Grenzen, wie man am leisen Gelächter noch durch die Tür hören konnte.

*

Knorr verließ das Konrektorat in der Hoffnung auf irgendetwas Positives, nur um am anderen Ende des Flures auf Hausmeister Klotzer zu stoßen, der dort gerade zwei Putzmänner des Reinigungsdienstes schurigelte.

»Ihr Idioten«, brüllte Klotzer vehement auf sie ein und lief dabei rot an. »Ihr habt das ganze Laminat versaut. Und außerdem habt ihr die Fußmatten wieder nicht an der Unterseite gereinigt. Da, schaut euch das an.«

Die zwei Putzmänner, offenkundig osteuropäischer Abstammung, schauten nicht wie gefordert die Fußmatten, sondern sich gegenseitig an. Sie selbst schienen mit ihrer Reinigungskunst durchaus zufrieden und verstanden offenkundig nicht so recht, warum

Klotzer so brüllte. Anscheinend waren sie an dessen sich täglich wiederholende Auftritte aber längst gewöhnt.

Das brachte diesen noch mehr auf die Palme. »Alles Trottel, alles Faulpelze und Idioten«, plärrte er, als er Knorr entdeckte. Sogar einige der robusteren Schüler schauten verdattert und suchten vorsichtshalber das Weite. »Trottel aus Weißrussland oder Kasachstan oder Kurgasien oder wie das Zeugs da drüben heißt. Wissen Sie was, Herr Knorr, früher putzten hier Polen und Tschechen und Slowaken. Und vorher Ostdeutsche. Und noch vorher richtige Deutsche. Aber die haben es alle nicht mehr nötig. Sind stinkreich wahrscheinlich. Haben sich alle hier eine goldene Nase verdient. Und jetzt dieses Pack!« Klotzer war nicht zu bremsen. Seine Frau, die sonst mit ihm den Pausenverkauf erledigte, nickte stumm mit heruntergezogenen Mundwinkeln. »Da müssen Sie mal was unternehmen, so geht das nicht weiter«, ging er jetzt auf Knorr los. »Sie als Schulleiter sind doch verantwortlich, das Reinigungsteam mit der Stadt neu zu verhandeln. Aber dafür haben Sie ja offenbar keine Zeit. Und kein Interesse!«

Klotzer war außer sich. Diesen Idioten vom Gebäudemanagement der Stadt, die diese Putzkolonnen aus dem Osten anheuerten, denen werde er es zeigen. Und Knorr dazu.

»Nicht mit mir«, lärmte er in seinem Furor und stapfte mit einem Blick der Verachtung an Knorr vorbei in Richtung Katakomben der Schule. Was er dort stundenlang tagsüber trieb, war Knorr schon immer ein Rätsel. Klar war ihm jedoch, dass er als Schulleiter in der Tat für alles und jedes verantwortlich war und an allem und jedem irgendwie schuld war.

Was sollte er sagen? Klotzer war im normalen Gemütszustand eigentlich kein unrechter Mensch. Er hatte viele gute Seiten, kümmerte sich intensiv um das in die Jahre gekommene Schulgebäude. Wenn man pfleglich mit Klotzer umging und seinen Vorstellungen von Sekundärtugenden entsprach oder sie zumindest mitspielte, dann konnte er sehr hilfsbereit sein, sogar höflichen Schülern gegenüber. »Ich und der Herr Direktor haben beschlossen, dass die, wo …« war einer seiner vom Kollegium immer mit großer Begeisterung aufgenommenen Aussprüche.

Aber Klotzer hatte eben seine Vorurteile, und die pflegte er. Etwas grobschlächtig und barsch im Ton war er im Grunde die allermeiste Zeit. Bei bravem und ehrerbietigem Verhalten konnte man von ihm durchaus alles haben. Hatte man als Lehrkraft aber einmal bei ihm verspielt, zum Beispiel, weil die eigene Klasse nach der letzten Vormittagsstunde den Raum nicht ordentlich verlassen hatte oder gar die Stühle nicht auf die Bänke gestellt hatte, oder noch schlimmer, wenn man zu erkennen gab, dass man von Heizungsbau, Schreinerei und dergleichen keine Ahnung hatte, dann war man seiner Verachtung preisgegeben und seiner Tyrannis ausgeliefert.

Und Klotzer hielt nicht nur ausländische Putztrupps, sondern insbesondere summa summarum die meisten Lehrer für unfähig. »Weltfremd, völlig weltfremd«, wetterte er über sie. Hatte er da völlig unrecht? Ein Hausmeister sah eine Schule eben generell aus einem anderen Segment von Welt als ein Lehrer oder Schüler oder gar Schulleiter. Die Schüler würde es abgesehen von den willkommenen Einnahmen aus dem opulenten Pausenverkauf wohl gar nicht unbedingt brauchen. Ohne Schüler kein Schmutz und keine Unordnung. Und die Lehrer auch nicht. Verdienten eh zu viel und redeten wirres Zeug. So einfach war die Welt. War Klotzer der heimliche Herrscher der Schule?

*

Knorr machte einen Rundgang durch das Schulhaus. Das Schuljahr war noch taufrisch. Irgendwie kam ihm einerseits alles neu und aufregend vor, andererseits aber wie ein einziges Déjà-vu. So banal der Vorfall von vorhin war, so simpel gestrickt Klotzers Ansichten daherkamen, für Knorr wurde wieder einmal deutlich: Jeder

– eben auch der Hausmeister – sah die Welt der Schule aus seiner eigenen Perspektive, aus seinem Vorverständnis der Dinge. Gut, das galt für alles in der Welt, aber in Bezug auf Schule war dies gravierender. Es arbeiteten mehr Menschen auf engem Raum zusammen als anderswo, die jeweiligen vitalen Eigeninteressen kamen wohl doch insgesamt deutlicher zum Ausdruck – und damit auch zum Ausbruch – als zum Beispiel in einem Betrieb, in einer Firma oder in einer Behörde. Nirgendwo sonst, dachte Knorr, war der Begriff des gelebten Lebens und der unterschiedlichen Vitalinteressen so zentral: junge und nicht mehr so junge Schüler, starke und schwache, viele relativ junge Lehrer und doch auch deutlich ältere, im Hintergrund die Eltern, die Familien, die Alleinerzieher, alle mit unterschiedlichem Alter, unterschiedlicher Ausbildung, unterschiedlichen Erwartungshaltungen, unterschiedlichen Interessen. Manchmal half das Verbalisieren von Problemen, manchmal geriet man dabei schnell an Grenzen.

Und der gesellschaftliche Gesamtrahmen? War es eigentlich die ureigenste Aufgabe der Schulen, sozusagen »funktionierende« junge Menschen quasi zu produzieren? Wie weit musste zum Beispiel die Schule den Interessen von Wirtschaft, Handel und Handwerk nachkommen? Wie weit war sie im Sinne der Lebensabsicherung der jungen Menschen gar verpflichtet, diese auf das Leben in der Gesellschaft als deren »brauchbare« Mitglieder zu formen, sie auf das Leben in Hierarchien vorzubereiten? Oder – und Knorr neigte eher dieser Auffassung zu – wie weit war die Schule die eigentlich einzige verbleibende Instanz, um Werte zu vermitteln, den schönen Künsten zu huldigen, das Kreativpotenzial zu fördern und dieses aus den jungen Leuten herauszukitzeln? Das Spielerische und Kreative, das ja in allen jungen Menschen angelegt war, durfte nicht verloren gehen, auch wenn dies heißen sollte, Effizienz und Berufstauglichkeit vielleicht etwas hintanzustellen. Viele junge Menschen hatten vielfältige Talente und erkannten oder nutzten sie nicht. Oft genug gelang es der Schule nicht, diese Talente zu entdecken, sie zu fördern, oft genug ließ sie diese verkümmern.

Man konnte all dies natürlich auch anders sehen. Sollte Schule wirklich zunehmend den Interessen der jungen Menschen nachgeben, immer höheren Spaßcharakter entwickeln? Sollte sie nicht vielmehr auf frontales, effizientes Lernen, auf Schwerpunktsetzung in Kernfächern wie Lesen, Schreiben, Rechnen setzen? Die Schule hatte doch sowieso keine realistische Chance, mit der multimedialen Außenwelt mitzuhalten oder diese gar zu überholen. Was also sollte der alberne Fun-Charakter, was diese Anbiederung an den Zeitgeist?

Im Idealfall könnte Lernen mit Spaß verbunden sein. Eigeninitiatives und eigenständiges Lernen, das den Schülern Freude bereitet, das wäre das Ideal, dann wäre alles gut, dachte Knorr. Aber wo war das der Fall? Natürlich gab es die guten und sogar die ausgezeichneten Schulen, die sich allergrößte Mühe gaben, Talente individuell zu fördern. Es gab die herausragenden, charismatischen Lehrer, denen die Schüler vertrauten und für die sie arbeiteten und lernten. Aber insgesamt gesehen? Und insbesondere im staatlichen Schulwesen, das ja der breiten Masse gerecht werden musste?

War Schule eben doch bloße Wissensvermittlerin, manchmal nervig, unangenehm, mit Anstrengung verbunden? Und was hieß das eigentlich in der Informationsflut des digitalen Zeitalters? Sollte man der digitalen Welt völlig nachgeben, Helfershelfer der digitalen Intelligenz werden, mit dem Risiko einer sich entwickelnden »digitalen Demenz«? Oder stimmte das gar nicht, hatte man es derzeit mit einem Paradigmenwechsel zu tun? Also 30–40 Prozent Vermittlung von solidem Grundwissen, der Rest Recherche, eigenständiges Lernen, kooperatives Arbeiten, Präsentieren, ein Kombipack sozusagen? Knorr fand das keinen schlechten gedanklichen Ansatz. Aber dafür war wiederum die Infrastruktur der Schulen völlig ungeeignet.

Er lief durch das Schulhaus, in diese Gedanken geradezu verirrt. Man müsste das alles viel strukturierter denken, sagte er sich. So war es nur ein Sammelsurium, ausgerechnet hervorgerufen durch einen randalierenden Hausmeister. Aber so war Schule eben auch. Sie ließ einen nicht los, wenn man sich einmal darauf eingelassen hatte. Man konnte nicht einfach eine Akte in die Ecke werfen, wenn sich etwas nicht fügte. Schule war unkalkulierbar, damit nervig, damit aber auch endlos spannend. Man durfte nur eines nicht tun: Schule lediglich verwalten. Das aber war Knorrs und aller anderen Schulleiter Problem: Sie wurden immer mehr zum Verwalter umfunktioniert. Eine widerwärtige Entwicklung.

KAPITEL 4

September und Oktober

Die ersten Tage und Wochen des Schuljahrs nahmen ihren Lauf. Noch war die Atmosphäre gut. Die ersten Tests und Klassenarbeiten wurden geschrieben, einzelne Misserfolge dabei von Schülern und Eltern nicht überbewertet oder gar nicht richtig registriert. Es gab ja viele weitere Möglichkeiten, Fünfer oder Sechser später wieder auszugleichen. Noch wartete Knorr auch auf den ersten Verweis oder eine sonstige Schulstrafe. Er schloss mit sich selbst Wetten ab, welche Lehrkraft wohl als erste zuschlagen würde. Er kannte seine Pappenheimer nur zu gut. Infrage kamen für ihn eine IT-Lehrkraft, die gerne Verweise wegen illegaler Hausaufgabenkopien von Schülern ausstellte, eine Religionslehrkraft, die wegen frechen Benehmens von Schülern zur Tat schritt, und natürlich die »Raucherjäger«, die halt wieder einmal Schüler hinter der Sporthalle beim Qualmen erwischt hatten. Aber das waren alles Bagatellen. Diese Verweise gehörten für Knorr fast schon zur Folklore.

*

Plötzlich kam alles ganz anders, nämlich in Gestalt zweier Polizisten in Uniform, die im Sekretariat standen und Knorr sprechen wollten. Sie suchten einen Schüler, der im Verdacht stand, sozusagen profimäßig einen Handel mit gestohlenen Fahrrädern aufgezogen zu haben. Nähere Beschreibungen, Profile und Andeutungen von Zeugen und Beteiligten ergaben ganz eindeutig, dass der Schüler in der 9f war, sonst verhaltensmäßig eher unauffällig, ja freundlich und zudem leistungsstark. Es stellte sich heraus, dass er sowohl im Fahrradkeller der Schule als auch außerhalb zusammen mit einem Kumpel seit Monaten Fahrräder gestohlen, umlackiert und dann gewinnbringend verkauft hatte. Knorr zitierte ihn herbei. Er gab sofort in vollendeter Form und eher treuherzig schauend alles zu und fragte, bevor ihn die zwei Polizisten weiter verhörten, ob das denn irgendwelche Konsequenzen für ihn haben könnte. »Schulisch und so.«

Eine durchaus beeindruckende Vorstellung, der sich Knorr aber nicht mehr weiter widmen konnte, denn es kamen vier weitere Polizisten um die Ecke, die eine Schülerin suchten, die offenkundig einen Amoklauf plante. Gefahr war in Verzug, alles musste nun schnell gehen. Knorr war wie vor den Kopf gestoßen. War das die Möglichkeit? Zwar hatte man aufgrund entsprechender schrecklicher Vorfälle in den letzten Jahren schon zig Schulungen durchgeführt, das Kollegium war auf alle Eventualitäten vorbereitet. Und nun die Realität?

Die infrage kommende Schülerin war jedoch nicht in der Schule, sondern krank gemeldet. Genauer gesagt, sie hatte sich selbst krank gemeldet, da sie schon 18 war. Sie war ein, das konnte man nicht anders sagen, etwas merkwürdiges Mädchen, das aufgrund seiner Rolle als Goth Girl, wie das wohl heutzutage hieß, eine Sonderrolle einnahm, mit der sie aber, da selbst evoziert, ganz gut zurechtkam.

Was aber war passiert?

Mehrere Eltern von Siebtklässlern hatten in hysterischer Manier die Polizei darüber informiert, dass ihnen ihre Kinder mitgeteilt hatten, dass eine Schülerin einen Amoklauf in der Schule plane und dabei »mit Pfannkuchen schießen« wolle. Die Polizei hatte das wohl selbst nicht so ganz ernst genommen, sonst wäre sie mit einem anderen, weitaus größeren Einsatzkommando erschienen. Aber gut, man konnte nie wissen, in Zeiten wie diesen. Die Situation eskalierte. Die Siebtklässler trieben sich gegenseitig in Panik, ihre vom Alltag gelangweilten Mütter glaubten den scheinbaren Schreckensgeschichten, telefonierten wild durch die Gegend, die Leitungen der Schule und der Polizei liefen heiß. Da die Schülerin, die die Drohung ausgestoßen hatte, in der Tat nicht auffindbar war, kamen am nächsten Tag die Hälfte der Siebt- und auch Achtklässler wegen der vermutlichen Gefahrenlage gar nicht erst in die Schule.

Knorr wurde telefonisch und per Mail der Untätigkeit und Unfähigkeit beschimpft. Ob ihm denn das Wohlergehen seiner Schülerinnen und Schüler nicht am Herzen läge? Er solle gefälligst etwas unternehmen. Aber was? Die Polizei wiegelte ab und war sich sicher, die Schülerin baldmöglichst auffinden zu können.

Genauso geschah es. Der Mutter der Schülerin, einer offenkundig total verwahrlosten und auch trunksüchtigen Person, war die Abwesenheit der Tochter gar nicht aufgefallen. Die Schülerin selbst hatte sich in einer völlig versifften WG aufgehalten und gab nunmehr zu Protokoll, dass das alles selbstverständlich nur ein Scherz ihrerseits gewesen sei, da ihr »die Kleinen auf den Senkel gegangen« seien. Ob das jetzt irgendwelche Konsequenzen für sie haben könnte, fragte sie noch nach. »Schulisch oder so.« Das hatte Knorr doch schon einmal gehört?

Das Schönste aber war, dass die Eltern, offensichtlich irgendwie enttäuscht, dass nichts Gravierendes passiert war, immer aufdringlicher wurden. Sie übertrafen sich in absurden Forderungen. Das Schulhaus müsste mit einer Schleuse gesichert werden, um eventuelle künftige Vorfälle zu vermeiden. Eine Telefonhotline sollte eingerichtet werden. Ein privater Wachdienst könnte organisiert werden. Es wurde eine Elternversammlung in der Aula initiiert, bei der eine mehr oder weniger selbst ernannte Expertin über das Globalthema Gewalt an der Schule, Amokgefahr und so weiter sprach. Das Kollegium wurde von Knorr verpflichtet, daran als Fortbildung teilzunehmen, um Präsenz zu zeigen und ein Zeichen zu setzen. Der Elternbeirat wurde von den Klasseneltern für das Thema instrumentalisiert und vor den Karren der Bedenkenträger gespannt. Kurz: Es war eine gewaltige Woge des verbalen Aufruhrs.

Am Elternabend selbst, einem trüben Dienstagabend, nahmen tatsächlich nolens volens alle Kolleginnen und Kollegen, einige gelangweilte Vertreter der örtlichen Polizei, ein schwer betroffen schauender Sozialpädagoge und insgesamt sage und schreibe 13 Eltern teil. Auch ein paar Schüler der höheren Klassen waren erschienen, offenkundig auf Druck der Deutschlehrkräfte. Oder doch freiwillig? Alle anderen, selbst die hysterischen Initiatoren der Veranstaltung, hatten an jenem Dienstagabend offensichtlich dann doch etwas Besseres zu tun, als sich die Gemeinplätze der Referentin anzuhören, die mit dem Thema Gewalt zwar überfordert war, damit aber von Schule zu Schule tingelte und sich ein Zubrot verdiente. Von schulischer Seite aus gesehen konnte man zumindest behaupten, man habe etwas getan, auch wenn es in dieser Form sinnlos war.

Die Krönung der Geschichte folgte am nächsten Tag. Da ereilte Knorr dann ein Telefonat des betulichen Studiendirektors des benachbarten Gymnasiums. Er habe gehört, dass an seiner Schule ein Amoklauf stattgefunden habe. Ob das stimme?

*

Sozusagen zwischendurch, in Wirklichkeit aber die meiste Zeit, war das Tagesgeschäft für die Schulleitung eher von trivialer Natur. Kleinkram, Krimskrams, größere Probleme und kleinere, die der Alltag Schule mit sich brachte: Beratungsgespräche mit Eltern, Voranmeldungen zum kommenden Halbjahr, Statistiken und noch mehr Statistiken, sinnlose Statistiken und noch sinnlosere, Anfragen der Stadt, Schwierigkeiten mit den Schulbussen, Nachfragen des Unfallversicherungsverbandes bei Sportunfällen, Vorbereitung von Elternversammlungen, Pflege der Schulhomepage, Elternbriefe. Es handelte sich dabei eigentlich mehr oder weniger um Arbeiten, die man zumindest teilweise delegieren könnte, hätte man nur das Personal dafür. Aber das Sekretariat war sowieso stets am Rande der Kapazität. Die Konrektoren, die ja selbst noch relativ viel Unterricht nebenbei erteilten, waren bis über beide Ohren mit Organisatorischem eingedeckt. So blieb Knorr nichts anderes übrig, als sich in sein Direktorat zurückzuziehen.

Draußen, auf den Gängen, im Lehrerzimmer, in der Aula, in den Klassenräumen, da war das wahre Schulleben. An dem wollte er eigentlich auch partizipieren. Die falsche Gewichtung, das Wuchern der Verwaltung, der oft sinnlose Kräfteverschleiß mit Formalkram bedrückte ihn zunehmend. Bei seinen Ausflügen in das Lehrerzimmer und in die Aula versuchte er zumindest, gute Laune und Optimismus zu verbreiten und zu signalisieren, dass der Lebensraum Schule das Entscheidende war.

*

Der erste Wandertag nahte. »Wandertag« – das war einerseits ein Anachronismus, andererseits eine Art Pflichtübung, auch in der heutigen Schule noch. Der Konrektor hatte eine Liste ausgehängt, auf der eingetragen werden sollte, wer mit welcher Klasse wohin geht. Alle Lehrkräfte mussten sich beteiligen, auch die Referendare. In seiner kleinen Pausenansprache hatte Knorr noch einmal betont, dass der Wandertag wirklich als Wandertag oder zumindest als aktiver Tag oder alternativ als Projekttag aufgefasst werden sollte. Jedes Jahr war es dasselbe Spielchen: Die Schüler wollten nicht laufen, schon gar nicht wandern. Also fingen sie an, mit den Klassenlehrern zu verhandeln, auf dass man zum Bowling gehen konnte oder zum 13. Mal zum Stadtmuseum cum McDonald's oder zum Fußballspielen im Wiesengrund.

Das war für Knorr kein Wandertag. Aber aus eigenen früheren Erfahrungen war ihm natürlich klar, zu welch unsäglicher Veranstaltung sich der Wandertag im Laufe der Jahre entwickelt hatte. Oft genug musste er früher, als er noch versucht hatte, mit den Schülern wirklich wandern zu gehen, von unterwegs die Eltern anrufen, damit sie ihre vollkommen erschöpften Kinder abholten. Einmal musste er wegen sozusagen läuferischer Überforderung sogar einen Krankenwagen rufen, weil zwei Dicke aufgrund völliger Ermattung mitten in der Prärie endgültig umzufallen drohten.

Nichtsdestotrotz konnte man dem Schülerwillen auch nicht vollkommen nachgeben. Denn sonst würden sich die Schüler in der Stadt oder im Einkaufszentrum herumtreiben, dann zu Fast Food übergehen und um elf Uhr vormittags wäre der »Wandertag« beendet. Aber Knorr wusste aus zahlreichen Elternbeschwerden, dass dieselben Schüler, die diese Billiglösung favorisiert hatten, dann zu Hause vom faulen Lehrer berichteten, dem nichts eingefallen war und der zum Mittagessen zu Hause sein wollte. Eine mehr als peinliche Geschichte.

Knorr war sich darüber im Klaren, dass, ganz egal, was nun auf der Wandertagsliste als Ziel angegeben worden war, die ganze Sache auch diesmal wieder in etwa so laufen würde: Zoobesuch, Stadtrallye, Minimalspaziergang, Fußballspiel, Besuch des Aussichtsturms. Einen Vorteil hatte der Wandertag für ihn und das Sekretariat: Es war herrlich ruhig im Schulhaus und man kam endlich mal dazu, zusammen Kaffee zu trinken.

Für Abwechslung sorgte dann am Nachmittag ein Anruf, der den Wandertag auch für die Daheimgebliebenen noch einmal spannend werden ließ. Kollegin Boltke teilte aufgeregt mit, dass sie bei ihrem Busausflug in die Landeshauptstadt mit der Klasse 9c auf der Rückfahrt bedauerlicherweise einen Schüler an der Autobahnraststätte stehen lassen hatte und dies angeblich erst nach weiteren 20 Minuten Fahrt von den Schülern gemerkt und ihr gesagt wurde. Ob Knorr diese frohe Botschaft wohl den Eltern mitteilen könnte. Es würde wohl auch nichts weiter passieren, der Schüler sei schließlich schon alt genug, redete sie sich den Vorfall schön.

Als Knorr einige Zeit später wunschgemäß dieses Geschehnis den betroffenen Eltern des Neuntklässlers beibringen wollte und sich mental schon auf eine heftige Gegenreaktion wegen Aufsichtspflichtverletzung vorbereitete, stellte sich heraus, dass der Schüler schon längst seinen Eltern telefonisch mitgeteilt hatte, dass er höchst vergnügt auf dem Heimweg war. Ein Porschefahrer hatte ihn mitgenommen.

*

Kaum war der Wandertag vorbei, kündigte sich schon der nächste Ausflug an, der des Kollegiums. Auch dabei war es jedes Jahr dasselbe Spiel. Die Personalratsvorsitzende tauchte auf, sprach vom schönen Herbstwetter, als Anglistin meist auch vom goldenen Indian Summer. Diese Tage vor dem Wintereinbruch galt es ihrer Meinung nach zu nutzen, um beim Lehrerausflug die Kolleginnen und Kollegen zusammenzuführen, die Neuen zu integrieren, was ja alles auch der Schule an sich zugutekäme. Knorr wusste stets, worauf sie hinauswollte. Am betreffenden Ausflugsfreitag sollten dann nämlich die 5. und 6. Stunde ausfallen, denn sonst würde sich der Ausflug ja gar nicht lohnen und man käme auch zu spät zum Mittagessen.

Knorr wies die Personalratsvorsitzende pflichtgemäß darauf hin, dass erstens sowieso aus solchen Gründen kein Unterricht ausfallen dürfe, das Ministerium würde da empfindlich reagieren. Und zweitens sei Unterrichtsausfall wegen Lehrerausflugs wohl den Eltern nicht zu vermitteln. Es würde wieder eine Anzahl an Beschwerden geben. Knorr sei dann der Dumme, denn er müsse sich mit den Eltern herumschlagen. Dies sah die Personalratsvorsitzende keineswegs so eng und erwiderte schmeichelnd, dass Knorr ja für seine rustikale Durchsetzungs- und Überzeugungskraft bekannt sei und er das im Sinne des Kollegiums wohl schon richten würde. Knorr war nicht gewillt nachzugeben, na ja, zumindest nicht gleich. Eigentlich ging der Ausflug in dieser Form gar nicht, der Ärger war vorprogrammiert. Andererseits wollte er die Atmosphäre nicht beeinträchtigen, ein Entgegenkommen war eben auch ein positives Signal an das Kollegium.

Es kam wie jedes Jahr. Beim dritten Überredungsversuch der Personalratsvorsitzenden wurde der übliche Kompromiss geschlossen: Man hielt sechs Stunden Unterricht, alle Stunden wurden aber jeweils um zehn Minuten verkürzt und eine Pause fiel weg. Damit konnte man um 11:30 Uhr starten.

So waren alle zufrieden: die Schüler, weil sie eher aus hatten, die Lehrer, weil sie rechtzeitig zum Bratenessen in den Goldenen Hirsch konnten. Einige Eltern rochen natürlich den Braten, spielten aber zum Glück mit. Was Knorr wunderte, war die Tatsache, dass es das Kollegium mit dem goldenen Oktober gar nicht so ernst nahm, denn nach dem voluminösen Mittagessen ging es mit dem Bus sofort weiter in einen Weinkeller, wo der Personalausflug mit großem Getöse und einem allgemeinen Besäufnis ausklang.

*

Die Aula war gut gefüllt an diesem Mittwochabend im Oktober, trotz Champions-League-Qualifikationsspiel. Hauptsächlich waren Mütter gekommen, um an den anstehenden Klassenelternversammlungen und insbesondere an der Wahl des neuen Elternbeirats für die nächsten zwei Schuljahre teilzunehmen. Auch zahlreiche Lehrer waren anwesend, um einerseits Klassenelternversammlungen abzuhalten und andererseits Identifikation mit der Schule auszudrücken, das machte sich immer gut. Knorr begrüßte alle Anwesenden im Plenum, sprach ein paar launige Worte, machte seine Honneurs. Auf so etwas bereitete er sich schon lange nicht mehr vor. In seinen ersten Jahren als Schulleiter war er doch immer ein bisschen nervös gewesen, hatte sich ein Manuskript erarbeitet und seine kleine Rede auch geprobt. Inzwischen war er sich sicher, dass ihm zu jedem Anlass spontan etwas Nettes einfiel, ohne in Plattitüden zu verfallen. Er war sich hingegen gar nicht so sicher, ob die Leute seinen Worten wirklich zuhörten oder nur einen Gesamteindruck sammelten. Es war ihm auch mehr und mehr egal, er wusste um die Sinnlosigkeit der Ansprache, aber Ritual war eben Ritual.

Die bisherige Elternbeiratsvorsitzende, die auch wieder kandidierte, rief das Plenum zu Wahlvorschlägen auf. Es begann das übliche Prozedere. Einige der Damen hatten ihre Kandidatur offensichtlich von langer Hand vorbereitet und ließen sich von einer Bekannten aufstellen, andere wären gerne aufgestellt worden, hatten aber niemand, der sie vorschlug, und sich selbst vorzuschlagen, trauten sie sich dann doch nicht. Ein paar der Kandidatinnen zickten erst eine Weile herum, ob sie dieses bedeutende Amt nun wirklich anstreben sollten, und es dauerte geraume Zeit, bis 16 Kandidatinnen und ein Kandidat gefunden waren, von denen nach der geheimen Wahl zwölf den neuen Elternbeirat stellen würden. Sie stellten sich nochmals kurz vor und schon in diesen Augenblicken glaubte Knorr zu wissen, wer gewählt werden würde, wer nicht, wer Ärger bereiten würde, wer kooperativ war. Interessant war, dass nur ein einziger Mann aufgestellt wurde.

Die Klassenelternversammlungen, die nun zwischen Wahl und Verkündung des Ergebnisses abgehalten wurden, verliefen weitgehend friedlich, ohne freilich völlig auf die üblichen Denunzierungen der gerade nicht anwesenden Lehrkräfte zu verzichten. Dies war ebenfalls ein ständiges Spielchen: Es war ja so bequem, über die abwesenden Lehrer herzuziehen, sich gegenseitig aufzuschaukeln, Drohgebärden zu entwickeln und dies alles im Verbund anschließend in der benachbarten Trattoria noch zu vertiefen. So entstanden kleine Kriege, initiiert von Hinterlist, gepaart mit Dummheit und Dreistigkeit. Knorr war kein Freund dieser Veranstaltungen, weder früher als Lehrer, noch jetzt als Schulleiter.

Gegen 22:00 Uhr stand das Ergebnis der Wahl fest, der Aushang wurde in der Aula von den in die Nacht enteilenden Eltern zur Kenntnis genommen. Knorr hatte zu über 90 Prozent mit seiner Wahlvorhersage recht gehabt. Zum Glück war die bisherige Vorsitzende, eine Frau, mit der er gut zusammenarbeiten konnte, wenngleich man sich öfter mal deutlich die Meinung sagte, wiedergewählt worden. Ansonsten war die Wahl wie erwartet ausgefallen: Knorr würde es mit elf Frauen und einem Mann zu tun bekommen.

Die Rolle des Elternbeirats war, wenn sie denn richtig gespielt wurde, von großer Bedeutung für eine Schule. Nicht nur, weil dies in den einschlägigen Schulordnungen so postuliert war, sondern weil ein schulpolitisch denkender, sozialintegrativer und aktiver Elternbeirat tatsächlich etwas an der Schule bewegen konnte. Und zwar mehr, als nur anlässlich von Schulfesten Bratwürste und Bier zu verkaufen. Knorr war ein starker, Inhalte diskutierender Elternbeirat sehr angenehm. Er durfte nur nicht zu militant werden, denn Schule funktionierte nach Knorrs Meinung nur im Konsens zwischen Lehrern, Eltern und Schülern. Man würde sehen.

Die erste der Elternbeiratssitzungen, zu denen Knorr immer gerne geladen wurde, fand zwei Wochen später, wieder an einem Mittwochabend, statt. Knorr wünschte sich solche Sitzungen immer gerne kompakt, ohne deswegen inhaltlich zu schludern. Es sollte fundiert diskutiert werden, es mussten die Meinungen ausgetauscht werden, es musste ergebnisorientiert gearbeitet werden. Das gelang meistens die ersten anderthalb oder zwei Stunden, dann begann in der Regel eine Verzettelung, weil zu den jeweiligen Punkten zwar schon alles gesagt worden war, aber nicht von jedem. Auffallend war, dass einzelne Damen gegen Ende immer noch von langer Hand vorbereitete Anklagen gegen die Schule an sich vortrugen oder noch beim Hinausgehen das persönliche Gespräch wegen irgendwelcher Vorfälle, Konflikte oder schlechter Noten suchten. Sie wussten ganz offenkundig nicht zwischen ihrer Funktion in einem Elternbeirat und ihren Partikularinteressen zu trennen. Dann zog sich alles hin und es wurde auch schon mal halb zwölf. Knorr war dann genervt, und es war eher nicht ratsam, ihn noch mit irgendwelchen Petitessen zu belästigen. Aber einige der Damen waren in dieser Hinsicht beratungsresistent, auch wenn er ihnen vorschlug, die Angelegenheit doch an einem Vormittag in der Sprechstunde, am besten erst einmal mit der betroffenen Lehrkraft zu erörtern. So nahm die jeweilige Elternbeiratssitzung dann doch nicht immer einen völlig runden Ausgang.

*

Die Referendare gingen seit Schulbeginn mit ihren Seminarlehrern in den Unterricht mit, sahen im günstigsten Falle exquisite Modellstunden, im Normalfall recht ordentliche Stunden und hielten dann ihre ersten Lehrversuche selbst. Solange der Seminarlehrer beziehungsweise die Seminarlehrerin und einige Mit-Referendare hinten im Klassenzimmer saßen, klappte das recht ordentlich. Noch glaubten die jungen Kolleginnen und Kollegen alle an das Gute im Schüler, was erstaunlich war, lag ihre eigene Schulzeit doch noch gar nicht so lange zurück. Nachmittags waren sie mit Fachsitzungen in Erdkunde, Deutsch, Geschichte, Englisch, Sport und so weiter beschäftigt, zudem mit Psychologie, Pädagogik, Staatsbürgerkunde und Schulrecht. Letzteres erteilte Knorr selbst, obwohl dies keineswegs seine Lieblingsthematik war. Aber zumindest anfangs musste er wohl oder übel so tun, als ob dieses Thema wichtig sei, als ob die Paragrafen die Schule ausmachten. Obwohl: Für viele taten sie das tagein, tagaus. Es war ja auch so bequem: »Gemäß Paragraf soundso dürfen die Schüler dies und das, und gemäß Paragraf XY war dies und jenes verboten.« Ähnliches galt für Lehrer, nämlich gemäß der Dienstordnung. So konnte man auch Schule machen, und genügend Schulleiter taten das auch, waren sie dann doch scheinbar auf der sicheren Seite. Aber war das Schule?

Knorr wollte die jungen Kolleginnen und Kollegen nicht verschrecken, er schraubte das verbale Drohpotenzial, das ja jede Schulordnung beziehungsweise Dienstordnung latent enthielt, so weit herunter, wie es nur ging. Bedenken oder sogar Angst waren immer schlechte Ratgeber, erst recht in der Schule und erst recht für junge Lehrkräfte, die sich ihren Enthusiasmus in den meisten Fällen noch bewahrt hatten.

Knorr tat sich schwer, sich all die Namen der neuen Referendare, der Referendare im Einsatz und der Praktikanten zu merken. Es passierte ihm, dass er in der Aula junge Referendarinnen mit Schülerinnen verwechselte, peinlich genug. Er fragte sich, ob die Referendare und Referendarinnen heutzutage immer jünger wurden oder ob diese Wahrnehmung an seinem fortgeschrittenen Alter lag, und kam zu dem Ergebnis, dass es wohl das Letztere war.

Referendare an einer Seminarschule waren für Knorr immer eine Bereicherung, auch wenn sie manche im Kollegium eher als Störenfriede sahen. Natürlich konnten sie nie eine langfristige Bindung an die jeweilige Schule entwickeln, denn nach einem Jahr gingen sie irgendwo anders hin an eine Einsatzschule. Aber die meisten von ihnen hatten gute Ideen, versuchten, schwungvoll zu unterrichten, und das, obwohl ihre langfristigen Einstellungschancen minimal waren. In einigen Fächern bekam man schon mit einem Notenschnitt von 1,5 keine Anstellung mehr. Es war schändlich, wie man mit den jungen Leuten umging, die nach vier Jahren Studium nicht unbedingt erstrebenswerte Alternativen zum Lehrberuf hatten, wenn sie nicht in den Schuldienst übernommen wurden. Daran, dass ausgebildete, qualifizierte Lehrer einerseits nicht eingestellt wurden und dass andererseits in den Klassen oft noch über 30 Schüler saßen, durfte man gar nicht denken. Eine für einen reichen Industriestaat peinliche Diskrepanz.

Natürlich gab es unter den Referendaren auch die hoffnungslosen Fälle. Da waren einerseits die beratungsresistenten Unbelehrbaren, die an ihre pädagogische Berufung glaubten und alle anderen für

Deppen hielten. Da waren die Gutmütigen, die nach den ersten paar eigenverantwortlich gehaltenen Stunden in schwierigeren Klassen sozusagen an der Wand pappten. Da waren die Umstandskrämer, die zu keinem Ergebnis kamen, die langsamen Langweiler, bei denen die Klassen einschliefen, die Chaoten, die keine Struktur in eine Unterrichtsstunde brachten, die Pseudowissenschaftler, denen keine didaktische Reduktion gelang und die im akademischen Diskurs über die meisten Köpfe hinwegredeten. Noch ein paar Wochen, dann würde Knorr bei seinen Unterrichtsbesuchen allerlei Spannendes, Frustrierendes, Lustiges und Unsägliches erleben. Aber auch das war Schule: nie genau vorhersehbar, nie genau evaluierbar, manchmal unsinnig, oft öde, zwischendurch lehrreich und spannend.

*

Das klingelnde Telefon riss Knorr aus seinen Gedanken. Ein aufgebrachter Vater forderte Rechenschaft darüber, warum ausgerechnet in der Klasse seines schwerintellektuellen Sohnes eine junge Referendarin zwei Stunden gehalten habe, bei denen absolut nichts herausgekommen sei und die seiner Meinung nach verlorene Zeit gewesen waren. Wie, bitte schön, käme man überhaupt in der Geschichtsfraktion auf die glorreiche Idee, heutzutage den Dualismus Österreich-Preußen im 18. Jahrhundert noch zu behandeln, das sei doch alles alter, irrelevanter Käse. Da nun aber die Schüler bei der Referendarin noch dazu rein gar nichts verstanden hätten, wäre das Erreichen der Lernziele, wenn sie schon derart dämlich sein müssen, nicht mehr gewährleistet, und wenn das so weiterginge, dann sei ja wohl der Lernerfolg insgesamt in Gefahr und er müsse sich »weiter oben« beschweren. Ob Knorr es nicht nötig habe, qualifiziertes Personal zu rekrutieren.

Knorr machte gar nicht erst den Versuch einer Erklärung, zu unterschiedlich war das Vorverständnis der Dinge, zu ignorant und dreist die Argumentation. Er blieb erlesen höflich, ja geradezu überschäumend freundlich und bot dem querulantischen Vater die Adresse der Dienstaufsichtsbehörde an, dabei ergänzend, dass er sich auf die Beschwerde regelrecht freue. Alternativ könne er, wenn er mit Angebot und Leistung nicht zufrieden sei, seinen Sohn selbstverständlich von der Schule nehmen und ihn gerne an einer anderen Schule seines Vertrauens anmelden. »Wie jetzt ...«, maulte der verdutzte Vater. »Genau so«, antwortete Knorr, sich des Unsinns des Minimaldialogs bewusst. Der Vater legte auf. Knorr hörte nie wieder etwas von ihm. Damit hatte Knorr einen kleinen taktischen Sieg errungen. Trotzdem war er unzufrieden, denn inhaltlich hatte er nichts gelöst.

*

»Ich habe keine Schuld an diesem Ergebnis«, hauchte Frau von Plechschmidt-Hammerstein ungefragt mit verzagter Stimme. »Ich habe den Stoff vermittelt, ich kann nichts dafür«, legte sie nach. »Mir kann keiner etwas vorwerfen. Mir nicht.«

Knorr hatte ihr gar nichts vorgeworfen, als sie mit den Geschichtstests der Klassen 9b und 9e wedelnd in sein Büro trat, ohne vorher anzuklopfen. Ihm war schlagartig klar, dass die Ergebnisse wieder mal miserabel waren. Ab einem Notenschnitt von schlechter als 4,20 wollte er Schülerarbeiten vor der Rückgabe an die Klassen erst einmal sehen, allein schon um informiert zu sein, wenn Eltern sich beschweren sollten. Das war mit dem Kollegium ausgemacht, wurde allgemein akzeptiert und hatte sich bewährt.

»4,20 in der 9b und 4,96 in der 9e«, ergänzte Frau von Plechschmidt-Hammerstein wehmütig. »Sie sehen also, die 9b ist gar nicht so schlecht. Die 9e hingegen mit 4,96, davon nur ein einziger Dreier, das ist eine Katastrophe. Ich habe den Stoff genau besprochen, sehr genau. Und wer Ohren hatte zu hören, der konnte hören, dass ein nicht angesagter Test unmittelbar bevorstand.«

Knorr kamen diese Schnitte mehr als verdächtig vor. Hingetrickste 4,20 waren also »gar nicht so schlecht«? Das war schon kaum zu glauben. Er ließ sich die Arbeiten geben und blätterte lustlos darin herum. Die 9e mit 4,96! Das war wohl nicht zu vermitteln. Wenn eine Arbeit parallel geschrieben wurde und eine Klasse zum Beispiel einen Notendurchschnitt von 3,20 erreichte und die andere 4,50, dann konnte man das noch vertreten. Da hatten die einen eben überhaupt nicht gelernt. Die 3,20 andererseits bewiesen, dass die Arbeit machbar war. Aber 4,20 und 4,96! Knorr hätte empörte Eltern nicht mit dem Hinweis auf zufriedenstellende Leistungen der Parallelklasse abspeisen können. Und diese Eltern würden spätestens am folgenden Tag auf der Matte stehen. Offensichtlich ging es in dem Test um die Vorgeschichte des Ersten Weltkrieges als sogenanntes Grundwissen und um die Krise vor Kriegsausbruch als Thema der vorhergegangenen Stunde. Knorr blätterte wahllos herum. Einige Schüler hatten einen gewissen Friedrich Wilhelm III. zum Deutschen Kaiser ernannt, andere Sarajevo für die Hauptstadt Ungarns gehalten, wieder andere wussten nicht, dass Serbien ein Staat auf dem Balkan war. Die Krönung war, dass für einige der Erste Weltkrieg im 17. Jahrhundert stattgefunden hatte. Es war unglaublich. Selbst Knorr musste zugeben, dass bei den Schülern offensichtlich jede Mühe verloren war, denn solche bodenlose Ahnungslosigkeit und Dummheit durften mit nur ein bisschen vernetztem Denken und selbst mit Halbschlaf im Unterricht nicht vorkommen. Andererseits schien die Lehrkraft in ihrem Unterricht nichts, aber auch wirklich gar nichts vermitteln zu können.

»Frau von Plechschmidt-Hammerstein, zeigen Sie mir doch bitte mal Ihre Musterlösung.« – »Musterlösung? Die habe ich nicht.«

»Aber Sie müssen doch zumindest irgendeine Punktezuordnung und Punktevergabe für Ihre Aufgabenstellung haben.«

»Die gebe ich seit 35 Jahren nicht an, das führt nur zu Diskussionen und Streitereien bei der Herausgabe der Arbeiten«, versuchte Frau von Plechschmidt-Hammerstein noch einmal aufzutrumpfen.

Aha. Knorr verlor endgültig die Geduld. Er erkannte zudem, dass die Vorlagen für diesen Test für die Schüler aufgrund der miserablen Kopien schon kaum mehr lesbar waren, denn offensichtlich hatten sie schon ein paar Jahrzehnte auf dem Buckel. Was wiederum hieß, dass die Kollegin aus lauter Faulheit Jahr für Jahr dieselben Tests schrieb und offensichtlich ihren Unterricht mehr oder weniger schlecht darauf abstimmte. Ein einziges Trauerspiel. Eine Blamage für die ganze Schule. Und natürlich ziemlich dumm von den Schülern, dass sie die sich Jahr für Jahr wiederholenden Anforderungen nicht schon längst gecheckt hatten. So etwas musste sich doch bei den Schülern herumsprechen! Wie auch immer: Diese Arbeit konnte so nicht zurückgegeben werden, er würde sie einziehen müssen.

»Ich spüre, Sie wollen mir in den Rücken fallen«, ächzte Frau von Plechschmidt-Hammerstein. »Jahrein, jahraus habe ich meine Arbeit tadellos verrichtet, und nun dies. Aber bitte, versuchen Sie es nur. Und wenn es meine letzten Energien erfordert, ich werde mich zu wehren wissen. Ich werde den Personalrat einschalten. Mit diesen Machenschaften kommen Sie nicht durch. Sie wollen mir das Ergebnis anlasten. Dabei werden die Schüler von Jahr zu Jahr dümmer und fauler. Jawohl, und woher kommt das? Weil nicht durchgegriffen wird. Weil Sie jeden Deppen aufnehmen und den Schülern alles durchgehen lassen. Und ich bin dann die Schuldige an diesem Ergebnis. Wollen Sie etwa meinen Unterricht anzweifeln? Nicht mit mir, mit mir nicht«, jammerte Frau von Plechschmidt-Hammerstein, holte ihr Taschentuch heraus, wischte sich eine nicht vorhandene Träne ab und schlurfte von dannen. Unter der Tür drehte sie sich noch einmal um, vollzog eine Drohgebärde und schnaubte in Richtung Knorr: »Das werden Sie noch bereuen.«

Dieser war noch völlig verwirrt von diesem Auftritt, nunmehr aber auch endgültig und geradezu wild entschlossen, diese beiden Tests in dieser Form nicht durchgehen zu lassen, denkfaule und unvorbereitete Schüler hin oder her. Er würde die Arbeit noch einmal von einer qualifizierten Lehrkraft durchsehen lassen.

Die Nachkorrektur durch den ob dieser Mehrarbeit murrenden Geschichte-Fachbetreuer ergab, dass die Arbeit von der Lehrkraft schlampig gestellt, unsauber und unter Verletzung des Gleichheitsgebots korrigiert und unangemessen benotet worden war. Die Notenschnitte waren offensichtlich willkürlich knapp angesetzt, um die Leistung bewusst zu drücken und die Klassen damit zu disziplinieren.

So gingen die Tests mit aufgebesserten Schnitten von 3,54 und 3,89 durch, auch keine tollen Ergebnisse, aber noch vertretbar. Zahlreiche Schüler kamen zumindest noch auf eine Mittelfeldnote, mit Ausnahme derjenigen, die den Ersten Weltkrieg ins 17. Jahrhundert gelegt hatten, Friedrich Wilhelm III. als Deutschen Kaiser bei Ausbruch des Ersten Weltkriegs identifizierten und Sarajevo als Hauptstadt von Ungarn sahen. Bei denen war wirklich alles verloren.

Frau von Plechschmidt-Hammerstein jedoch schrieb Knorr einen Brief, in dem sie den Abbruch aller diplomatischen Beziehungen ankündigte. Sie würde mit einem Menschen wie Knorr nie, wirklich nie mehr ein Wort reden.

Wenn sie das doch nur einhalten würde, dachte sich Knorr. Er wusste, dass sie es nicht schaffen würde.

*

Derweil begann ein Projekt das nächste zu jagen. Die Unruhe der Bildungspolitik wurde im Schulalltag sichtbar. Die Zeit des nahezu ausschließlichen Frontalunterrichts war Gott sei Dank vorbei. Die Lehrkräfte favorisierten mehrheitlich Gruppenarbeit, Recherchen, Projektarbeit, Präsentationen und so weiter und so fort. Das ging manchmal wieder auf Kosten der eigentlichen konzentrierten Lernphasen. Andererseits war klar, dass reine Lernarbeit eben auch nicht mehr gehen würde in einer multiplen und digitalen Welt. Dann aber müsste man auch die Bewertungskriterien für Schülerleistungen entscheidend ändern. Das hieße auch, den einzelnen Schulen mehr Freiheit zu gewähren, um die Zahl der mündlichen und schriftlichen Leistungsnachweise weiter variieren, ja reduzieren zu können. In der Bildungshierarchie herrschten angesichts dieser zunehmenden Forderungen der Basis, sprich der einzelnen Schulen, natürlich die Bedenken, dass Standards nicht mehr gehalten werden könnten, alles in die X-Beliebigkeit abrutschen würde. Knorr diskutierte mit sich selbst und seinen Kolleginnen und Kollegen immer wieder die von ihm favorisierte Kombination von 30–40 Prozent fundiertem Grundwissen plus 60–70 Prozent projektorientiertem und recherchegestütztem Arbeiten. Das hieße aber auch: Lehrpläne entrümpeln, Anforderungen und Bewertungskriterien anpassen, inhaltliche Akzente neu setzen, der »Testeritis« Einhalt gebieten. Wie viele Jahre würde es dauern, bis sich der Apparat bewegt?

*

Der Herbst war auch die Phase eines Highlights für die 10. Klassen, es fanden die jährlichen Studienfahrten statt. Deren Ziele und insbesondere auch deren Finanzierung waren seit Jahren ein Thema im Kollegium, im Elternbeirat und in den Klassen. Wo sollte, wo würde man hinfahren? Besonders beliebt waren der Gardasee, die Toskana, Kroatien, aber auch London, Paris und Berlin. Es gab auch Klassen, die für fünf Tage nach Neapel fahren wollten. Je weiter, desto besser, schien das Motto der Schüler zu sein.

Der Elternbeirat bestand auf einer Kostenobergrenze von 280 bis maximal 300 Euro. Diese Messlatte wurde in der Regel gerissen, unter 350 Euro kam man kaum mehr für eine knappe Woche weg. Knorr selbst hielt es für einen Irrsinn, wegen fünf oder sechs Tagen bis nach Süditalien oder Südfrankreich zu fahren, zwei Tage waren da schon einmal wegen der Busfahrt dahin. Auch regte er sich regelmäßig darüber auf, wenn er später hörte oder im Jahresbericht las, dass man am Montag nach Verona angereist war, um dann am Dienstag einen Busausflug nach Venedig zu machen und unterwegs bei McDonald's zu essen. Er plädierte stets für Abenteuerfahrten, Camps oder eine Sportwoche. Aus Erfahrung wusste er, dass die Schülerinnen und Schüler zunächst beharrlich über die Vorstellung murrten, einige Tage auf einer Selbstversorgerhütte im Bayerischen Wald oder im Harz zu verbringen. Das klang ja auch altmodisch, schien wenig spektakulär, wirkte beschwerlich und wenig cool. Im Nachhinein stellten sich diese Fahrten immer als die spannendsten und lustigsten heraus. Es waren Abenteuerwochen, die man ein Leben lang im Gedächtnis behielt. Immer mehr Veranstalter boten zudem echte Adventure Camps an, so wie sie auf den Britischen Inseln populär waren, mit Canoeing, Rafting, Abseiling, Pony Trekking und so weiter. Zunehmend beliebt wurden auch die Segeltörns auf dem Ijsselmeer, bei denen jeder Schüler auf dem Schiff eine Aufgabe in der Gemeinschaft zu erfüllen hatte.

Wie auch immer, am Schluss hielten die Beteiligten ihre eigene Fahrt für die coolste und aufregendste aller Zeiten und alle waren zufrieden. Bis auf:

»Ottenhöfer hier, Klassenleiter der 10a. Herr Knorr, wir haben da ein Problem. Letzte Nacht sind vier unserer Schüler von einem Discobesuch in Malcesine nicht ins Hotel zurückgekommen und wurden dann früh betrunken aufgefunden. Was sollen wir jetzt machen? Heimschicken oder sozusagen unter lokalen Hausarrest stellen?«

Probleme wie dieses gab es bei den Schulfahrten jedes Jahr. Nicht dass die Schülerinnen oder Schüler nun besonders böse oder aggressiv waren, aber sie waren mit ihrer Klasse unterwegs und da griffen gruppendynamische Prozesse. Sie waren weit weg von zu Hause, vielleicht zum ersten Mal. Sie waren in einer gemischten Klasse, sie waren im Süden. Das gab ihnen natürlich nicht das Recht, sich so aufzuführen. Knorr wusste aus seiner aktiven Lehrerzeit selbst, wie schwierig es war, die Balance zu halten. Führte man zu streng und verbot den Schülern alles, war die Stimmung mies und irgendwann würden die Alpha-Figuren in der Klasse ausbrechen. Führte man zu lasch, war von Anfang an eine latente Atmosphäre des ständigen Verhandelns, des Zuspätkommens und des mit Imponiergehabe verbundenen heimlichen Trinkens angesagt.

Knorr wusste jedoch, dass es keinen Sinn machte, vier auffällig gewordene Schüler in Trient in einen Zug Richtung Brenner und München zu setzen, sie dann auch noch umsteigen zu lassen, um alleine nach Hause zu kommen. Die Eltern würden eh kein Verständnis dafür haben, sondern die Schuld auf die Schule abwälzen und gar nicht daran denken, ihre Sprösslinge persönlich am Gardasee abzuholen.

»Kopf hoch, Kollege Ottenhöfer. Ich denke, Heimschicken hat keinen Sinn, da gehen wir nur neue Risiken ein. Schnappen Sie sich die vier einmal, setzen Sie Ihre furchterregendste Miene auf und drohen Sie mit allem, was Ihnen so einfällt. Sie wissen ja, Disziplinarausschuss, Androhung der Entlassung und so weiter. Und dann würde ich Ihnen vorschlagen, dass die vier keinen einzigen Schritt mehr allein gehen. Sie organisieren mit Ihrem Kollegen Dauerbewachung, auch wenn das Ihnen und den vieren so richtig auf den Keks geht. Verstanden und einverstanden?«

Knorr war von seinen Worten keineswegs überzeugt und er sah vor seinem geistigen Auge den Kollegen Ottenhöfer käseweiß am Telefon nicken. Das war sowohl für den Klassenleiter als auch für die restliche Klasse eine unangenehme Situation. Erfahrungsgemäß würde die Drohgebärde aber nützen.

Nach der Rückkehr der Klasse berichtete Ottenhöfer, dass sich die vier ab der Standpauke tadellos, ja geradezu vorbildlich benommen hätten. Sie hatten sich in aller Form bei Ottenhöfer entschuldigt, waren ihm treuherzig auf allen seinen Wegen gefolgt und boten Knorr an, freiwillig etwas für die Schule zu leisten. Das Gute im Schüler, es war also doch vorhanden.

*

So gingen die ersten Wochen des Schuljahres dahin. Bald würde man sich in die Herbstferien retten können, für die Lehrerinnen und Lehrer eine erste Verschnaufpause. Sie hatten den gesamten Betrieb hochgefahren, Lernstoff vermittelt, abgefragt, geprüft, korrigiert, verwaltet, sich ab und zu gefreut, gelobt, sich wieder geärgert, verwarnt, meist unvorhersehbar, unkalkulierbar. Das war das Schöne an diesem Beruf, manchmal auch das Nervige. Für Knorr und die Schulleitung war das Schuljahr am Anfang eine eher bedrohliche Lawine. Erst nach ein paar Wochen kam man in sicheres Gelände. Die Aufgeregtheiten der Eltern wegen Stundenausfall und unerwünschter Lehrer in den jeweiligen Klassen ihrer Sprösslinge legten sich. Jetzt kamen eher die Beschwerden wegen zu häufiger Vertretungsstunden, ungerechter Behandlung, schlechter Noten und sich abzeichnendem miserablen Leistungsstand. Alltagsgeschäft und Routine für Knorr, der allerdings den damit verbundenen Zeit- und Kräfteverschleiß für die Gestaltung des Lebensraums Schule nicht dienlich fand. Die aber sah Knorr als seine Hauptaufgabe an.

*

Es war der letzte Freitag im Oktober. Um 12:50 Uhr, kurz vor Unterrichtsschluss und Herbstferien, klingelte das Telefon. Am anderen Ende war der Vertreter der Dienstaufsicht, Ministerialoberrat Gumbmann. Es entwickelte sich ein groteskes Gespräch, das Knorr nur noch mit Realsatire oder absurdem Theater beschreiben konnte.

»Tja, guten Tag, Herr Knorr, schöner Tag und sowieso gleich Ferien, da muss es uns doch gut gehen, ha, ha, ha.« Knorr war gewarnt, heikle Gespräche fingen immer mit Blumenranken an.

»Also, wir haben da ein kleines Problem«, begann der Vertreter der Dienstaufsicht.

»Wer ist wir und was ist das Problem?«, fragte Knorr eher kühl zurück. Er wusste um kein Problem mit der Dienstaufsicht, außer natürlich den Dutzenden kleinen, die sein tägliches Schicksal waren. Aber die waren ja hausintern. Oder hatte ihn wieder einmal jemand wegen irgendetwas verpetzt?

»Tja, Herr Knorr, ich sehe da in meinen Unterlagen, dass Sie im September zwei Schüler in die 10. Klasse aufgenommen haben, die aus einer Privatschule kommen.«

»Und?«

»Tja, Herr Knorr, da hätten Sie zuerst eine Aufnahmeprüfung machen müssen. Die können Sie nicht einfach ohne Aufnahmeprüfung aufnehmen. Wo kämen wir denn da hin?«

Knorr wurde grantig, wie immer, wenn er die vorgesetzte Behörde, und insbesondere Gumbmann, am Hals hatte.

»Und wo kämen wir da hin?«, maulte er.

»Tja, ha ha, Herr Knorr, jetzt aber mal ... Sie wissen doch, wenn einer aus einer privaten Schule kommt und auch wenn diese staatlich anerkannt ist, dann, wie soll ich sagen, kann er, oder natürlich sie nicht so einfach ...«

»Was kann er oder sie dann nicht so einfach?«, brummte Knorr Gumbmann an.

»Tja, Herr Knorr, eben nicht so einfach übertreten oder eben halt aufgenommen werden.«

»Kann er nicht?«

Knorr erinnerte sich genau an diesen Fall. Es handelte sich um ein Zwillingspaar. Zwei richtig nette Schüler, die bereits einen mittleren Abschluss hatten und zwecks Notenverbesserung die 10. Klasse noch einmal machen wollten, um ihre Chancen auf dem Arbeitsmarkt zu verbessern. Wobei ihr Zeugnis bereits zu diesem Zeitpunkt gar nicht so schlecht war. Knorr hatte dieser Aufnahme sofort zugestimmt, er sah keinerlei Problem. Und inzwischen hatten sich die Zwillinge nach übereinstimmender Aussage aller Lehrkräfte hervorragend gemacht. Sie waren in einigen Fächern wie zum Beispiel Erdkunde und Geschichte tragende Säulen des Unterrichts, wie man so schön sagte.

»Tja, nun ja, äh, da schauen Sie mal in die Schulordnung, da steht unter Paragraf …«

Knorr wurde unwirsch und unterbrach. »Da steht sicher eine Menge Bedeutungsvolles. Sie wissen, werter Herr Gumbmann, dass die Schüler den mittleren Schulabschluss bereits in der Tasche hatten, das Ziel ihrer Schulausbildung war also quasi schon erreicht. Wieso sollte ich sie dann nicht aufnehmen? Ich kann doch einen Schüler, der den Schulabschluss schon erfolgreich abgelegt hat, nicht nur, weil er noch einmal die Klasse zur Notenverbesserung durchlaufen will, eine Aufnahmeprüfung machen lassen.«

»Tja, Herr Knorr, schon, schon, vom gesunden Menschenverstand her gesehen, nun ja, da haben Sie schon recht, stimmt schon, aber Sie wissen ja, wir können uns doch nicht einfach über die Schulordnung hinwegsetzen, ein Dilemma, gewiss, gewiss …«

Knorr fasste es nicht. Er wurde lauter. »Was wäre denn, wenn die Schüler zum Beispiel einen schlechten Tag erwischt hätten oder in der Aufnahmeprüfung, sagen wir mal in Fremdsprachen oder Mathematik, etwas drangekommen wäre, was sie nicht gewusst hätten, weil es an ihrer vorherigen Schule in dieser Form nicht genau besprochen wurde? Dann hätte es passieren können, dass sie bei der Aufnahme in die 10. Klasse durch die Prüfung gefallen wären, obwohl sie bereits den Abschluss nach der 10. Klasse in der Tasche hatten. Können Sie mir mal die Logik in dieser Geschichte erklären?«

»Tja, Herr Knorr, Logik, nun ja, äh, gewiss, so ganz logisch ist das nicht, aber so steht es eben in der Schulordnung, und Sie wissen doch, die Paragrafen sind uns heilig.«

»Uns?«

»Tja, Herr Knorr, Ihnen doch sicher auch, als guter Staatsdiener, wir sollten doch, sehen Sie, Sie können sich doch nicht einfach über die Schulordnung …«

»Was kann ich nicht?«, schrie Knorr. »Und was passiert jetzt? Soll ich die Schüler hinauswerfen? Wie erklären Sie das den Schülern, den Eltern?«

»Tja, Herr Knorr, eigentlich, nun ja, müssten wir reagieren. Eine verfahrene Situation, eine verfahrene Situation, ich weiß, ich weiß. Also gut, wenn die jetzt schon mal sechs Wochen da sind …, aber in Zukunft, passen Sie auf, halten Sie sich an die Paragrafen, nehmen Sie das genau«, mahnte Gumbmann. »Und dann trotzdem noch schöne Ferien. Und nicht zu viel arbeiten, ha, ha.«

Knorr war heilfroh, dieses Irrenhaus für ein paar Tage verlassen zu können.

KAPITEL 5

November und Dezember

Der Montagmorgen nach den Herbstferien zeigte sich grau in grau. Knorr schlenderte ins Lehrerzimmer, um die Atmosphäre zu erfassen und die lieben Kolleginnen und Kollegen individuell zu begrüßen, sie für die Wegstrecke bis Weihnachten zu motivieren. So schlecht schien die Stimmung aber gar nicht zu sein. Man ratschte lautstark über die Ferien auf La Gomera oder in der Südtürkei, die Hausrenovierung, die Qualität der neuen Frankenweine und natürlich über die dummen und faulen Schüler, die wieder einmal die vor den Ferien geschriebenen Klassen- und Kurzarbeiten vermasselt hatten. Alles wie gewohnt.

Und so hätte Knorr gewarnt sein müssen, denn zu viel Gutes, zu viel Positives hatte immer seinen Preis, in der Schule sowieso. Als er das Lehrerzimmer verließ, sah er das drohende Unheil, personifiziert in der ihm seit Jahren wohlvertrauten Schülermutter Frau Wachtler, vor seinem Büro hocken: massig, schwitzend, schnaufend und missmutig. Knorr versuchte noch, hurtig in die Gegenrichtung zu enteilen, aber es war zu spät. Mit einer Behändigkeit, die man ihr gar nicht zugetraut hätte, sprang Frau Wachtler auf und versperrte Knorr den Weg.

»Aaah, Herr Direktor ...«, flötete sie.

»Hallo, Frau Wachtler, was kann ich heute für Sie tun?«

»Es geht um Viktor.«

Wer hätte das gedacht. Um wen oder was sonst sollte es schon gehen. Seit Jahr und Tag ging es um Viktor.

»So?«

»Also, aah, wir bräuchten da eine Neuregelung.«

»Ach was. Und welcher Art diesmal?«

»Sie wissen ja«, schnaufte Frau Wachtler, »wir haben da diese Gutachten wegen Lese- und Rechtschreibschwäche, wegen Legasthenie und natürlich ADHS.«

Knorr wusste das. Er wusste das seit nunmehr vier Jahren, in denen er und seine Kollegen Woche für Woche, manchmal Tag für Tag von Frau Wachtler tyrannisiert wurden. Er war ja gerne und immer bereit, Eltern und Kindern weiterzuhelfen, wenn es nötig war. Bei Viktor hieß das im Grund, dass er seit seinem Eintritt in die 7. Jahrgangsstufe alle möglichen Sonderregelungen in Anspruch nehmen konnte. Er war jetzt in der 10. Klasse, und offensichtlich tat sich eine neue Kalamität auf.

Frau Wachtler schien endlos Zeit und nichts anderes zu tun zu haben, als sich den ganzen Tag um das Wohl ihres einzigen Kindes zu kümmern. Sie ging in der Schule ein und aus, angemeldet oder unangemeldet, blockierte jede Sprechstunde, lauerte in den Pausen, und kaum war sie einmal nach Hause gegangen, bombardierte sie die Lehrkräfte per E-Mail mit neuen, mehr oder weniger unsinnigen Fragen und Forderungen.

Im Grunde war es so, dass Frau Wachtler ganz ungeniert die gesamte Schule um ihren Sohn herum zu bauen gedachte. Vitale Interessen und Anliegen anderer ignorierte sie beständig und insistierte fortwährend auf Neu- und Ausnahmeregelungen, die ihrem Sohn zugutekommen sollten und denen sie mit allen möglichen Gutachten und Bescheinigungen von Psychologen, Neurologen und Fachmedizinern zur Durchsetzung verhelfen wollte.

Viktor genoss selbstverständlich schon längst Zeitverlängerung bei allen Tests und Klassenarbeiten, zunächst nur in Deutsch, dann auch in Englisch und Französisch, anschließend in allen Fächern, in denen es eine Angabe zu lesen galt. Diese wurde neuerdings für ihn ganz besonders groß ausgedruckt, obwohl er gar kein Brillenträger war.

Angefangen hatte es damit, dass Viktor, damals im zarten Alter von 13 Jahren, sich weigerte, überhaupt zu schreiben, weder seinen Namen, geschweige denn einen Satz oder sonst irgendetwas. Nachdem einzelne Lehrer diese Zumutung nicht hinnehmen wollten und nicht lockerließen, stellte sich heraus, dass er schon nach kurzer Zeit durchaus in der Lage war, zunächst kurze, dann längere Texte zu schreiben. Er hatte das nur nie geübt, weil er eben nicht wollte und weil seine Mutter ihn in diesem Bestreben unterstützte und ihm einen Freibrief ausstellte. Andere Schulen hatten das offensichtlich durchgehen lassen. Er selbst, an sich ein ruhiger und verträglicher Junge und zudem keineswegs dumm, hatte sich in dieser Lage sozusagen bequem eingenistet. Seine Mutter würde es schon richten.

Zu unzähligen Gesprächen schleppte Frau Wachtler außerdem einen rauschebärtigen, zu jeder Zeit betroffen und beleidigt schauenden und umständlich argumentierenden Schulpsychologen herbei, der einem Gary-Larson-Cartoon hätte entsprungen sein können. Im Laufe der Zeit war es mit vereinter Anstrengung gelungen, Viktor halbwegs zum Abschreiben und Verfassen von Texten zu bewegen. Diese Entwicklung begleitete Frau Wachtler misstrauisch. Zwar versuchte ihr Knorr eindringlich klarzumachen, dass ihr Sohn ja wohl später in der »realen« Welt draußen auch einmal etwas schreiben müsste, aber das war vergeblich. Frau Wachtler suchte immerfort nach neuen Erleichterungen, Ausnahmeregelungen, Optimierungsmöglichkeiten und nervte damit die Lehrkräfte, die Mitschüler, den Schulleiter, ja zuweilen sogar ihren Sohn selbst.

Vor ein paar Jahren und dann immer wieder in unregelmäßigen Abständen versuchte Frau Wachtler, eine Sonderregelung dahin gehend zu erwirken, dass ihr Sohn aufgrund irgendeiner vegetativen Störanfälligkeit alle Tests und Prüfungen in einem gesonderten, möglichst schallisolierten Raum schreiben konnte. Woher dieser bei der bekannten Raumnot jemals genommen werden sollte, war ihr völlig egal.

Das nächste, sich über Wochen hinziehende Anliegen war dann, Viktor nicht mehr mit der Hand, sondern mit dem Computer schreiben zu lassen. Das war an sich schon eine Möglichkeit, andererseits natürlich ein Präzedenzfall, und außerdem: War das in Hinblick auf eine spätere berufliche Existenz des Jugendlichen sinnvoll? Knorr war sich im Klaren darüber, dass Handschrift heutzutage out war, dass die digitale Welt Viktor bald in die Hände spielen würde. Aber er hatte ja auch gesehen, dass Viktor schreiben konnte, wenn er nur wollte, und das wollte er eben nicht, solange ihn seine Mutter diesbezüglich unterstützte, ja nicht nur unterstützte, sondern ihn in seine Verweigerungshaltung geradezu hineintrieb.

Viktor war unabhängig davon sowieso in psychologischer Dauerbetreuung, angeblich um ihn zu stabilisieren. Und die Psychologinnen, die ihn als Dauergast betreuten, schrieben offensichtlich ohne zu fragen oder zu murren jedwedes Gutachten. Derweil entwickelte sich Viktor zumindest in der Schule völlig normal, diskutierte und spielte mit seinen Freunden und Klassenkameraden, wurde auch nicht gemobbt. Seine Lehrer und sein Klassenleiter konnten keinerlei sonstige Auffälligkeiten feststellen und hielten ihn abgesehen von seiner Nichtschreib-Marotte für völlig »normal«.

»Also, aah«, Frau Wachtler zerrte ein Papier aus ihrer Handtasche, »ich habe mir ein neues Gutachten besorgt.«

Knorr schaute angewidert. Was würde es diesmal sein?

»Es geht um mündliche Spracheingabe in den Computer. Frau Professor Dr. Dr. Hupprich von der Psychiatrie der Uniklinik meint, das sei für Viktor außerordentlich gut geeignet. Also Viktor diktiert seine Texte einfach mit einem Sprachumsetzungsprogramm, oder wie das Ding heißt, in den Computer.«

In Knorr arbeitete es. Wie konnte er diesem Irrsinn entgehen? Jetzt hatte man Viktor mit viel Mühe und Not endlich dazu gebracht, kurze Texte zu schreiben, Aufsätze auf dem Laptop zu verfassen, und nun dies. Knorr schaute sich gehetzt um, doch es war keine Rettung in Sicht. Er wurde wütig.

»Wie, Ihr Herr Sohn, dem wir nach nunmehr vier Jahren das Schreiben halbwegs beigebracht haben, hört jetzt wieder damit auf und diktiert seine weisen Gedanken in den Laptop? Habe ich Sie da richtig verstanden?«

»Gewiss, gewiss«, hob Frau Wachtler an, »die Zeichen der Zeit. Der Fortschritt ermöglicht das ja. Und Viktor ist ganz vornean. Und noch was.« Frau Wachtler wühlte wieder in den Tiefen ihrer Handtasche.« »Ich habe da noch ein anderes Gutachten, das bescheinigt Viktor höchste Intelligenz.« Sie überreichte Knorr triumphierend ein Schreiben irgendeines Testinstituts, das besagte, dass Viktor ganz klar zu den Schwerintellektuellen gehörte.

Das war Knorr beziehungsweise Viktors Lehrkräften nun wiederum bisher noch nicht aufgefallen. Viktor war, wie gesagt, nicht dumm, schrieb in Mathe auch mal eine Zwei, in Physik eine Eins, aber hochintelligent? Aber vielleicht waren Schulen ja nicht in der Lage, die individuellen Fähigkeiten ihrer Schüler zu erkennen und zu fördern. Den Verdacht hatte Knorr in der Tat schon lange, ohne das jetzt mit Frau Wachtler diskutieren zu wollen und ihr in die Hände zu spielen.

»Hochintelligent, ah ja.«

»Ja, ja, genau, Viktor hat einen außerordentlichen Intelligenzquotienten. Für ihn ist der meiste Unterricht sowieso langweilig.«

Für Knorr wurde immer klarer, dass das eigentliche Problem Frau Wachtler selbst war, dass sie ganz klar »ein Rad ab« hatte, wie es Kollege Offmann einmal formuliert hatte. Aber das konnte er ihr ja nicht sagen, ohne das nächste Debakel heraufzubeschwören. Er wusste nur eins: Wenn sie so weitermachte, würde sie ihren Sohn ruinieren. Und die Kolleginnen und Kollegen und Knorr dazu in den Wahnsinn treiben.

Knorr musste diese Frau loswerden. »Wissen Sie, Frau Wachtler, geben Sie mal her, ja, gut, ich schau mir das mal an, bin aber sehr, sehr skeptisch. Ich glaube nicht, dass da irgendetwas zu machen ist, da muss wohl die vorgesetzte Dienstbehörde, eventuell sogar das Kultusministerium ...« Er wusste nicht recht weiter.

»Ich komme dann nächste Woche wieder«, frohlockte Frau Wachtler. »Bis dahin werden Sie ja wohl schon eine positive Entscheidung getroffen haben.«

»Bis nächste Woche, haha, hahaha.« Knorr wusste nicht mehr so recht, ob er schreien, kreischen oder leise weinen sollte. Sein Blick verlor sich in der Ferne der Aula.

Beim nächsten Besuch von Frau Wachtler ließ sich Knorr verleugnen und Klassenleiter Offmann musste die Situation ausbaden. Mehr als eine Stunde hörte er sich schicksalsergeben und mit Engelsgeduld das wirre Gerede von Frau Wachtler an, dann entschuldigte er sich, weil er in der 2. Stunde Unterricht hatte. Dies verstand Frau Wachtler nicht so recht. War es denn möglich, dass Lehrer auch andere Kinder unterrichten mussten? Wieso hörte man ihr nicht weiter zu? Sie suchte in der Nähe des Lehrerzimmers noch nach anderen Ansprechopfern, aber die Kolleginnen und Kollegen waren schon vorgewarnt und flüchteten rechtzeitig. So schlich sie beleidigt von dannen, nur um zu Hause sofort einige Mails an die Schule zu versenden, die ihre Anliegen verdeutlichen sollten.

*

Zum Glück gab es all die anderen, die vernünftigen Eltern, mit denen man reden konnte, mit denen man konstruktiv zusammenarbeiten konnte, auch wenn man nicht immer der gleichen Meinung war. Es war ja klar, dass eine Schule, an der Hunderte von Schülern und Eltern und Dutzende von Lehrern zusammenarbeiten mussten, nie ein konfliktfreier Raum war. Aber die komplizierten Fälle wurden von Jahr zu Jahr mehr. Und je mehr Elternhäuser auseinanderfielen, je verhaltensauffälliger die Schüler wurden, desto mehr wurde die Verantwortung für Erziehung und Bildung vollends auf die Schule abgeschoben und desto aufdringlicher, aggressiver und vor allem egoistischer wurden die Ansprüche einiger Eltern. So forderte man munter, Lehrkräfte, die einem nicht passten, sofort auszutauschen, so wechselte man nach Belieben von Religion zu Ethik, so verhandelte man über Noten, maulte über Stundengestaltung, denunzierte missliebige Referendare und diskutierte über die Inhalte und Struktur des Nachmittagsunterrichts. Dabei hatten die meisten der sogenannten Erziehungsberechtigten keine Ahnung, wie kompliziert das Eigenleben einer Schule war. Am schlimmsten aber fand Knorr, dass den Lehrkräften und der Schulleitung von all diesen Dauerquerulanten ständig Zeit gestohlen wurde, die man sinnvoller für pädagogische Aspekte hätte verwenden können.

*

Es war noch etwas Zeit bis zum Beginn des Lehrversuchs einer Referendarin in der 9a und so machte Knorr einen Rundgang durch das Schulgebäude. Alles war friedlich, ein paar Schüler schlichen wie üblich während der 1. Stunde auf die Toilette, der Hausmeister bereitete zusammen mit seiner ständig verdrossen glotzenden Frau seinen inzwischen schon gigantischen Pausenverkauf vor, einige Schüler gestalteten eine Pinnwand in der Aula.

Knorr lief den dunklen Klassentrakt im ersten Stock entlang, als er lautes Schreien aus einem Klassenraum auf der linken Seite vernahm. Aha, die furiose 8d. Er kam näher, das Getöse und Gebrülle wurde lauter, zwischendrin immer wieder eine besonders schrill kreischende Stimme. Vielleicht war keine Lehrkraft da drinnen? Vielleicht hatte sie sich verspätet oder es war irgendein Fehler im Vertretungsplan? Knorr lauschte an der Tür, was sonst eher nicht seine Art war. Er beschloss zu klopfen, erst verhalten, dann laut und deutlich. Keine Reaktion. Drinnen tobte der Bär, offensichtlich wurden Gegenstände herumgeworfen und Stühle umgeschmissen. Knorr öffnete vorsichtig die Tür. Inmitten einer grölenden und offensichtlich aufgebrachten Meute von Schülern stand Frau Wirrwich und versuchte vergeblich, die Schüler zu überschreien. Sie hatte ebenso wie die Schüler irgendwelche Arbeiten in der Hand.

»Das ist nie im Leben eine Vier!« – »Die Notenskala ist unmöglich! Wie haben Sie überhaupt die Punkte vergeben?« – »Betrug! Sie sind ja komplett unfähig!«, plärrten die Schüler wild durcheinander.

Frau Wirrwich war schon mehr oder weniger gegen das Pult gedrängt worden und offenkundig nicht mehr Herr beziehungsweise Frau der Lage.

»Setzt euch sofort hin! Auf der Stelle! Sonst gibt es Verweise! Oder Strafarbeiten!«, kreischte sie.

»Strafarbeiten sind verboten!«, schrien die Schüler.

Knorr räusperte sich vernehmlich.

»Guten Morgen allerseits«, rief er so fröhlich wie möglich und stellte sich dumm. »Na, was ist denn hier los? Ein Projekt?« Er wusste natürlich, dass das Humbug war, aber irgendwie musste er der Lehrkraft ja eine Chance hinspielen, damit sie nicht vollends unter die Räder kam. »Ah, ein Test. Und, äh, gibt's da Probleme?« Die Schüler waren ruhiger geworden, anscheinend zog die Autorität des Schulleiters doch noch. Frau Wirrwich zog ein Taschentuch heraus und wischte sich über die Augen. Eine Träne lief herunter.

»Also, jetzt mal schön ruhig bleiben, alle miteinander.« Knorr wusste, wie man so eine Situation auseinanderdröselte, damit keine Partei, weder die Schüler noch die Lehrkraft, ihr Gesicht verlieren würden. »Lasst uns mal gemeinsam schauen, was mit dem Test los ist, okay?« Er sammelte die Arbeiten ein, ließ sich Notenschlüssel mit Punktezuordnung und Punktevergabe geben und versprach der Klasse, sich um die Sache zu kümmern. Wichtig war, erst mal Wind aus der Situation herauszunehmen, auf Zeit zu spielen. Doch genau diese drängte nun, er musste zum Lehrversuch.

»Gut. Passt auf, ich sehe mir das an. Aber was wollt ihr eigentlich? Ist doch ein Schnitt von 3,25. Das ist doch gar nicht so schlecht.« Das wussten die Schüler auch, doch darum ging es ihnen gar nicht. Sie wollten einfach Frau Wirrwich, eine junge Lehrerin, ärgern, provozieren, die Frustrationstoleranzgrenze austesten. Sie wollten Noten verhandeln, wollten sehen, wie weit sie gehen konnten. Der gruppendynamische Prozess verselbstständigte sich dann und auch die Braven fingen an zu krakeelen. Das kannte Knorr nur allzu gut.

»Und noch was«, sagte Knorr gegen seine innere Überzeugung. »Ihr wisst doch, dass ihr mit Frau Wirrwich eine wirklich gute Lehrerin habt, die prima Unterricht macht und immer hinter euch steht.« Knorr wusste sehr wohl, dass dies mehr als geschmeichelt war. Frau Wirrwich unterrichtete meist eher ihrem Namen entsprechend, nämlich wirr. Sie hatte in fast allen Klassen Schwierigkeiten, sich durchzusetzen. Man hatte sie deshalb fast nur in den unteren Jahrgangsstufen eingesetzt. Aber auch da häuften sich die Beschwerden von Schülern und Eltern. Es war das alte Lied: War der Ruf einer Lehrkraft an einer Schule erst mal ruiniert, dann war es sehr schwer, Image und Standing wieder zu verändern. Insofern war die Schule ein eher grausamer Betrieb, weil alle auf engstem Raum vernetzt waren und Schwächen gnadenlos ausgenutzt und zudem weiterposaunt wurden. Doch was sollte die Schulleitung machen, einsetzen musste sie Frau Wirrwich genauso wie einige wenige andere Lehrkräfte, die ihrem Beruf ebenfalls nicht gewachsen waren. Im konkreten Fall aber konnte er die junge Kollegin nicht im Regen stehen lassen. Er würde sie in den nächsten Tagen zu einem Gespräch bitten. Als er das Klassenzimmer verließ, hatten sich die Schüler beruhigt und taten so, als ob nichts gewesen wäre. Er glaubte, bei Frau Wirrwich ein leises Lächeln zu erkennen.

*

Knorr schaffte es gerade noch rechtzeitig zum Lehrversuch der Deutschreferendarin. Alle waren schon versammelt: Seminarlehrer, die anderen Referendarinnen und Referendare und natürlich die Klasse 9a. Das Klassenzimmer war proppenvoll. Die Schülerinnen und Schüler der 9a waren Routiniers bei Lehrversuchen und Lehrproben. Sie hatten im Laufe der Zeit die Lehrprobenrituale genau durchschaut, wussten, worauf es bei diesen ankam, wie sie sich verhalten mussten und was die Erwartungshaltung bei Antworten war. Es gab erste Gerüchte, dass sie sich dieses Know-how im Ernstfall, also in einer richtigen Lehrprobe, von den Referendaren bezahlen beziehungsweise mit guten Noten honorieren ließen und dass sie missliebige oder verhandlungsunwillige Referendare untergehen ließen, was sie bei entsprechenden Andeutungen vonseiten der Seminarleitung selbstverständlich empört abstritten. Die 9a war eine Ansammlung intelligenter, aber lese- und schreibfauler und durchaus durchtriebener Schülertypen. Knorr mochte sie sehr.

Die Deutschstunde begann damit, dass einige Schüler abschnittsweise eine Kurzgeschichte, in der es um Mobbing ging, vorlesen sollten. Daran scheiterten einige der Schwächeren bereits grandios. Bis auf zwei fließend lesende und pointiert intonierende Mädchen stammelten sich die anderen mühsam durch den Text, lasen Worte erst beim zweiten Anlauf richtig, ließen keine Satzmelodie erkennen. Lesen schien immer mehr zum Problem zu werden, und zwar keineswegs nur bei den Kindern mit Migrationshintergrund. Es war ein Graus. Die Referendarin half immer wieder auf die Sprünge, aber der Inhalt der Geschichte trat aufgrund des Gestammels in den Hintergrund.

Deshalb wurde er anschließend noch einmal rekapituliert. Die Schüler gaben sich nun viel Mühe, die Storyline zusammenzufassen, die mehr oder weniger dünn darauf hinauslief, dass ein Junge von einem anderen Bösewicht seiner Klasse auf dem Pausenhof ständig dumm angeredet und gemobbt wurde. Auch den einen oder anderen bösartigen Schubs gab es dabei. Seine Klassenkameraden verhielten sich passiv oder machten sogar verhalten mit, eine alltägliche Geschichte. Mit der Kurzzusammenfassung war ein gutes Drittel der Stunde vorbei, gearbeitet hatte bisher höchstens ein Fünftel der Schüler, wenn man das dann arbeiten nennen konnte.

Nun brachte die Referendarin die Idee ins Spiel, die Schüler sollten doch einmal ein sogenanntes Standbild bauen, damit man sich die Szene auf dem Pausenhof besser vorstellen konnte. Sie gab ihnen dazu fünf Minuten Zeit, dann würden die Ergebnisse präsentiert werden. Mit großem Hallo und scheinheiliger Begeisterung gingen nun sechs Gruppen à fünf Schüler daran, das Standbild, das die Mobbingszene verdeutlichen sollte, im Klassenraum nachzubauen. Dies stellten sie dann anschließend vor, was dazu führte, dass sie mehr oder weniger dumm vor der Klasse herumstanden, einer als

Opfer, einer als Mobber, drei als irgendwie Beteiligte. Knorr erschloss sich der Sinn dieser nunmehr sechsmal hintereinander aufgeführten Übung nicht. Schließlich war die Szene doch keineswegs ungewöhnlich oder kompliziert zu verstehen. Die Referendarin hingegen war offensichtlich sehr angetan von den Aufführungen und ließ die Schüler die sogenannten Standbilder bewerten, was zu allerlei albernen Kommentaren führte und sich wieder ein paar Minuten hinzog. Mehr als zwei Drittel der Stunde waren vorbei.

Dann hatte die Referendarin die gloriose Idee, in einer Gruppenarbeit nach Lösungswegen suchen zu lassen, um derartige Mobbingfälle künftig zu vermeiden. Die Schüler lümmelten sich auf ihre Bänke und redeten miteinander allerhand zum Thema oder nicht zum Thema passendes Zeug. Knorr saß da und fragte sich selbst, was denn nun eine Lösung in diesem konkreten Fall sein könnte, hatte aber keine außer den offensichtlichen Ideen, die alle anderen auch hatten.

Ein paar Schüler meinten, dass man dem Bösewicht sagen müsste, dass er aufhören solle. Na toll. Andere sagten, man sollte Lehrer herbeirufen, die den Unhold bestrafen müssten. Wieder andere sprachen fast schon staatsmännisch von der Wegschaumentalität der Zusehenden, einem Begriff, den sie offensichtlich in der Vorstunde gelernt hatten. Das war alles so richtig wie banal. Wenn Lösungsansätze so einfach wären, dann hätte man eine heile Welt, zumindest auf den Pausenhöfen. Das Fazit war, dass man dem Mobber nur seine Bösartigkeit vor Augen halten müsse, dann würde schon alles gut werden. Edle Einfalt, stille Größe.

Nun war die Stunde aus und alle freuten sich wie die Honigkuchenpferde. Die Seminarlehrerin machte sich eifrig Notizen für die anschließende Besprechung. Die Referendarin war mit sich und der Schulwelt zufrieden. Die Schüler hatten ihren Part gespielt und konnten in die Pause gehen.

Knorr reflektierte das Gesehene noch einmal. Was hatte er denn gesehen? Eine Deutschstunde angeblich. Die Schüler hatten nicht richtig gelesen. Sie hatten nichts aufgeschrieben. Sie hatten ein bisschen herumgeplaudert und eine Triviallösung für ein Problemthema gefunden. Was hatten sie eigentlich in dieser Stunde gelernt, was sie nicht schon vorher gewusst hatten? Knorr war sich sehr sicher: nichts.

Aber klar war auch: Die Zeit des Frontalunterrichts war vorbei, Interaktion war angesagt. Das war in Knorrs Augen auch in Ordnung, doch etwas mehr Substanz hätte er sich schon gewünscht. Ihm kam die Stunde symptomatisch für die zunehmende Entwertung des Faches Deutsch vor. Dabei klagten alle, dass die Schüler nicht mehr lesen und schreiben konnten, keine Grundfertigkeiten mehr beherrschten. Man machte modernen, gruppendynamischen Unterricht, aber was kam dabei heraus? Für das Fach Deutsch selbst wohl nichts, höchstens etwas hinsichtlich Lebenseinstellungen, Kommunikationsfähigkeit, Miteinander. War ja zumindest auch was, versuchte er sich einzureden. Er würde bei Gelegenheit einmal im Geschichts- und im Erdkundeseminar vorbeischauen müssen, vielleicht gab es da ja positive Erlebnisse.

*

Das erste Drittel des Schuljahres ging dahin, die Schüler lernten oder lernten eben nichts, sie ärgerten die Lehrer oder machten gut im Unterricht mit, sie rauchten nach wie vor hinter der Turnhalle, sie spielten auf dem Pausenhof Fußball, kauten Kaugummi, redeten Lehrerinnen und Lehrer dumm an, erhielten dafür eine Strafarbeit oder einen Verweis oder auch nicht, schrieben Tests oder Klassenarbeiten mit mehr oder minder schlechten Ergebnissen, machten ab und zu ihre Hausaufgaben, kamen hin und wieder zu spät zum Unterricht mit allen möglichen absurden Ausreden.

Die Lehrer unterrichteten mehr oder weniger erfolgreich, kontrollierten Hausaufgaben, regten sich über Schülerantworten auf, bereiteten ihren Unterricht mal gut, mal mäßig vor, korrigierten die Tests und Klassenarbeiten und murrten über die Ergebnisse, unkten gegenüber den Schülern, dass diese durchfallen würden, wenn sie nur so weitermachten, aßen in den Pausen ihr Brot und lästerten über missliebige Schüler, fuhren mit ihren Kleinwagen nach Hause und machten Mittagsschlaf oder auch nicht.

Und die Schulleitung? Die machte Unterrichtsbesuche, erlebte dabei Überraschendes, Exzellentes, aber auch Fürchterliches und fragte sich dann, wie der Unterricht bei bestimmten Lehrkräften wohl aussah, wenn die Schulleitung nicht dabei war. Und darüber hinaus führte die Schulleitung Elterngespräche, Schülergespräche, kaufte Büromaterial, unterschrieb Verweise, motivierte das Kollegium, führte Mitarbeitergespräche, fertigte Probezeitbeurteilungen für Lehrkräfte aus, bereitete Konferenzen vor und hielt diese ab, kümmerte sich um den Bauunterhalt, ärgerte sich mit diesem und jenem, aber insbesondere mit dem Haushalt herum, organisierte die Ganztagsklassen und die Nachmittagsbetreuung, bereitete Verträge vor und stellte Aushilfslehrkräfte ein, nahm Termine bei der Stadt und im Landratsamt sowie im Schulverwaltungsamt wahr, konferierte mit anderen Schulleitern, organisierte die Öffentlichkeitsarbeit, hörte sich Maßregelungen der Referenten im Kultusministerium an und trank ab und zu Kaffee.

Wie hatte ein Kollege Knorrs dereinst so schön gesagt? Man könnte sich den ganzen Tag aufregen, aber man ist nicht dazu verpflichtet. So wollte es Knorr weiterhin halten.

*

Letzterer Vorsatz wurde erheblich infrage gestellt durch das Auftauchen des sogenannten Brandschutzbeauftragten der Stadt.

»So, Herr Knorr, die Bilder da in der Aula können Sie alle abhängen. Quatsch, nicht können, sondern müssen. Die müssen Sie abhängen. Und die Pinnwände dürfen da auch nicht stehen, weil das ein Fluchtweg ist.«

Der Brandschutzbeauftragte, ein sich außerordentlich wichtig gebärdender Mensch, ging mit Knorr gerade durch die Pausenhalle.

»Seit wann darf man in einer Schule keine Bilder aufhängen?«

»Da gibt es neue Richtlinien. Brandgefahr. Die müssen jedenfalls weg.«

»Wieso genau?«

»Na, da könnte zum Beispiel ein Schüler vorbeigehen, sein Feuerzeug zücken und sie anzünden.«

»Aha.«

»Genau. Und Sie sind dann verantwortlich. Wollen Sie das wirklich riskieren?«

»Riskieren will ich nichts, aber ich sehe auch nicht ein, dass eine Schule ein kahler Bau sein soll, in dem nicht mal mehr Schülerarbeiten ausgestellt werden dürfen.«

»Dann müssen Sie sie halt in eine Vitrine tun. Aber die dürfen Sie auch nicht aufstellen, wegen des Fluchtwegs.«

»Aber die Aula ist doch breit genug.«

»Ist sie eben nicht. Ich habe nachgemessen, es fehlen 50 Zentimeter, weil da noch die Tische und Stühle des Freizeitbereichs stehen. Übrigens: Die müssen Sie umgehend im Boden verankern lassen. Die könnten umfallen und man könnte im Gefahrenfall darüberstolpern.«

»Ach was.«

»Genau. Gefahren drohen überall. Und ich habe schon Pferde kotzen sehen.«

»Welche Pferde?«

»Haha, war nur ein Scherz. Ich meine, Herr Knorr, und ich meine es nicht böse, räumen Sie das alles aus, räumen Sie das alles weg, dann sind Sie auf der sicheren Seite. Ich muss das alles jedenfalls melden und dann wird es eine Nachkontrolle geben. So geht es jedenfalls nicht. Verstehe gar nicht, dass mein Vorgänger das hat alles durchgehen lassen. Grober Leichtsinn, wirklich.«

Knorr war fassungslos. Seit Jahr und Tag hingen in Schulen Bilder und Zeichnungen, standen in der Aula ein paar Tische und Stühle. Der Brandschutzbeauftragte jedoch sah die Schule aus seinem Blickwinkel, und das hieß, dass sie ein steriler Raum sein musste. Knorr wollte natürlich keine Risiken eingehen, es sollte im Unglücksfall keiner zu Schaden kommen. Er konnte sich aber auch nicht erinnern, dass jemals eine Schule abgebrannt war. Was war dann eigentlich mit all den alten, ehrwürdigen Stadtschulen mit ihren engen Holztreppen? Die müsste man wohl alle schließen, was selbstverständlich gar nicht möglich war. Er beschloss, gute Miene zu diesem Spiel zu machen und den Brandschutzbeauftragten, der sich eifrig Notizen machte und mehr oder weniger vor seinem geistigen Auge alles niederbrennen sah, reden zu lassen.

»Und der Fernsehschirm da, der muss auch weg. Der könnte runterfallen und explodieren.«

Jetzt ging es um den Screen, auf dem die Schulnachrichten und die Vertretungspläne liefen.

»Oder er muss in einen extra Kasten mit feuersicherem Glas.«

»Ach ja? Wissen Sie was?«, sagte Knorr. »Schreiben Sie schön Ihren Bericht, ich nehme das alles auf meine Kappe.« Wohl war ihm nicht dabei.

»Tja, wenn Sie mir nicht glauben wollen. Sie werden schon sehen. Wir sprechen uns wieder. In Ihrer Haut möchte ich nicht stecken«, ätzte der Brandschutzbeauftragte.

Letzteres hatte sich Knorr auch schon öfter gedacht.

Die Schulleiter waren sowieso für alles und jedes verantwortlich, das war nichts Neues. Und das Gefühl der latenten Unsicherheit wurde ihnen mehr oder weniger direkt untergeschoben. Knorr war sich darüber im Klaren, dass er schuld war, wenn morsche Fenster aus den Rahmen fielen und Schüler zu erschlagen drohten, wenn es durch das marode Flachdach hereinregnete und Wassereimer aufgestellt werden mussten, wenn das Essen in den Ganztagsklassen nicht schmeckte. Er war schuld an zu vielen Vertretungsstunden, am zu eng bemessenen Haushalt, am zu kleinen Lehrerzimmer, an der Zunahme der Ordnungsmaßnahmen wegen fehlender Disziplin der Schüler. Er war verantwortlich für Stundenausfall, nicht eingehaltene Termine, falsch ausgefüllte Statistiken, fehlendes Klopapier, überquellende Papierkörbe, Grippeepidemien und zu kurze Ferien.

Knorr ging zurück in sein Büro und hoffte darauf, dass ihm auf dem Weg weder Frau von Plechschmidt-Hammerstein noch Frau Wachtler begegneten. Er trank einen Kaffee und las den Sinnspruch, den er einmal bei einem Schüleraustausch erhalten hatte: »Do what you like, like what you do.« Genau.

*

Der graue November brachte stets ein Hassthema Knorrs mit sich: den Haushalt. Die Schulen wurden vom Schulverwaltungsamt angeschrieben und darauf aufmerksam gemacht, dass bis Ende November der Haushalt für das laufende Kalenderjahr abgeschlossen werden müsse. Wie üblich merkte der zuständige Referent dabei an, dass keineswegs garantiert werden könne, dass Restmittel ins nächste Haushaltsjahr transferiert werden würden. Düstere Signale aus dem Stadtrat und der Kämmerei ließen aufgrund der permanent angespannten Finanzlage des Sachaufwandsträgers eher vermuten, dass übrige Restmittel an die Stadt zurückfallen würden. Das wollte und konnte sich natürlich keine Schule erlauben, denn wenn man Gelder nicht ausgab, tauchte bei den Wirtschaftlern naturgemäß die Frage auf, ob man wohl künftig die Mittel kürzen könnte, denn offensichtlich wurden sie ja nicht aufgebraucht.

Andererseits lagen im November bei allen Schulen noch Gelder herum, denn im ersten Halbjahr des Kalenderjahres, also im zweiten Halbjahr des Schuljahres, ging man mit den finanziellen Ressourcen erfahrungsgemäß vorsichtig um, man wusste ja nie, was noch an unabweisbaren Anforderungen im Laufe der Monate kommen würde. Also hieß es nun im November, das bisher gerettete Geld geschwind auszugeben. Doch das war einfacher gesagt als getan, zumal es ja zwei Haushalte gab, den sogenannten Verwaltungshaushalt und den Vermögenshaushalt. Im Verwaltungshaushalt konnten sozusagen die kleineren, alltäglichen Dinge des Schullebens gekauft werden: Verbrauchsmaterial, Bürobedarf und so weiter. Kostete etwas mehr, als eine bestimmte Bemessungsgrenze vorgab, dann musste es aus dem Vermögenshaushalt bezahlt werden. Knorr wusste um den steten Bedarf seiner Schule, ach was, aller Schulen, an Computern, Laptops, Druckern und Kopiergeräten. Doch die zu kaufen, war ebenfalls im November so gut wie unmöglich, denn das hätte einer Ausschreibung oder zumindest der Einholung von Vergleichsangeboten bedurft. Dafür war es in der Regel nun zu spät.

Die Haushaltsplanung der Schulen war ein durch und durch marodes System, über Jahre hinweg in hirnrissiger Weise tradiert. Wie konnte es sein, dass man zunehmend von autonomer Schule sprach und gleichzeitig die Schulleitungen dahingehend entmündigte, dass man sie nicht einmal technische Geräte kaufen ließ, wenn sie über einer Minimalsumme lagen? Gut, es musste gerecht zugehen, das hieß, Ausschreibungen mussten eingehalten, diverse Angebote angefordert werden. In jedem zivilisierten Land aber hatten Schulen eigene Verwaltungskräfte, Buchhalter, Intendanten oder dergleichen, die sich um solche eher lästigen Dinge professionell kümmerten. In Deutschland konnte der Schulleiter gerade mal Büroklammern oder Radiergummis bestellen, um es leicht übertrieben zu formulieren.

Ein bisschen tricksen konnte man selbstverständlich immer, wenn man nicht gerade ein Paragrafenreiter war, und Knorr hatte im Täuschen eine gewisse Fertigkeit entwickelt. Manchmal kam es nur darauf an, wie die Firmen das Bestellte deklarierten, also zum Beispiel Software statt Laptops, Kabel und Adapter statt Drucker. Man musste dann nur beim Inventarisieren aufpassen, damit man da nicht auffällig wurde. Im Grunde war das alles Schwachsinn. Wie sinnvoll wäre es, Haushaltsmittel auch über zwei, drei Jahre zu kumulieren und dann damit in die EDV-Grundausstattung und dergleichen zu investieren. Aber nein.

Auch machte es erfahrungsgemäß keinen Sinn, schon vorher während des Schuljahres die Mittel sozusagen gerecht auf die einzelnen Fachschaften aufzuteilen. Was dabei passieren würde, und Knorr hatte es oft genug in seiner Schullaufbahn erlebt, war klar: Die Physiker würden – und das war an jeder Schule das Gleiche – aus ihrer Sicht unabweisbare Forderungen nach schweineteuren Geräten wie zum Beispiel Messstationen, Schwingkreise und dergleichen stellen und diese dann wie üblich im Schrank verstauben lassen. Er erinnerte sich, wie er bei einem Rundgang durch das Schulgebäude zufällig einmal in einen Oberschrank der Physiksammlung geschaut und dort sowohl einen original verpackten, inzwischen mehr als 20 Jahre alten Videorekorder als auch mehrere ebenso noch eingepackte Potenziometer entdeckt hatte.

Alle anderen Fachschaften müssten sich aufgrund der Raffgier der Physiker in Bescheidenheit üben. Das war also auch kein Weg. Die Frage für Knorr war nur: Wie konnte er das Geld nun sinnvoll ausgeben, ohne gegen buchhalterische und haushaltsrechtliche Gesetze zu verstoßen oder zumindest so stringent zu täuschen, dass mittelfristig keiner etwas merkte? Wenn etwas erst nach einer geraumen Zeit aufflog, konnte man sich immer noch mit einem Irrtum herausreden, und spätestens im Frühjahr nach den neuen Haushaltsberatungen würde eh keiner mehr etwas mitbekommen, es sei denn, gewisse Unregelmäßigkeiten kamen Jahr für Jahr vor. Aber da hätte man sich schon besonders doof anstellen müssen.

Ein ziemlich einfältiger, ja nachgerade dummer Kollege hatte Knorr einmal damit beeindrucken wollen, dass er ihn in seinem Schulhaus in den Keller führte, eine Tür öffnete und ihm mit einem gewissen Stolz zeigte, dass der ganze Raum vom Boden bis zur Decke mit Klopapier vollgestopft war, das er jeweils aus Restmitteln gekauft hatte. Es würde für die nächsten 30 Jahre reichen. So langfristig wollte Knorr nun doch nicht planen.

Also kaufte er für ein paar Tausend Euro munter ein: Büromaterial, ein paar Laptops, Material für den Kunstunterricht, Bedarf für die Ganztagsklassen und Instrumente für die Bläserklassen.

Hinterher stellte sich heraus, dass er offensichtlich, zumindest aus seinen vitalen Interessen heraus, alles richtig gemacht hatte. Er hatte seinen Haushalt am Ende um mehrere Tausend Euro überzogen, weil im Dezember noch jede Menge Rechnungen für Abonnements, Kopierpapier und dergleichen eingingen. Außer einer sanften Rüge durch die Kämmerei passierte überhaupt nichts, denn offensichtlich waren andere Schulleiter vorsichtiger vorgegangen, hatten Gelder nicht ausgegeben und so war der Stadt kein Gesamtschaden entstanden.

Die mit zusätzlichem Material und »Geschenken« bedachten Fachschaften dankten es Knorr, dass er sich »trotz verheerender finanzieller Lage«, die er in regelmäßigen Abständen gebetsmühlenartig im Kollegium kundtat, so für sie eingesetzt hatte. Da würde er beziehungsweise die Schule dann wieder etwas von den Lehrern zurückbekommen, zum Beispiel bei der Schulhausgestaltung.

Knorr saß zufrieden in seinem Büro und dachte sich, dass er eigentlich noch so eine Papierschreddermaschine, die sich immer mehr zu seinem Lieblingsgerät entwickelt hatte, hätte bestellen sollen. Aber gut, man konnte nicht alles haben. Aus der benachbarten Grundschule tönten Musikfetzen herüber, die irgendwie nach »Laterne, Laterne, Sonne, Mond und Sterne …« klangen.

*

Die Elternbeiratsvorsitzende und ihre Stellvertreterin traten immer im Doppelpack auf, wobei stets die Vorsitzende sprach und die Stellvertreterin emsig nickte.

»Guten Morgen, Herr Knorr, wir müssen dringend mit Ihnen reden.«

»Guten Morgen, na, was kann ich für Sie tun?«

»Also, es gibt da in der 5d ein großes Problem. Viele Eltern haben sich schon bei uns beschwert.«

»Viele? Wie viele denn?«

»Also, schon einige.«

»Und darf ich fragen, wie viele ›einige‹ sind?«

»Äh, also, na ja, noch jemand und ich selbst.«

»Das heißt, es hat sich jemand beschwert und Sie haben sich bei sich selbst beschwert?«

»Also, haha, wie Sie das wieder so sagen. Aber wir sollten das Problem schon sehr ernst nehmen.«

»Gut, wo liegt denn das Problem?«

»Nun, wir haben jetzt Mitte November und es sind in diesem Schuljahr in der 5d schon sieben Stunden Biologie bei Frau Schmaus ausgefallen.«

»Mmh, lassen Sie mich mal nachschauen.« Knorr öffnete ein paar Dateien seines Verwaltungsprogramms und sah, dass das stimmte.

»Da haben Sie recht. Das Problem ist, dass Frau Schmaus zunächst mit auf Studienfahrt war, dann Anfang Oktober zwei Wochen krank und dann einen Tag auf Fortbildung.«

»Also, wissen Sie, Herr Knorr, so geht das nicht. Sie geben es ja selbst zu.«

»Was gebe ich zu«?

»Diesen riesigen Stundenausfall. Da müssen unsere Kinder ja in Biologie hinterherhinken. Das können sie gar nicht mehr aufholen. Ich stelle fest: Die Lernziele können nicht mehr erreicht werden, das Gesamtergebnis ist gefährdet.«

»Jetzt mal langsam. Das mag ja alles durchaus bedauerlich sein. Und ich will auch die Bedeutung des Faches Biologie nicht herunterspielen. Aber übertreiben Sie jetzt nicht doch etwas?«

»Keineswegs, keineswegs. Warum, frage ich Sie, haben Sie sich nicht darum gekümmert? Warum haben Sie keinen Ersatz geholt? Ich muss sagen, das ist für mich schon sehr nachlässig. Unsere Kinder haben einen Anspruch auf Unterricht. Auch in Biologie.«

»Ganz klar, ganz klar. Aber erstens kann ich wegen sieben Stunden Ausfall, von denen die vier Stunden aufgrund der Erkrankung nicht vorhersehbar waren, keinen Ersatz holen. Und zweitens gibt es sowieso weit und breit keine Biologielehrer. Der Markt in Biologie ist leer.«

»Ja und? Wieso nehmen Sie dann keinen Biologielehrer aus einer anderen Klasse heraus und tun ihn in die 5d?«

»Weil dann logischerweise ja die jeweilige andere Klasse kein Biologie hätte. Wollen Sie das?«

»Moment. Da könnten Sie ja dafür, sagen wir, Sport ausfallen lassen. Aber zumindest hätten unsere Kinder Biologie, nicht wahr? Wie sollen sie denn den ganzen Stoff jemals wieder aufholen?«

»Sport halten Sie für nicht so wichtig? Noch mal: Unsere Stundenverteilung ist sowieso auf Kante genäht. Wir haben keinerlei personelle Reserven, die wir einsetzen können. Das habe ich Ihnen schon wiederholt gesagt. Und jetzt hat es halt mal die 5d erwischt, ein anderes Mal erwischt es eben eine andere Klasse. Davon wird die Welt nicht untergehen und Ihre Kinder werden trotzdem die Lernziele erreichen und ein glückliches Leben führen.«

Knorr wurde langsam zornig. Diese Egoisten. Und das als Elternbeiratsvorsitzende, die doch für alle da sein sollte. Die Vorsitzende selbst wusste nun auch nicht mehr so richtig weiter und setzte noch zu einer finalen Drohung an.

»Also, dass das nicht noch einmal passiert! Dann müsste ich ...«

»... die Schulrätin anrufen. Ich weiß ...«, fiel ihr Knorr ins Wort.

»Genau«, rief die Vorsitzende, erfreut darüber, dass Knorr zumindest dies kapiert hatte.

»War nur ein Scherz«, sagte Knorr, »es gibt bei uns gar keine Schulrätin. Das sollten Sie eigentlich auch schon längst wissen.«

Knorr wusste, dass er nun eine Gegnerin mehr hatte. Aber damit würde er schon fertig werden.

*

Die Schulleitung saß in ihrer morgendlichen kleinen Lagebesprechung zusammen und diskutierte diesen und ähnliche Fälle. Die Forderung der Eltern war unsinnig, weil es eben keinen »Ersatz-Biologielehrer« gab, und selbst wenn es ihn denn gegeben hätte, er nicht hätte eingestellt werden dürfen. Unlösbar und ärgerlich war die Gesamtkonstellation, in der sich die Schulen befanden. Es war eben immer eine Frage der Perspektive. Die Eltern regten sich aus ihrer Sicht zu Recht über eine unbefriedigende schulische Situation auf.

Sie kannten zwar den in den Medien vermittelten Gesamtkontext, also den allgemeinen Lehrermangel, aber nicht die Personalsituation im Einzelfall, und diese war oft genug für die Schule schwierig zu lösen. Andererseits war die Schule aber der Ansprechpartner der Eltern vor Ort. Und da die Wahrheit immer konkret ist, war der Konflikt vorprogrammiert. Jeder der am Schulleben beteiligten Partner hatte seine eigene Wahrheit, seine eigene berechtigte Wahrheit, die aber häufig keine gemeinsame Wahrheit sein konnte.

Nur: Welche Vergeudung von Ressourcen fand da eigentlich statt? Wie viele Referendare fanden keine Stelle, weil im Haushalt zu wenige Gelder für mehr Lehrer und für kleinere Klassen bereitgestellt wurden? Konnte sich einer der reichsten Staaten der Welt das wirklich leisten? Noch dazu in Zeiten, in denen Bildung und Erziehung immer komplizierter, immer komplexer wurden? In denen die Elternhäuser, sofern sie überhaupt noch halbwegs intakt waren, den Kindern zu wenig Halt gaben?

Es knackte erheblich im System, und die Frage war, inwieweit die Schule ihre Rolle als Reparaturbetrieb der Gesellschaft noch spielen konnte, vor allem wie lange noch, wobei hinzukam, dass parallel dazu das Anforderungsprofil an moderne, gute Schulen stieg. Inhaltlich durchaus berechtigte Schlagworte wie Unterrichtsdifferenzierung, Inklusion, Projektunterricht, Handlungsorientierung, Nachhaltigkeit, verstärkte Werteerziehung, Vermittlung von

Sozialkompetenz, digitales Know-how und so weiter und so fort harrten zu Recht ihrer Umsetzung.

Trübe Aussichten, nicht nur im nebligen November.

*

Für die Schüler stellte sich die Lage in diesen Tagen erheblich heiterer dar. Die jüngeren wurden von englischen Theater-Tingeltruppen belustigt, die mit viel Klamauk und Situationskomik Stücke mit Minimalwortschatz in der Turnhalle aufführten, was bei den anwesenden 5. und 6. Klassen jeweils zu Begeisterungsstürmen führte. Die 7. und 8. Klassen widmeten sich langfristig mühsam geplanten fächerübergreifenden Großprojekten, die den normalen Unterricht zwei bis drei Wochen völlig durcheinanderbrachten, was zu unterschiedlichsten Reaktionen führte. Einige Lehrer sahen die Umsetzung ihrer Stoffpläne gefährdet, andere ergingen sich in Aktionismus. Einige Schüler engagierten sich erheblich, viele diskutierten, schrieben, planten, organisierten, andere seilten sich ab und marodierten durch das Schulhaus. Die 9. Klassen bereiteten mit allerhand Getöse und viel Wichtigtuerei ein Musical vor. Dies strapazierte die Nerven der beteiligten Deutsch- und Musiklehrer nicht unerheblich. Nur die 10. Klassen schienen noch seriös zu arbeiten.

Wenn Knorr durch das Schulhaus ging, freute ihn die offene Atmosphäre, die gute Laune aller an der Projektarbeit beteiligten Lehrer und Schüler. Die Frage war allerdings, ob hier überhaupt noch irgendetwas ganz Konkretes vermittelt beziehungsweise gelernt wurde. Er war hin- und hergerissen. Um Fakten ging es wohl nicht mehr so entscheidend, über Details der Lehrpläne und deren unterrichtliche Umsetzung durfte man nicht immer nachdenken. Andererseits wurden sicherlich Sozialkompetenzen vermittelt, erfuhren die Schüler in der Projektarbeit zum Beispiel etwas über die Welt der Musik, des Theaters, über die großen Zusammenhänge im Barock, in der Renaissance, und sie wurden sich bewusst, was vernetztes Denken war. Sie lernten, zu organisieren und auch sich selbst zu organisieren. Na ja, zumindest die meisten von ihnen. Das war doch auch etwas. War es genug?

*

Dann musste sich Knorr für zwei Tage dem Tohuwabohu des Schulalltags entziehen. Es stand die halbjährliche Schulleitertagung an, die er besonders verabscheute. Sie war in diesem Jahr sogar zweitägig, nicht weil es den Schulleitern etwas Besonderes zu vermitteln gab, sondern weil die Schulaufsicht die soziale Komponente, das Gemeinsame, das Miteinander auch und gerade im Geselligen stärken wollte, was nichts anderes hieß als ein abendliches Besäufnis in einer mitten in der Prärie gelegenen Tagungsstätte. Wenn Knorr etwas hasste, dann dies.

Schon die Anreise war eine Fahrt ins Grauen. Das katholische Bildungswerk hatte sein Heim in der Tat weitab von aller Zivilisation errichtet, sodass von vornherein keine Flucht möglich war. Knorr würde weder den Vertretern des Kultusministeriums noch seinen Schulleiterkollegen entkommen. Nach der Ankunft bestätigten sich seine schlimmsten Befürchtungen: Das gesamte Haus hatte eine unterkühlte Atmosphäre, Nonnen huschten mit gesenktem Blick über die Gänge, sein Zimmer lag am Ende mehrerer endloser Flure, war spartanisch eingerichtet und eiskalt. Zum Glück und in weiser Voraussicht hatte er sich eine Flasche Rotwein mitgebracht.

10:00 Uhr, großer Konferenzraum. Die Tagung begann pünktlich. Der erste Auftritt gehörte dem Leiter des Bildungswerkes, der sozusagen der Schirmherr der Tagung war. In opulenten Worten drückte er seine ungeheure Freude darüber aus, dass hier und heute solche wichtigen Leute den Weg in sein Bildungsheim gefunden hatten. Dann erzählte er von dessen Geschichte und konnte sich dabei, die Tagung hatte ja gerade erst begonnen, des gedämpften Wohlwollens aller Angereisten erfreuen, zumal er allen kostenlose Kugelschreiber und Notizblöcke als kleine Gabe des Hauses auf die Plätze gelegt hatte. So etwas hatten Schulmenschen gerne.

Sein wichtigster Punkt aber sei, so tat er fröhlich kund, die Liste für das heutige Mittagessen. Alle Kolleginnen und Kollegen sollten möglichst schnell auf der nun gleich herumgehenden Liste ihr Wunschgericht ankreuzen. Es gab Schnitzel mit Kartoffelsalat, Kalbsbraten mit Kloß und für die Vegetarier einen Gemüseauflauf. Er habe der Küche Anweisung gegeben, etwas Besonderes zu kochen, schließlich habe man ja nicht alle Tage so wichtige Gäste im Hause, die dann auch einen guten Eindruck vermittelt bekommen sollten. Man merkte deutlich, dass der gute Mann sehr stolz auf sein Heim und seine Kantine war.

Im Raum begannen die Kolleginnen und Kollegen, emsig über die Auswahl des Essens zu diskutieren. Knorr ließ den Blick schweifen. Da saßen sie nun beieinander, die Koryphäen der Bildung, saßen da in ihren seltsamen dunkelroten oder anthrazitfarbenen Blazern, mit geschmacklosen Krawatten, vor sich die Mappen mit Tagungsunterlagen und Notizblöcken auf ihren Tischen. Sein Kollege Bamm hatte ihm wie immer einen Platz in der allerletzten Reihe reserviert, wo sie ungestört dumme Bemerkungen machen konnten wie Waldorf und Statler in der *Muppet Show* oder wo er versteckt etwas lesen konnte. Er hatte sich gut mit Zeitungen und politischen Magazinen eingedeckt. Auch sein iPad hatte er vorsichtshalber dabei. Ihn und Kollege Bamm interessierte die gesamte Veranstaltung in keinster Weise, aber sie konnten nicht einfach schwänzen und entkamen der Veranstaltung nicht.

Inzwischen hatte der Heimleiter das Wort an den regional zuständigen Ministerialoberrat übergeben, der zunächst nochmals die längst bekannte Tagesordnung vorlas, wobei er sich mit einigen kleinen Späßchen anzubiedern versuchte. Die Späßchen waren fast alle längst bekannt und entsprachen seiner merkwürdigen Auffassung von Humor, einer Art Beamtenhumor. Knorr schaute an die Decke und dachte sich, dass ein Arbeitskreis ja mal eine Beamtenhumorfibel herausgeben könnte, sozusagen mit legalisierten Witzen und Anekdoten. Eigentlich konnte den Ministerialoberrat keiner leiden, auch die Systemtreuesten nicht. Aber die taten zumindest so, als ob sie erheitert seien. Zu oft jedoch hatte er mit seiner pseudojovialen Art die Leute getäuscht, nur um hinterher wieder harsch im Sinne der Dienstaufsicht zu drohen und zu handeln.

Der Ministerialoberrat legte nun eine Folie mit einer Mindmap auf. Das war von vornherein so ziemlich das Dümmste, denn kein Mensch ab den mittleren Reihen konnte die kleine Schrift entziffern, die in den einzelnen Bubbles stand. Es war aber sowieso nur grober Unfug. Nachdem sich allgemeine Unruhe breitmachte, beschloss der Ministerialoberrat, alles vorzulesen, was er für wichtig hielt, und das war eben wirklich alles: an welchen Schulen es Musiker- und Bläserklassen beziehungsweise auch Ganztagsklassen gab, wer den Vorlesewettbewerb gewonnen hatte, welche drei Schulen im Bezirk die größten, welche die kleinsten waren, wo es Studienseminare gab, wo Umbaumaßnahmen stattfanden, wer der bayerische Schülermeister im Rhönradfahren war. Letzteres nicht, das hatte sich Knorr nur dazugedacht. So ging das eine Stunde, die sich wie Kaugummi zog. Einige Kolleginnen und Kollegen in den ersten Reihen schauten interessiert zum Podium und schrieben alles eifrig mit. Wollten sie noch etwas werden? Wenn ja, was? Oder wollten sie einfach nur gefallen? Der Ministerialoberrat jedenfalls war ob seiner Mindmap begeistert. Wahrscheinlich war es das einzige Computerprogramm neben Word, das er je kapiert hatte.

In der anschließenden Kaffeepause traf dann der noch wichtigere Ministerialdirigent aus dem fernen Kultusministerium ein und berichtete zunächst arg schnaufend, welche große Mühe er inmitten seiner aufwendigen Tätigkeit und seiner wenigen Zeit auf sich genommen habe, aus der großen Stadt hierher in die Provinz anzureisen, um rechtliche Grundlagen des Schulalltags wieder einmal bei den Kolleginnen und Kollegen aufzufrischen. Aber darum sei er vom Ministerialoberrat gebeten worden und Rechtsfragen und Paragrafenauslegung seien ihm selbst ja Herzensangelegenheiten. Knorr fragte sich, ob der Mann wohl eine Frau oder Freundin habe.

Den rechtlichen Grundlagen des Schulalltags widmete er sich dann für eineinhalb Stunden mit entsprechendem Pomp und ständig latent drohendem Unterton und betonte, »dass die Fallstricke überall lauerten«. Man spürte im Raum das wachsende Unbehagen, das Gefühl, rechtlich nie ganz auf der sicheren Seite zu sein. Der Ministerialdirigent hatte Hunderte Akten dabei und referierte darüber, was alles schon schiefgegangen war, was tagtäglich schiefging und was, wenn die Damen und Herren Direktoren nicht aufpassten, wohl irgendwann auch bei ihnen schiefgehen würde, und dann, so führte er aus, dann »Gnade Ihnen Gott«. Er habe »schon Pferde kotzen sehen«. Das hatte Knorr doch schon einmal gehört?

So ging es thematisch von Einsprüchen zu Widersprüchen und Dienstaufsichtsbeschwerden, von fahrlässigem zu grob fahrlässigem Verhalten. Ein Großteil der Kolleginnen und Kollegen kam sich zunehmend ahnungslos, ja geradezu schäbig vor und sah sich mittelfristig schon mit einem Bein im Knast. Denn irgendetwas ging ja immer schief, das wussten alle im Saal, auch die selbsternannten Weltmeister unter den Schulleitern.

Urplötzlich meldete sich Bamm und rief von hinten in den Raum, dass nun wohl genug sei mit diesem Drohgeschwafel, er lasse sich hier die Stimmung nicht vollends vermiesen, das wären ja alles irgendwelche Einzelfälle, die zum allgemeinen Popanz aufgeblasen seien, nur um die Anwesenden einzuschüchtern und nach oben gefügig zu machen. Totenstille. Der regionale Ministerialoberrat wurde krebsrot und fuhrwerkte mit seinen Armen in der Luft herum in einem sinnlosen Versuch, die Lage zu retten. Der referierende Ministerialdirigent war ob dieser frechen Bemerkung derart konsterniert, dass er den Faden verlor und dann drohend auf Bamm einredete, dass solch eine Bemerkung gegenüber der Dienstaufsicht ebenfalls in eine disziplinarische Maßnahme münden könne. Er erbitte sich Respekt, sonst sehe er sich gezwungen ... »Mir doch wurscht«, schnauzte Bamm, stand auf, verkündete, dass er nun seit 37 Jahren im Schuldienst sei, davon elf Jahre als Schulleiter und dass er sich nicht derart schurigeln lasse, und verließ den Raum.

Es erhob sich ein allgemeines aufgeregtes Geschnatter. Einige feixten, andere schauten sehr, sehr betroffen. Im Innersten, das wusste Knorr ganz genau, gaben die allermeisten Bamm recht. Er fand den Auftritt seines Kollegen souverän.

Die Ministerialen tuschelten vor dem Plenum herum und verkündeten dann, dass man sich wohl besser in die Mittagspause begebe. Es sei eh schon Zeit. Knorr verließ die Tagungsstätte, er hatte, wie immer, nichts zu essen bestellt, weil er das unaufhörliche und unerträgliche Geschwätz beim Essen nicht ertragen konnte. Denn Schulleiter waren immer Schulleiter, auch beim Mittagessen. Und sie spielten meist auch in der schulischen Champions League. Dementsprechend quakten sie freudig und ungefragt über ihre Errungenschaften und Heldentaten an ihren eigenen Schulen. Diese Reden wollte sich Knorr ersparen. Am Eingang stieß er auf den rauchenden Bamm. Sie gingen spazieren.

Nach der Mittagspause stellte sich heraus, dass der Ministerialdirigent abgereist war. Er ließ sogar noch schöne Grüße ausrichten, schließlich sei er ja wohl mit der absoluten Mehrheit der Anwesenden einer Meinung und man könne es eben nicht allen recht machen. Offensichtlich hatte ihn der Braten versöhnt. Bamm und Knorr grinsten zufrieden.

Doch es drohte neues Unheil. Der Personalreferent der Schulabteilung des hohen Hauses war nun ebenfalls angereist, mit einem anderen Dienstwagen selbstverständlich. Der regionale Ministerialoberrat eierte einleitend herum, dass nun am frühen Nachmittag die Stimmung der »Mannschaft« wohl wieder glänzend sei und man die weiteren Themen in einer Atmosphäre des Vertrauens und der konstruktiven Kooperation angehen könne. Knorr hatte trotzdem den Eindruck, dass er Bamm ganz nebenbei mit einem Blick der Verachtung strafte.

Doch die »Mannschaft«, wie sie der Ministerialoberrat zu nennen pflegte, war nun offenkundig vom Mittagessen sehr müde und der Personalreferent hatte damit einen schlechten Sendeplatz erwischt. Er leierte Zahlenkolonnen herunter über Referendare, Einstellungsoptionen, Lehrerverteilung, Stundenausfall, Vertretungsstunden, Unterrichtsübersichten und so weiter und so fort. Die ersten Schulleiter drohten einzunicken, nur Kollege Nissmann schrieb noch immer emsig mit.

Es war nicht auszuhalten. Doch nach der Kaffeepause kam es noch schlimmer. Der Personalmensch kam nun zur Abteilung »Drohungen und Einschüchterungen«. Es könne nicht angehen, dass die Beurteilungen sowohl im Seminarbetrieb als auch erst recht bei den Kolleginnen und Kollegen an den Schulen so gut ausfallen. Man müsse die ganze Notenskala bei den neuen Beurteilungsrichtlinien voll ausschöpfen und auch die Noten der Lehrkräfte deutlich heruntersetzen. So jedenfalls ginge es nicht mehr weiter. Die Beurteilungen seien zu geschönt, man müsse die Lehrkräfte mehr kontrollieren und ihr Treiben permanent protokollieren. Überhaupt müsse mehr und härter mit noch größerem Einsatz gearbeitet werden, »zum Wohle der uns anvertrauten Schüler«.

Jetzt ging immerhin ein Murren durch den Saal. Knorr, der die Sache vollends leid war, fragte, wie es denn zusammengehen solle, die Lehrer noch mehr zur Arbeit zu treiben, auf ihren Goodwill zu setzen und sie gleichzeitig schärfer zu beurteilen. Wohlwollendes Raunen im Raum. Darauf wusste der Personalmensch auch keine rechte Antwort, meinte aber, dass dies hier im Saal ja alles erfahrene Schulleiter seien, denen da schon etwas einfallen würde. Jedenfalls erwarte er, dass die nächstjährige Beurteilung der Lehrer schärfer gehandhabt werden würde. Punkt, aus.

Es war alles schlicht und ergreifend unerträglich. Das hohe Haus war völlig von der Basis der Schulen vor Ort abgehoben, entfremdet. Wie sollte an den Schulen weiterhin eine positive Arbeitsatmosphäre gegeben sein, wenn man die Kolleginnen und Kollegen, von denen die allermeisten wirklich ihr Bestes gaben und auch nicht auf die Uhr schauten, nun nicht weiter förderte, sondern sie schurigelte oder sogar herabstufen würde?

Knorr beschloss, bei diesem Spiel nicht mitzumachen. Die Drohgebärden würde er aussitzen. Was sollten alle diese Vorschriften und Einschüchterungsversuche? Schulen konnten nur als etwas Gemeinsames funktionieren, das war seine feste Überzeugung. Er freute sich, auch aus dieser Tagung etwas für sich mitnehmen zu können. Wenngleich es nicht das war, was die Dienstaufsicht intendiert hatte.

*

Derweilen war der Herbst auch die Zeit für die Fortbildungen der Kolleginnen und Kollegen. Es gab die verschiedensten Arten von Fortbildungen: lokale, regionale und überregionale. Es gab auch die verschiedensten Fortbildungstypen unter den Lehrkräften: fortbildungsresistente, fortbildungswillige und fortbildungsbegierige. Die ersteren weigerten sich manchmal schon seit Jahrzehnten, überhaupt eine Fortbildungsveranstaltung zu besuchen. Sie unterrichteten seit Jahr und Tag ihren Stiefel, ganz egal, welche neuen Lehrpläne oder Erkenntnisse im Laufe der Zeit auftauchten. Einige von ihnen waren schlichtweg stur oder einfältig, andere in ihrem Beharrungsvermögen keineswegs schlechte Lehrkräfte, sondern welche, die sich durchaus ein fundamentales Bildungsethos bewahrt hatten. Sie hatten nur etwas gegen die Schnelllebigkeit der Zeit und dagegen, dass ständig eine neue Sau durch das Dorf getrieben wurde.

Die Fortbildungswilligen mussten erst motiviert werden, dann reisten sie bereitwillig zu einer Tagung und waren hinterher meist auch von ihr angetan, entweder weil sie tatsächlich etwas hinzugelernt hatten oder weil sie neue Kontakte geknüpft hatten. Die Fortbildungsbegierigen versuchten, ständig in Sachen Bildung unterwegs zu sein, sie waren die Platzhirsche jedweder Tagung und reisten nicht nur in Angelegenheiten ihrer eigenen Fächer freudig umher, sondern belegten auch Tagungsplätze in peripheren und obskuren Feldern. Hauptsache, sie waren aus der Schule raus. Bedauerlich war für die übrig gebliebenen Kolleginnen und Kollegen, dass sie alle anfallenden Vertretungen übernehmen mussten und von den Reiselehrern in der Regel wenig oder gar keine Informationen bekamen, was das schulinterne Multiplikationsgebot konsequent unterlief. Sie nahmen die Tagungsangebote und Ergebnisse als Herrschaftswissen, das sie nicht mehr herausrücken wollten. Irgendetwas fiel ja schließlich auch bei der banalsten Tagung für die Teilnehmer ab und das trug man dann frohen Mutes in der typischen Lehrer-Aktenmappe nach Hause.

Die allermeisten Tagungen beziehungsweise Fortbildungen im schulischen Bereich waren nach Knorrs Meinung ganz großer Krampf. Da wenig Geld für qualifizierte externe Fachleute zur Verfügung stand, referierten normalerweise Lehrer, Seminarlehrer oder Fachvorsitzende, die der Dienstaufsicht irgendwie positiv aufgefallen waren. Sie waren irgendwann einmal zur rechten Zeit am rechten Ort gewesen oder sie hatten sich sonst irgendwie in den Vordergrund gedrängt. Eines Tages wachten diese Lehrer dann auf und stellten erfreut fest, dass sie nunmehr Experten für irgendein Thema waren. Entsprechend erbärmlich verliefen solche Fortbildungsveranstaltungen. In einigen Fächern konnte man das Niveau der Veranstaltungen nur noch als absurd bezeichnen. Hauptsache schien zu sein, dass man überhaupt eine Fortbildung gehalten hatte, der inhaltliche Nutzen war eher nebensächlich.

Knorr hatte das dutzendfach erlebt. Da klappte der Umgang der Referenten mit modernen Medien nicht, da tat der Computer nicht, was der Vortragende wollte, da wurde eine jämmerliche PowerPoint-Präsentation nach der anderen vorgeführt oder im schlimmsten Fall sogar vorgelesen, da schwadronierten Dampfplauderer vor einem resignierten Publikum, da wurden sogenannte Musterstunden vorgestellt, die im realen Schulleben in der entsprechenden Klasse zu Tumulten geführt hätten.

Anders war es, wenn aus unerfindlichen Gründen Spezialisten von außen teilnahmen, was ab und zu vorkam, weil diese entweder an Geld und Spesen nicht interessiert waren oder ein echtes Fachinteresse und entsprechendes Wissen hatten und dies auch vermitteln wollten. Gut war es meistens auch, wenn die Fortbildungen nicht an tristen Schulen in muffigen Mehrzweckräumen, sondern an der Universität oder in innovativen Firmen stattfanden. Am besten jedoch waren die von Gremien der EU oder im Rahmen des Comenius-Programms europaweit organisierten Fortbildungsveranstaltungen. Bei diesen konnte man über den eigenen Tellerrand hinausblicken, man profitierte interkulturell, lernte nette Menschen kennen und erlebte eine andere Region. Vor allem aber trugen diese Konferenzen zum Bewusstsein bei, dass das jeweilige eigene Schulsystem nicht unbedingt der Nabel der Welt war. Aber das Glück, zu einer solchen Tagung eingeladen zu werden, war leider nur wenigen beschieden.

*

Der Elternabend schien sehr friedlich zu verlaufen. Das Schulgebäude war voller Eltern, in der Aula servierten die freundlichen Damen des Elternbeirats Kaffee, Kuchen und kleine Häppchen und luden die Gäste zu einem Plausch zwischendurch ein. Knorr ging durch die Hallen, grüßte hier, nickte da, trank einen Kaffee, machte ein paar nette Bemerkungen und war froh, dass er nicht mehr wie früher in einem kalten Klassenzimmer sitzen musste, vor dem 20 Mütter und Väter standen, die alle etwas über ihre Sprösslinge von ihm wissen wollten.

Er erinnerte sich mit Schrecken an seine Zeit als Lehrer, an die Eltern, die früher bei ihm am Sprechabend zur Tür hereinkamen, sich nicht vorstellten und voraussetzten, dass er sie erkannte. Wenn er dann fragend schaute, murmelten sie etwas von einer Tochter Sandra, aber davon hatte er in seinen verschiedenen Klassen auch mindestens acht. Die Jahrgangsstufe oder gar Klasse, in der Sandra in Geschichte von ihm unterrichtet wurde, war den Eltern oftmals nicht bekannt. War Sandra dann nach einigem Hin und Her als die richtige Sandra identifiziert, musste er sie erst mal noten- und verhaltensmäßig scannen. Aha, Fensterseite außen, vierte Reihe. Ja, das Notenbild stimmte schon so halbwegs, eine Drei in der letzten Klassenarbeit, eine Zwei in der Abfrage, Verhalten unauffällig. Tja, sie könnte ein bisschen aktiver mitmachen, aber sonst alles in Ordnung.

Das waren die problemlosen Kunden. Es gab aber auch diejenigen, die schon mit Schaum vor dem Mund hereinkamen, weil sie zu lange warten mussten oder weil ihnen die ganze Richtung sowieso nicht passte, und sie all ihren Verdruss abladen wollten. Es blieben Knorr dann immer nur Bruchteile von Sekunden, um zu entscheiden, wie er sich durchsetzen oder ihnen den Wind aus den Segeln nehmen konnte. Er hatte im Lauf der Zeit darin eine bemerkenswerte Kompetenz entwickelt. Im Grunde gab es zwei Möglichkeiten: entweder mit ungeheurer Freundlichkeit und Jovialität einwickeln oder sofort mit grimmigem Gesicht zum Gegenangriff übergehen. Bei ersterer Strategie liefen die Angriffe der Eltern immer mehr ins Leere und sie ließen sich meistens einlullen, bei der zweiten waren viele so erschrocken, dass sie den Angriffsfaden verloren. Eine echte Lösung irgendeines Problems war bei beiden Strategien nicht gegeben, aber Knorr hatte sich damit zunächst einmal eine kleine Verschnaufpause verschafft, konnte überlegen und die strittigen Fragen mit zeitlichem Abstand erneut selbst aufgreifen.

Seit er Schulleiter war, verbrachte er relativ ruhige Elternabende in seinem Büro. Er lief nach einem Rundgang gerade dorthin zurück, vorbei an den ungeheuren Schlangen vor den Zimmern von »Haudrauf« Baumüller, der wohl wieder einmal eine miserable

Mathematikarbeit zurückgegeben hatte, und auch von »Django« Eisenmann, der die Schüler in Physik drangsaliert zu haben schien. Im Grunde konnte man an den Schlangen vor den Türen auch etwas über die Qualität des Unterrichts, über die Ergebnisse und über das Wesen einzelner Lehrkräfte ablesen, auch wenn diese das naturgemäß sofort abstreiten würden. Gerade bei den umstrittenen Lehrern potenzierten sich die Konflikte, weil sich die Eltern während der Wartezeit gegenseitig negativ aufschaukelten. Und dass es ein taktischer Fehler war, kurz vor einem Elternabend eine Klassenarbeit mit schlechten Ergebnissen an die Schüler zurückzugeben, das verstand sich von selbst und sollte einem Routinier nicht passieren.

Ganz anders war das bei den beliebten Lehrern, die zum Glück weitaus in der Überzahl waren. Da schien es so, dass sich Eltern nur mal mit ihnen unterhalten wollten, weil sie eben so nett oder die Ergebnisse so gut waren. Offensichtlich hatten die Kinder zu Hause Positives über sie berichtet. Ein paar von ihnen hatten schon nach einer Stunde nichts mehr zu tun und erzählten im improvisierten Elterncafé Witze. Gut so.

Sekunden später wusste Knorr, dass die Harmonie des Elternabends für ihn gestört sein würde. Vor seinem Büro saß mit beleidigter Miene Herr Vukovic, Vater von Marko, Klasse 6e, der Schrecken der Schule.

Marko war von einem Gymnasium des Ortes übergetreten und telefonisch als etwas schwierigerer Schüler beschrieben worden, dem ein Neustart in einem anderen Umfeld guttun würde. Knorr war sich bewusst, dass dies eine trügerische Beschreibung war, die der Studiendirektor des Gymnasiums da gegeben hatte. Aber so kleine Tauschgeschäfte mit Schülern waren durchaus gängig, man half sich gegenseitig und manchmal half der Schulwechsel ja in der Tat. Als Knorr dann die verdächtigerweise erst spät nachgesandte Akte anschaute, traf ihn fast der Schlag. Marko hatte das abenteuerlichste Strafenregister, das er je gesehen hatte: zig Verweise, verschärfte Verweise, zwei Aussperrungen vom Unterricht, eine Androhung der Entlassung. Gründe dafür waren obszöne Redensarten, Beleidigungen von Lehrkräften, Mobbing, Schlägereien, Würgen von Mitschülern, massive Sachbeschädigungen und als Krönung der Versuch des Anzündens einer Schultoilette. Offensichtlich hatte man lange, sehr lange Geduld gezeigt, aber nun stand er kurz vor der endgültigen Entlassung, und die wollte man am betreffenden Gymnasium wohl vermeiden, weil eine Entlassung auf der Basis eines Beschlusses des Disziplinarausschusses immer eine aufwendige Angelegenheit war. Deshalb also der Schulwechsel.

An seiner neuen, also jetzigen Schule gab sich Marko zunächst lammfromm, und die Lehrer waren schon geneigt, ihm ein sonniges Wesen zu attestieren. Sie konnten nicht verstehen, dass er sich vorher wie ein wilder Uhu aufgeführt hatte. Doch die Phase des Frohlockens hielt nicht lange an. Zunehmend führte er sich in seiner neuen Klasse 6e wie ein kleiner Mafioso auf, zettelte Streitereien an, verwickelte seine Mitschüler in Konflikte, drangsalierte den einen oder anderen, schlug auch mal einem anderen in der Pause auf die Nase.

Das Ergebnis war, dass er es nach knapp drei Monaten ebenfalls wieder auf eine unglaubliche Ansammlung an Strafen brachte, und das trotz Einbeziehung des Sozialpädagogen der Schule und zahlloser Gespräche und Klassenkonferenzen. Marko war ein Sechstklässler, also zwölf Jahre alt, wohlgemerkt.

Den Höhepunkt seiner Verhaltensauffälligkeiten erlaubte er sich dann in der Woche vor dem Elternabend: Er erlitt im Unterricht beim Malen eines abstrakten Bildes einen Tobsuchtsanfall und biss Kunstlehrer Brönner in den Arm, der zugleich wehklagend und schreiend zu Knorr gelaufen kam.

Das war die Vorgeschichte und nun saß Markos Vater vor der Tür und hatte wahrscheinlich so allerhand zu erzählen und eine Gegendarstellung im Sinne seines Sohnes abzugeben. Knorr beschlich ein unangenehmes Gefühl.

Und so legte Vater Vukovic denn auch los. Schuld seien natürlich die Schulen, die sich gegen seine Familie verschworen hätten und die seinen Sohn schikanierten. Dieser sei zu Hause die reinste Quelle der Freude, eifrig, sozial, freundlich und hilfsbereit den lieben Tag lang. Nur weil er vielleicht manchmal ein bisschen ungestüm oder anders als all die anderen war und sich in seiner kindlichen Impulsivität mitreißen ließ, hätte er nun die ganzen Scherereien am Hals. Dem Elternhaus sei schon gar nichts vorzuwerfen, der Sohn hätte alles, was er brauche, vom Fernseher über den Computer, die Playstation bis hin zum Luftgewehr. Vater Vukovic hielt eine Tirade gegen das Schulsystem im Großen und Ganzen und die Unverfrorenheit der örtlichen Schulen im Besonderen. Knorr schien es insofern einfach zu haben, als er gar nicht zu Wort kam.

Nach zehn Minuten verbaler Tobsucht erklärte Vater Vukovic dem konsternierten Knorr, dass er es »ihm schon zeigen würde und dass er als Schulleiter persönlich die Konsequenzen tragen müsste«, falls sein Sohn weitere Strafen erhielt oder sonst irgendwie im deutschen Schulsystem zu Schaden kommen würde. Er sei gut vernetzt. Dann stand er abrupt auf, stampfte zur Tür, drehte sich um, brüllte »Haben wir uns verstanden? Ich warne Sie!« und warf die Tür zu.

Knorr war fassungslos. Der Abend hatte so harmonisch begonnen. Und nun dieser Auftritt. Er war ja so allerhand gewohnt, doch dies war auch für einen Routinier wie ihn eine neue Dimension. Er wusste nicht so recht, was er denken sollte. Zum Lachen war ihm nicht mehr zumute. Er würde sich wohl eine Knarre kaufen müssen. Und bei diesem Gedanken musste er dann doch grinsen.

*

Schule war ja ein Konstrukt, das sich besonders durch Unberechenbarkeit hervortat. Das galt für die Schüler, die mit überraschenden Tests und Abfragen rechnen mussten, bei denen noch dazu ihrer vorherrschenden Meinung nach eher unkalkulierbare und stofflich nie vorbereitete Aufgaben gestellt wurden.

Für Lehrer galt, dass es in der Klasse sowieso anders als angedacht lief, egal wie gut oder schlecht die Vorbereitung auf den Unterricht war. Eine Hauptschwierigkeit des Lehrberufs lag ohne Zweifel in der steten Notwendigkeit schneller und wenn möglich situativ richtiger Entscheidungen. Das war wie bei Schiedsrichtern, denen ebenfalls fixe und korrekte Entscheidungen abverlangt wurden. Nie war die konkrete Situation in der Klasse genau vorauszusehen, nie die Reaktionen einzelner Schüler, nie die Konflikte, die sich manchmal urplötzlich auftaten und Nerven kosteten. Alle am Schulleben Beteiligten kannten das Gefühl, häufig wie eine Billardkugel auf dem Tisch herumgestoßen zu werden.

Diese Unkalkulierbarkeit des Geschehens galt auch für die Schulleitung. Es mochte ja vielleicht an kleinen Landschulen überschaubar und gemütlich zugehen, die großen Stadtschulen hatten sich längst alle zu Molochen entwickelt. Wenn Knorr am späten Nachmittag von der Schule nach Hause fuhr, fragte er sich fast immer, womit er seine Zeit denn eigentlich verbracht, beziehungsweise verplempert hatte. Manchmal sehnte er sich nach einem handwerklichen Beruf, da man ein Ergebnis der Arbeit sah. Ungeschickt wie er war, brachte er aber nicht einmal in seiner Freizeit etwas mit seinen Händen zustande. So beschloss er, einmal einen Schultag ab sieben Uhr morgens im Detail mit zu protokollieren. Er wählte einen beliebigen Donnerstag Ende November aus.

Und so sah das in etwa aus: Beratungsgespräch mit Eltern wegen Schulübertritt; kleine morgendliche Lagebesprechung mit den Konrektoren; Unterrichtsbesuch bei einer jungen Kollegin, für die eine Probezeitbeurteilung geschrieben werden muss; Telefonat mit dem Schulverwaltungsamt und Streiterei wegen restlicher Haushaltsmittel; Gang durch das Lehrerzimmer in der Pause, um Präsenz zu zeigen; zehn Minuten Blödsinn mit dem ersten Konrektor; quasi als Strafe dafür einen schrillen Rüffel der Hauswirtschaftslehrerin wegen eines nicht unterschriebenen Verweises; ein Schreiben der Finanzdirektion zur Mehrarbeitsabrechnung einmal gelesen, zweimal gelesen, dreimal gelesen und immer noch nicht ganz verstanden; deshalb mit einem Kollegen telefoniert, der es jedoch auch nicht kapiert hatte, was die Sache vereinfachte; Ärger mit dem Hausmeister wegen angeblicher Unordnung in den Klassenzimmern; einen Streit zwischen zwei Schülern einer achten Klasse geschlichtet, die von der überforderten Lehrkraft geschickt worden waren; einen weiteren Streit zwischen einem Zehntklässler und einer Lehrkraft halbwegs im Sinne einer niederlagenfreien Konfliktlösung beigelegt; eine sinnlose Statistik über Schülerströme im Landkreis bearbeitet, was im Endeffekt hieß: irgendwas halbwegs Stimmiges ausgefüllt; eine Referendarin im Englischunterricht besucht; mit den Sekretärinnen kurz Kaffee getrunken; Leistungsnachweise überprüft und Notenschnitte verglichen; circa 30 E-Mails gesichtet und davon circa zehn beantwortet; Planungsgespräch wegen eines neuen IT-Raums geführt, dabei festgestellt, dass im Nebenraum Wasser durch die Decke tropft; fünf Minuten am Schreibtisch sitzend einfach dumm geschaut; telefonisch Nachfragen wegen der Ganztagsklassenfinanzierung beantwortet; circa zehn Mal von Lehrkräften mit den Worten »Ich will Sie ja nicht stören, aber ...« gestört; eine arrogante Mutter auflaufen lassen, die Extrawürste für ihren verzogenen Sohn wollte; zwei Verweise wegen Rauchens auf dem Schulgelände unterschrieben; nachmittags selbst eine Konversationsstunde Englisch gehalten, was ein Genuss war; den Terminkalender auf den neuesten Stand gebracht; mit dem Sozialpädagogen über Gott und die Welt und über die Situation an Schulen im Besonderen gesprochen; eine Stellungnahme für die Schulverwaltung zum Bücheretat skizziert; mit den Lehrkräften des Nachmittagsunterrichts ein pädagogisches Gespräch geführt; sich Gedanken über die nächste pädagogische Konferenz gemacht; sich über die miserablen Einstellungschancen der Studienreferendare aufgeregt; einen albernen Artikel in der

Verbandszeitung gelesen und beschlossen, es für diesen Tag gut sein zu lassen.

Alle anderen, komplexeren Angelegenheiten wie Beurteilungen und Reden schreiben sowie redaktionelle Dinge würde er sowieso wie üblich später oder am Wochenende zu Hause erledigen müssen.

*

Die »stade« Zeit, die besinnliche Zeit, die Weihnachtszeit, war gekommen. Die Schülervertretung hatte wie jedes Jahr das Schulhaus hübsch mit allerhand Girlanden, Tannenzweigen und Glaskugeln geschmückt und einen sehr ansehnlichen Weihnachtsbaum aufgestellt. Zweimal in der Woche, am Dienstag- und am Donnerstagmorgen spielte die Bläsergruppe der Schule um 7:45 Uhr in der Aula Weihnachtslieder, wobei sich besonders der Religionslehrer auf seiner Tuba hervortat. Im Lehrerzimmer häuften sich auf den Tischen der Kolleginnen und Kollegen die Lebkuchen- und Plätzchenberge, sehr zur Freude des zweiten Konrektors, der sich bei seinen Streifzügen durch den Raum daran gütlich tat. Schon vor Wochen hatten die Kunstlehrer wie jedes Jahr widerwillig und murrend Weihnachtskarten entworfen, die Knorr nun alle unterschrieb. Er wollte keine elektronischen Weihnachtsgrüße versenden und fragte sich jedes Jahr aufs Neue, ob denn heutzutage überhaupt noch Grüße angebracht waren.

Bevor das Kalenderjahr zu Ende ging, standen zwei schulische Ereignisse an: der Weihnachtsmarkt aller Klassen in der Aula und das alljährliche traditionelle Weihnachtskonzert in der Kirche.

Die Vorbereitungen dazu liefen wie jedes Jahr chaotisch und die Nerven aller Beteiligten wurden arg strapaziert. Die Wichtigtuer unter den Lehrern regten sich unaufhörlich auf, dass ihnen wieder Schülerinnen des Chors aus dem Unterricht genommen wurden, die sie aber gebraucht hätten, weil sie eine Klassenarbeit vorbereiteten oder halten wollten. Wie sollten sie unter solchen Umständen ihre Leistungsnachweise herbeibringen? Hausmeister Klotzer tobte, weil Schüler und Lehrer ständig Material, Bohrmaschinen und Verlängerungskabel verschleppten. Die Musiklehrerin erlitt aufgrund der anhaltenden Kakofonie bei der Orchesterprobe fast einen Kollaps und erklärte, dass dies nun endgültig das letzte Mal sei, dass sie dieses Spektakel mitmachen würde. Da der Musiksaal genau unter Knorrs Büro lag, musste er sich seit Wochen den Singsang und das Getröte und Gefiedel der verschiedenen musikalischen Gruppen anhören. Eine der Vertrauenslehrerinnen, die Hauptfeindin des Hausmeisters, wollte wie üblich beleidigt von ihrem Amt zurücktreten, da ihre Leistungen ihrer Meinung nach nicht genügend gewürdigt wurden. Frau von Plechschmidt-Hammerstein schnaufte unaufhörlich: »Ich kann nicht mehr, ich kann nicht mehr.«

Die Schüler hatten ihren Spaß, weil alles drunter und drüber ging. Zahlreiche von ihnen liefen zu großer Form auf, was Knorr auch lobend feststellte. Sie gestalteten den Weihnachtsmarkt kreativ und blieben bis abends ohne zu murren in der Schule. Sie verkauften ihre selbst gebackenen Plätzchen und Kuchen und auch allerhand Schmuck und Bastelsachen. Sie bewirteten die Gäste, sammelten Süßwaren für die soziale Tafel des Ortes. Sie nahmen viel Geld ein, das in Sozialprojekte floss. Es war eine Freude.

Und auch wenn einige überrascht taten: Das Weihnachtskonzert war ein grandioser Höhepunkt, wie jedes Jahr. Knorr stand wie üblich in der letzten Reihe in der Kirche und ließ den Blick schweifen. Die Schulfamilie war zusammengekommen und die Eltern mitsamt allen Omas und Opas hatten glänzende Augen, so wie es sich gehörte. Die Engelein jubilierten, die Kinderlein sangen mit klaren Stimmen, die Hörner schmetterten ihren Gruß, der Lehrerchor trumpfte mächtig auf, das Streichquartett fiedelte herzerweichend, der Musiklehrer verspielte sich auf der Orgel. So hatte es Knorr gern, so sollte es sein. Das Kalenderjahr ging zu Ende und damit auch das erste Drittel des Schuljahres. Man hatte einen Teil der Wegstrecke geschafft und alle waren geschafft.

KAPITEL 6
Januar und Februar

»Frohes neues Jahr!«
»Danke, Ihnen auch.«
»Ein gesundes neues Jahr wünsche ich Ihnen.«
»Das wünsche ich Ihnen auch.«
»Bleiben Sie gesund und fit im neuen Jahr.«
»Danke, Sie auch.«
»Ihnen alles Gute im neuen Jahr und viel Erfolg.«
»Ihnen ebenso. Bleiben Sie gesund.«

Erster Schultag des neuen Kalenderjahrs: Im Lehrerzimmer wünschte jeder jedem alles Gute. Fast jeder fast jedem.

»Ich habe lange überlegt, ob ich Ihnen ein gutes neues Jahr wünschen soll oder nicht. Meine gute Erziehung und mein humanistischer Lebensansatz haben gesiegt. Ich habe mich entschlossen, es zu tun, und tue es hiermit«, sprach Frau von Plechschmidt-Hammerstein Knorr an.

»Ja, danke«, erwiderte Knorr, »ich wünsche Ihnen ebenfalls alles Gute und beste Gesundheit.«

»Mit der ist es nicht zum Besten bestellt. Mein Homöopath rät mir, mehr Pausen einzulegen. Der Stress in der Schule und ja, auch der Ärger mit Ihnen, sie haben meine Gesundheit ruiniert.«

»Aber ich bitte Sie, ein neues Jahr steht an, wir sollten doch sehen, dass sich so manches glättet. Ein neues Jahr ist doch auch eine Chance.«

»Nun, wir werden sehen. Ich bin da sehr, sehr skeptisch.«

Frau von Plechschmidt-Hammerstein trollte sich davon.

»Ich hab da drei Verweise wegen Schneeballwerfens«, rief Kollege Stierdorf fröhlich erregt. Er saß noch am Drucker und wedelte Knorr mit den Verweisen vor der Nase herum. Man sah ihm die Freude über die Strafen an. »Law and order«-Stierdorf war jung, wuchtig und hielt all sein Treiben für rechtschaffen und gerecht. »Wo kämen wir denn hin, wenn jeder ...« war eine seiner Lieblings-Einleitungen. Tja, wo kämen wir da hin, dachte Knorr. Im Frühjahr, Sommer und Herbst fing Stierdorf mit Begeisterung Raucher, im Winter lauerte er bei seinen Hofaufsichten, um die Schneeballwerfer zu stellen. Natürlich hatte er recht, dachte Knorr. Schneeballwerfen ging gar nicht. Na ja, einerseits. Es konnte ja wirklich eine Gefahr darstellen. Man hatte das schon erlebt, wie Schneeballwerfen buchstäblich böse ins Auge ging. Andererseits waren das halt Kinder und sie freuten sich über den Schnee auf dem Pausenhof. So unterschrieb Knorr halbherzig die Verweise. Er wusste, dass er Stierdorf nicht zu sehr loben durfte, sonst würde dieser seine Aktivitäten noch verstärken und zur fröhlichen Schülerhatz ansetzen.

Es waren in der Tat Unmengen Schnee gefallen. Frühmorgens war Knorr schon dem übellaunigen Hausmeister Klotzer begegnet, als dieser wie wild auf seinem Minitraktor auf dem Pausenhof umherfuhr, um den Schnee zur Seite zu schieben. Ein richtiges System schien er dabei nicht zu entwickeln.

»Dieser Mist hat gerade noch gefehlt. Ausgerechnet am ersten Schultag!«, brüllte er zu Knorr herüber. Kein Gruß. Kein Wort zum neuen Jahr. Nur miese Laune.

Kurz nach elf kamen Schüler ins Sekretariat gerannt und berichteten aufgeregt, dass ein Mitschüler auf dem Pausenhof auf dem Schnee dumm zu Fall gekommen sei. »Der hat sich bestimmt den

Arm gebrochen, der hängt so komisch weg«, erzählten sie durchaus mit einer gehörigen Portion Sensationsgier. Knorr versuchte zu beschwichtigen und ließ die ausgebildeten Schulsanitäter, ein Stolz der Schule, ausrufen. Diese kamen mit viel Tatütata aus dem Unterricht herbeigeeilt und rannten auf den Pausenhof, um sich um den verletzten Schüler zu kümmern. Es stellte sich in der Tat heraus, dass der Arm offensichtlich kompliziert gebrochen war. Also Notruf.

Der Krankenwagen kam Minuten später ebenfalls mit viel Tatütata und unter den Augen Hunderter Schüler, die ob der Störung des Unterrichtsgeschehens begeistert an den Fenstern hingen, die Auffahrt herauf. Die Sanitäter transportierten den Jungen ab, um ihn in der Klinik behandeln zu lassen. Das Sekretariat wollte die Eltern informieren, aber es war nur die Großmutter zu Hause.

Es dauerte keine 30 Minuten bis zum Anruf der gleichermaßen erregten wie aggressiven Mutter. Sie ging gar nicht erst auf den Zustand ihres Kindes ein, sondern beschuldigte mit einem vehementen Wortschwall die Schulleitung, nicht dafür gesorgt zu haben, dass genug geräumt und gestreut wird. Sie werde »ihre Anwälte« einschalten und dann werde »er, der Herr Schulleiter, schon sehen«.

Knorr stand in seinem Büro am Fenster und blickte hinaus. Erster Schultag im neuen Kalenderjahr. Er war wieder ganz in der Schule angekommen. Draußen schneite es weiter.

*

»Es ist doch nicht einzusehen, dass wir jedes Jahr die Kolleginnen und Kollegen vertreten, die für eine Woche ins Skilager fahren, also praktisch nichts anderes als zusätzlichen Urlaub auf unsere Kosten machen«, sagte die Personalratsvorsitzende und schaute die versammelte Runde des sogenannten Schulforums bedeutungsvoll an. »Und wir Daheimgebliebenen sind dann die Deppen, die die Mehrarbeit haben.«

»Es fällt in der jeweiligen Woche doch auch der Unterricht in den fünf 7. Klassen weg, da sie eben im Skilager sind. Also kann der Vertretungsaufwand nicht so groß sein«, meinte der Vorsitzende der Fachschaft Sport, selbstverständlich ein leidenschaftlicher Vertreter des Skilagers.

»Stimmt nicht so ganz, weil Sie ganz genau wissen, dass immer mehr Schüler aus den einzelnen Klassen nicht mit ins Skilager fahren wollen, aus welchen Gründen auch immer. Und dann müssen die wieder zu einer künstlichen Gruppe zusammengelegt werden und da drin muss ebenfalls Unterricht stattfinden und der ist absolut nervig«, erwiderte die Personalratsvorsitzende.

»Gut, aber wir können diese restlichen Schüler auch nicht in Kleingruppen in andere Klassen stopfen, das gibt nur Chaos. Wir können den Unterricht auch nicht ausfallen lassen. Die Schüler haben ein Recht auf Unterricht, wie man so schön sagt«, warf der zweite Konrektor bedeutungsvoll ein.

»Sie erinnern sich, meine Damen und Herren«, tat der erste Konrektor staatsmännisch, »wir haben ja mal eine Gruppe von Nichtteilnehmern, Fußgängern sozusagen, hahaha, parallel zum Skilager ins Schullandheim geschickt. Im Januar. Bei minus zehn Grad. Das war auch nicht der große Hit. An die Elternproteste erinnere ich mich immer noch.«

»Und das alles bloß, weil überhaupt ins Skilager gefahren werden muss. Das ist sowieso ein Unfug«, erregte sich die Personalratsvorsitzende, die wenig sportlich war.

»Also, ich bin schon der Meinung, dass das Skilager eine gute alte schulische Tradition hat und sowohl der sportliche Faktor als auch das Gemeinschaftserlebnis in der Gruppe positiv zu werten sind«, sagte der Vorsitzende der Fachschaft Sport, so als ob er diesen Satz auswendig gelernt hätte.

»Quatsch, ihr wollt euch ja nur eine Woche abseilen«, erregte sich die Personalratsvorsitzende. »Eine Woche zusätzlichen Urlaub machen. Das ist alles.«

»Und der Kostenfaktor? Sind Sie sich überhaupt im Klaren darüber, dass so ein Skilager für viele Familien langsam unbezahlbar wird?«, warf eine der neuen Elternbeirätinnen ein.

»Dafür gibt es ja Unterstützung. Die sozial Schwächeren können doch einen Antrag stellen und wir geben einen Zuschuss, das sollten Sie inzwischen wissen«, murrte die Vorsitzende des Elternbeirats.

»Oder wir können auch eine Langlaufgruppe anbieten. Langlauf ist gesund und deutlich billiger als alpin, mit Skipass und so weiter«, ergänzte unverdrossen der Chef der Sportabteilung.

»Gut. Noch was?«, unterbrach Knorr die Sitzung des Schulforums, die sich seit pädagogischen Urzeiten einmal jährlich dem leidigen Thema Skilager widmete. »Also, ich würde sagen, jetzt ist es eh schon zu spät, noch am diesjährigen Skilager zu rütteln. Die Unterkünfte sind längst vorbestellt, und auch das Busunternehmen, das uns seit vielen Jahren fährt, ist vorgebucht. Machen wir doch einen Kompromiss. Diesmal findet das Skilager wie gehabt wieder statt und im Frühjahr diskutieren wir das noch mal ausführlich und dann stimmen wir über das Skilager insgesamt ab.«

»Gut so. Genau. Na klar, so machen wir das. Prima Idee«, freute sich scheinheilig der Vertreter der Fachschaft Sport. Er wusste genau, dass kein Mensch im Frühjahr noch einmal über das Thema Skilager reden beziehungsweise darüber abstimmen würde. Im Frühjahr und Sommer hatte man im Schulforum ganz andere Themen und Interessen und das Skilager längst vergessen.

Knorr wusste das natürlich auch. Es war jedes Jahr dasselbe Theater. Die Skilagerfans stritten sich mit den Skilagergegnern herum und die Argumente waren stets die gleichen. Die Gegner meinten, das Skilager sei ein Anachronismus, und nur, weil die Oberbayernfraktion allesamt begeisterte Skifahrer waren, musste dieser Blödsinn, der noch dazu für die meisten Eltern zunehmend teuer kam, jedes Jahr wieder stattfinden. Noch dazu lag in den Mittelgebirgen und im flachen Lande immer weniger Schnee, das heißt, die Schüler fuhren einmal im Leben ins Skilager und dann wurden die Ski und die Ausrüstung nie mehr genutzt. Und überhaupt sei das Skilager aus ökologischen Gründen sowieso ein Unding.

Die Skilageranhänger, die sich bisher immer durchgesetzt hatten, argumentierten mit den stets gleichen Schlagwörtern: Gemeinschaftserlebnis, körperliche Ertüchtigung, Naturerlebnis.

Doch sie machten zwei Fehler, die auf Dauer ihre Glaubwürdigkeit untergruben. Zum einen betonten sie immer wieder, dass das ganze Skilager für sie ein reines Draufzahlgeschäft sei, weil die Fahrtkosten schon lange nicht mehr gedeckt seien. Auf diese Weise inszenierten sie sich als altruistische Lehrkräfte, denen gar nicht ihr eigenes Wohl, sondern ausschließlich das der Schüler am Herzen lag. Dies war zumindest höchst verdächtig, denn Lehrer gingen normalerweise keine Verlustgeschäfte ein. Zum anderen beklagten sie spätestens ab Spätherbst mehrmals täglich die ungeheure Bürde und Zeitbelastung, die die Teilnahme am Skilager für sie wieder mit sich bringen würde. Sehr früh aufstehen, dann hinaus in die kalten Berge mit einer Horde undisziplinierter Schüler, dann sich um die kleinen Sorgen und Wehwehchen kümmern und lange, sehr anstrengende Abende und Nächte in der Skilagerpension verbringen. Und das fünf oder sechs Tage am Stück. Das sollte ein Vergnügen sein? Die Mehrheit des Kollegiums hielt diese Argumentation für reine Heuchelei und auch Knorr wusste um die Scheinheiligkeit solcher Aussagen.

Er hatte als Lehrer jahrelang selber am Skilager teilgenommen und dabei so allerhand erlebt. Abgesehen vom Skifahren und der herrlichen Alpenwelt blieben ihm die feuchtfröhlichen Abende in steter Erinnerung. Und er musste an seinen Schulleiterkollegen Reiser denken, der über den Tag hinweg an der Talstation, an der Bergstation, in der Liftklause, an der Eisbar und in und an allen möglichen weiteren Lokalitäten mit großer Begeisterung Williams-Schnaps getrunken hatte und mit hochrotem Gesicht und noch röterer Nase rein skifahrerisch gesehen kein Vorbild für die

Schüler mehr abgab, abends beim Schafkopf aber wieder erstaunlich munter war. Oder Horten, dem es einmal gelang, fünf Schüler seiner Gruppe »bei einer letzten Abfahrt« bei Sonnenuntergang zu verlieren. Sie wurden dann nach längeren Irrwegen von einem Förster aufgefunden und in die Unterkunft zurückgebracht. Oder Brenner und Bleyer, die spätabends auf dem Nachhauseweg aus der Talschlusskneipe volltrunken in einen Bach gefallen waren. Es sollte keiner behaupten, dass er oder sie im Skilager eine Woche des Leidens verbracht hatte. Keiner. Nirgendwo. Das Gejammer darüber war eine reine Inszenierung.

Im Januar waren die fünf 7. Klassen wieder im Skilager im geliebten Südtirol. Und am Montagnachmittag kam der erwartete Anruf des Skilagerleiters, dass alle gut angekommen seien, dass das Wetter prächtig sei und man insgesamt in guter Verfassung und Stimmung nun diese ereignisreiche Woche angehen werde. Und einen schönen Gruß noch an die armen Daheimgebliebenen.

Am Donnerstag kam dann ein weiterer Anruf, der besagte, dass leider, leider ein Schüler mit gebrochenem Schienbein und ein anderer wegen Bänderriss im dortigen Krankenhaus lägen, drei andere wegen fürchterlichen Unwohlseins die Herberge nicht verlassen können, ach ja, und ein Lehrer sich den Finger gebrochen habe.

»Wem ist denn das mit dem Finger passiert?«, wollte Knorr wissen.

»Dem Eisenmann.«

»Ach was?« »Django« Eisenmann, der Hardliner, mit gebrochenem Finger? Der war doch ein Superskifahrer.

»Wie ist denn das passiert?«

»Tja, nicht beim Skifahren.«

»Sondern?«

»Na ja, ich soll's eigentlich nicht verraten. Beim Bettenmachen.«

»Wollen Sie mich veralbern?«

»Nein, nein. Ist tatsächlich so passiert. Er hat sich morgens beim Zimmerrundgang aufgeregt, dass die Betten nicht ordentlich gemacht seien. Dann hat er den Jungen gesagt, dass er ihnen jetzt mal zeige, wie das richtig gehe. Und dann hat er schwungvoll losgelegt und ist so furios mit seinem Finger ins Laken zwischen Bettkasten und Matratze hineingefahren, dass er sich ihn gebrochen hat.«

Hohoho. Knorr konnte sich am Telefon ein schadenfrohes Lachen nicht verkneifen. Ausgerechnet Eisenmann. Die Szene hatte was. Er konnte sich den scheinbar betretenen, eher scheinheiligen Gesichtsausdruck der um Eisenmann herumstehenden Schüler vorstellen, die sich sicher ganz schön beherrschen mussten, um nicht vor Lachen loszuprusten. Was für ein schöner Skilagerunfall.

*

Knorr trank einen Espresso und dachte über das Skilager im Besonderen und das bunte Schulleben im Allgemeinen nach. Skilager, Klassenfahrten, Kennenlerntage, Schullandheim, Studienfahrten, Schüleraustausch. Das waren die größeren Brocken im Schuljahr. Doch es gab ja weiterhin, und das praktisch permanent, Exkursionen, Betriebsbesichtigungen und Betriebserkundungen, Praktika, Besuche bei der Bundesagentur für Arbeit, Museumsbesuche, Theateraufführungen und Konzerte, Sporttage und Sportwettbewerbe, Stadtrallyes, Projekttage, Sponsored Runs, Besuche im Altenheim, im Kindergarten, in karitativen Einrichtungen und in anderen Schulen und so weiter und so fort.

Und auch für die Lehrer selbst war das Angebot vielfältig: eintägige und mehrtägige Fortbildungen, Kontakte an der Universität, Besuch der Partnerschulen, Prüfertätigkeit an anderen Schulen, Pflege der Beziehungen zu anderen Schularten und ebenfalls so weiter und so fort. Und dazu: Probeunterricht, Aufnahmeprüfungen, Abschlussprüfungen, Lehrprobenabnahme intern und extern, Prüfertätigkeit an nichtstaatlichen Schulen.

Ein planmäßiger Unterricht war schon aufgrund all dieser teils verzichtbaren, teils zwangsläufigen, weil vorgeschriebenen Aktivitäten reines Wunschdenken. Knorr wusste, dass es im ganzen letzten Schuljahr keinen einzigen Tag ohne einen Vertretungsplan gegeben hatte. Keinen einzigen, das musste man sich einmal vorstellen! Wie gerne hätte er einmal einen Pseudo-Vertretungsplan ausgehängt, auf dem nur stand: heute keine Vertretungen. Es gelang einfach nicht. Denn es kamen ja auch noch die Absenzen der Lehrer wegen Krankheiten dazu.

Die Frage aber war: Wenn man all diese Änderungen und Unterbrechungen des normalen, regulären Stundenplans einmal addierte und dann noch in Betracht zog, dass ja der traditionelle Frontalunterricht zu Recht nicht mehr die Norm war, sondern man eher den zeitintensiven Gruppen- und Projektunterricht pflegte, wie konnten dann in der verbleibenden Zeit, die ja auch noch durch ständige Prüfungen und Tests verknappt wurde, überhaupt noch die im Lehrplan festgeschriebenen Lernziele erreicht werden?

Knorrs Schule hatte aufgrund ihrer sehr guten Unterrichtsqualität und ihrer Innovationskraft in den vergangenen Jahren mehrere landes- und bundesweite Wettbewerbe gewonnen. Das war aber nur gelungen, weil auch die Prüfungsergebnisse stimmten und ein hohes Niveau gehalten werden konnte. Ob das auf Dauer gut ging? Je mehr Knorr darüber nachdachte, desto mehr Zweifel hegte er. Denn meist hatten Privatschulen, die sich selber definieren und auch ihr eigenes Personal einstellen konnten und deren Eltern- und Trägerschaft aufgrund ihres gehobenen sozialen Backgrounds einen schichtenspezifischen Vorteil aufwies, die besseren Karten. Hohe Leistung und qualitativ gute, abwechslungsreiche, motivierende Schule, das war das erstrebenswerte, doch keineswegs leicht erreichbare Ziel.

Es gab noch weitere Unwägbarkeiten und die hingen mit der digitalen Welt zusammen. Die Facebook-Generation war nur noch Häppchen-Informationen gewohnt. Eine Vertiefung des Stoffes und der Lerninhalte war den Schülern immer weniger zumutbar. Und zudem: Instant Buzz. Wie sollte die technisch und multimedial ständig hinterherhinkende Schule den Ansprüchen gerecht werden? Knorr kam sich oftmals wie der Leiter eines anachronistischen, ja nachgerade völlig aus der Zeit gefallenen Unternehmens vor, das noch dazu mit seinen Hunderten von Schülern recht unwillige, meist nicht freiwillig arbeitende Mitarbeiter hatte.

Im realen Markt wäre solch ein Unternehmen, wenn man das eben mal so nennen wollte, höchstwahrscheinlich schon längst pleitegegangen. Selbstverständlich versuchte die Schule von heute, mit der modernen Zeit mitzuhalten. Aber in ihr steckten noch viel zu viele Elemente der alten Penne: unsinnige Prüfungen und damit mehrheitlich Pflege des Kurzzeitgedächtnisses, Zufälligkeiten der Inhalte, Willkür in der Personalplanung, marode Infrastruktur, Finanzknappheit.

Alles tausend Mal angedacht, alles tausend Mal diskutiert. Einiges verbessert, in den meisten Bemühungen aber langfristig nicht so recht vorangekommen. Darüber durften auch bestandene Abschlüsse nicht hinwegtäuschen. Die »Friede-Freude-Eierkuchen-Mentalität« der Schulbehörden, die aufgesetzte, mit Hochnäsigkeit zur Schau getragene, in Wirklichkeit hohle Selbstgefälligkeit in den schulischen Hierarchien, sie würden bereits mittelfristig nicht mehr tragen.

Trotzdem. Die Schulen hatten sich auf den Weg gemacht, und das war gut so. Es gab kein Zurück in die Lern-Steinzeit. Wenn sich Knorr hätte entscheiden müssen, er hätte sich immer für die bunte, abwechslungsreiche und oftmals chaotische Schule entschieden und nicht für die Penne von gestern. Und überhaupt: Warum sollten die Schüler heute immer noch die mittelalterlichen Kaiser aufsagen können oder sämtliche Hauptstädte und Gebirge dieser Welt? Man musste sie befähigen zu recherchieren, zu vergleichen, zu analysieren und zu werten. Sie sollten kreativ, kommunikativ und neugierig werden. Nur wenn man das ansatzweise schaffte, hatte man als Schule von heute eine Berechtigung, da war sich Knorr ganz sicher.

Wie hatte er es kürzlich einmal in einer schulpolitischen Broschüre sinngemäß gelesen? Es kommt darauf an, dass die Schulen auf der Höhe der Zeit sind und man den Schülern nicht nur Wissen, sondern vielmehr Kompetenzen vermittelt. Nur so kann interne Schulentwicklung gesehen werden. Und: Unterricht von heute ist Unterricht für morgen, bei dem maximale individuelle Lernförderung in einem Wechselspiel von Themen, Aufgaben, Arrangements, Lerngruppen und Lernstrategien stattfindet. Das alles wiederum sollte gepaart sein mit offenem Schulmanagement, das den Lehrern Freiräume lässt, und mit kollegialer Initiative sowie Kooperation mit der Welt außerhalb der Schule.

So in etwa könnte man das verstehen und stehen lassen, dachte sich Knorr. Was man nicht verhindern konnte, war, dass man gerade als moderne Schule dem Mythos des Sisyphos unterlag und den Stein stetig bergauf rollte, nur um von ihm wieder überrollt zu werden.

Knorr musste aufpassen, sich nicht zu sehr in seinen Gedankengängen zu verlieren. Auch galt es, diese besser zu strukturieren. So waren sie ja immer noch ein Sammelsurium. Hatte er das nicht alles schon mit sich und der Welt dialektisch besprochen? Oft genug! Und deshalb jetzt genug. Er schaute lieber mal im Lehrerzimmer vorbei. Mal sehen, was die Basis so trieb.

Und das Skilager? An dem würde er auch nächstes Jahr nicht kratzen lassen. Das gehörte zur Folklore.

*

Im Lehrerzimmer standen die Klassenleiterinnen der Ganztagsklassen beieinander und machten besorgte Gesichter.

»Na, Ladys, was gibt es denn für Probleme?«, fragte Knorr im Vorbeigehen.

»Halt wie üblich, das Essen schmeckt den Schülern wieder mal nicht. Und dann meckern sie zu Hause und wir haben die Eltern im Genick, die sich bei uns beschweren.«

»Aber wir haben doch erst im November den Caterer gewechselt? Und die Eltern wollten doch den neuen Bio-Caterer, die waren doch ganz erpicht drauf?«

Knorr waren die Probleme mit dem Mittagessen in den Ganztagsklassen noch frisch im Bewusstsein. Da immer mehr Schulen Ganztagsklassen einführten, gab es auch immer mehr »Online-Caterer«, die die Schulen belieferten. Die jedoch produzierten langweilige, geschmacklose Einheitsware, ähnlich wie tristes Kantinenessen. Deshalb war man an der Schule froh, auf eine vertraute Gastwirtschaft in der Nähe setzen zu können, die sich bereit erklärte, die Schüler mittags mit herzhaftem Essen zu einem fairen Preis zu versorgen.

Alles klappte eine Zeit lang hervorragend. Das Mittagessen wurde pünktlich geliefert, und es war so schmackhaft, dass sich sogar Teile des Kollegiums und des Studienseminars anschlossen und ebenfalls Essen bestellten. Nach ein paar Wochen und wohl etwas zu viel Schnitzel, Hähnchen, Schweinebraten und Lasagne bolognese begann die Stimmung zu kippen. Die ersten Stimmen aus den Elternhäusern monierten, dass das Essen zu fleischlastig sei, zu fett, ergo zu ungesund. Also sprach man mit dem Caterer, und dieser war gerne bereit, zwischendurch auch einmal Milchreis, Kaiserschmarrn oder Gemüsetorte zu servieren. Diese Gerichte wurden jedoch von den Schülern weitgehend ignoriert und blieben regelmäßig übrig. Doch der Druck auf Schule und Caterer vonseiten der biologisch-dynamischen, gesundheitsbewussten Eltern wuchs trotzdem, der Elternbeirat intervenierte bei der Schulleitung und man musste den Caterer fallen lassen. Die Beziehungen der Lehrerschaft zum Gasthaus waren von nun an getrübt.

Die Eltern hatten zwischenzeitlich einen Bio-Caterer aufgetan, der in der Stadt eine Art Gesundheitsbistro betrieb, das von Bio-Aposteln und Körner-Essern frequentiert wurde. Den hätte man gerne als neuen Schulcaterer, erklärten Elternbeirat und Klassenelternsprecherinnen unisono. Die Lehrkräfte und Knorr waren skeptisch, aber da die Eltern das Essen zahlten und sich keine weitere Alternative auftat, entsprachen sie dem Wunsch. Der Bio-Caterer lieferte also nunmehr das Essen, das sicher äußerst gesund war, aber eher grau in grau und ziemlich geschmacklos daherkam. Die Schüler hatten schon nach wenigen Tagen von Gemüse-Hamburgern, Tofu, Salattellern, Dinkelbratlingen, Grünkohleintopf und dergleichen genug und ignorierten das Essen, von dem der größte Teil weggeworfen werden musste, weil auch das sonst alles aufessende Kollegium kein Interesse an kostenloser Speisung dieser Art zeigte.

Die Schüler der Ganztagsklassen maulten mehr als je zuvor, forderten vergeblich wieder Hähnchen und Pommes und deckten sich in der großen Mittagspause infolgedessen in der Nachbarschaft der Schule heimlich mit Chips, Hamburgern, Schokoriegeln und anderem Junkfood ein. Derweil hatten sich die Eltern erneut organisiert und forderten wiederum einen anderen Caterer, lehnten aber nach wie vor einen Online-Caterer ab. Doch woher einen anderen nehmen?

»Die Eltern machen es sich halt wieder mal einfach. Wie eben immer. Sie fordern und fordern, haben aber keine Lösung«, sagte Frau Kümmerli.

»Und jetzt?«, fragte Knorr.

»Warum kocht der neunmalkluge Elternbeirat nicht selbst?«, meinte Frau Waddel mit sanfter Ironie.

»Dann soll halt der Hausmeister mittags Leberkäse und Würstchen verkaufen«, warf Frau Schmaus hämisch ein, sich des Unsinns dieser Idee wohl bewusst.

»Immerzu Leberkäse und Würstchen geht schon gar nicht.«

»Also, was nun?«

»Dann müssen wir eben eine Ausschreibung machen und bis dahin irgendwie überbrücken.«

»Der Bio-Caterer hat eh einen Vertrag bis Ende März. Da geht vorher gar nichts.«

»Na denn, dann bleibt ja noch Zeit.«

»Ach und noch was, wenn wir schon beim Essen sind. In der 5d haben wir einen Schüler mit einer Kartoffelphobie«, rief Frau Kümmerli.

»Kartoffelphobie? Sie meinen wohl eine Kartoffelallergie?«, hakte Knorr nach und war sich unsicher, ob es denn so etwas überhaupt gab.

»Nein, Sie haben schon richtig gehört, eine Kartoffelphobie«, insistierte Frau Kümmerli. »Wenn der Kartoffeln sieht, wird er hysterisch.«

»Ach was. Aber bitte. Wir sind doch eine Schule, die individuellen Bedürfnissen gerecht werden will.«

»Könnte dieser Fall eventuell unter dem heutzutage aktuellen Megathema ›Inklusion‹ laufen?«

»Frau Kollegin, ich muss doch sehr bitten. Etwas mehr Political Correctness bitte.«

»So ein Blödsinn.«

»Setzen wir fortan halt auf Nudeln. Die machen glücklich. Haha.«

Knorr schaute, dass er sich aus dem Staub machte, bevor ihm noch weitere Absonderlichkeiten präsentiert wurden. Manchmal war es wirklich nicht zu fassen. Kartoffelphobie!

*

Die ersten Lehrproben standen an. Die Referendare hatten im September des Vorjahres ihren ersten Ausbildungsabschnitt begonnen, hatten »Musterstunden« ihrer Seminarlehrer gesehen, erste Unterrichtsstunden selbst gehalten und kleinere Unterrichtssequenzen ausprobiert. Dabei gab es viel Hoffnungsfrohes zu sehen, aber auch grandioses individuelles Scheitern zu erleben. Die erste Lehrprobe von insgesamt dreien im Zeitraum von zwei Jahren hatte für die Referendare natürlich einen exponierten Stellenwert, war sie doch einerseits eine gewisse Standortbestimmung, andererseits in hohem Maße notenrelevant. Scheiterte man in der Lehrprobe, dann war das zwar kein völliger Untergang, aber doch eine psychologische und notenmäßige Hypothek. Letzteres galt vor allem für die Referendare, die Sprachen und Fächer wie Erdkunde, Geschichte und Kunst unterrichteten, denn in diesen Fächern ging es nach zwei Jahren Referendariat aufgrund der schlechten Einstellungschancen um Zehntel-, ja manchmal um Hundertstelnoten. Dass dies ein ausgeprägter Schwachsinn war, wurde von allen Seiten immer wieder betont, denn wie wollte man pädagogisches Wirken jemals in Zehnteln oder Hundertsteln messen? Andererseits musste man, wenn schon die einstellungsmäßigen Rahmenbedingungen so katastrophal waren, ja irgendeinen Maßstab anlegen. Also gab es für alle Studienseminare gewichtige Kriterienkataloge für Lehrproben, für erzieherisches Wirken, für Handlungskompetenz, Sachkompetenz und Unterrichtskompetenz. Vom Seminarleiter mussten detaillierte Gutachten verfasst und Beobachtungsraster erstellt werden.

Oberflächlich und formalistisch betrachtet konnte man den Eindruck gewinnen, dass demnach die Bewertung der Referendare im ganzen Lande mustergültig und objektiv war und infolge dieses ausgeklügelten und über die Jahre von Bildungsexperten bis ins Feinste ziselierten Systems in höchstem Maße gerecht ablief. Doch was bedeutete das in der Realität? Es bedeutete unter Umständen, dass ein Referendar, der nach zwei Jahren in einer bestimmten Fächerkombination einen Notenschnitt von 2,37 hatte, nicht in den Staatsdienst übernommen wurde. Es bedeutete aber unter Umständen ebenfalls, dass eine Referendarin mit derselben Fächerkombination und einem Schnitt von 2,35 fest eingestellt wurde. Ein oder zwei Hundertstel konnten den Unterschied machen, über Existenzen entscheiden. Das war gängiges Prozedere, und es war erstaunlich, dass die Referendarinnen und Referendare eines Studienseminars nicht um des Platzvorteils willen gegeneinander kämpften, sondern meistens erstaunlich gut kooperierten. Dies ehrte die jungen Leute doch sehr. Umso mehr, als jedermann klar war, dass sich in bestimmten Fächerkombinationen kaum berufliche Alternativen und Perspektiven außerhalb der Schule anboten und damit mehrere Jahre Studium infrage gestellt wurden. Über die Kosten der gesamten Ausbildung durfte man gar nicht nachdenken.

Ebenso erstaunlich war für Knorr, mit welcher selbstgerechten Selbstverständlichkeit ein derartiger Humbug landauf, landab von Seminarlehrern und Seminarleitern als richtig und sozusagen gottgegeben angesehen wurde, wobei »gottgegeben« eher durch »von Expertengruppen gegeben« ersetzt werden musste.

Die Tage der Lehrproben führten an der Schule streckenweise zu erheblicher Konfusion. Wenn 18 Referendare ihre Lehrproben ablegten, dann bedeutete dies 18 sogenannte Vorstunden in verschiedensten Klassen und 18 Lehrproben selbst, die durchaus auch länger als die gewohnten 45-Minuten-Häppchen sein konnten, manchmal eben auch 90 Minuten. Für Knorr und seine Seminarleiterkollegen hieß das: Fast zwei Wochen drehte sich alles um Lehrproben, zwei bis drei Stück pro Tag mit anschließender Besprechung und Notenfindung in der jeweiligen Kommission, die aus dem Seminarleiter, dem Seminarlehrer des Faches und in den meisten Fällen einem externen Prüfer bestand. Damit waren die Vormittage der Lehrprobentage für die Schulleitung fest verplant, und die Konrektoren hatten alle Hände voll zu tun, die für die Klassen notwendig werdenden komplexen Vertretungspläne zu erstellen.

In der Regel kam zu einer Lehrprobe ein Prüfer von einer anderen Seminarschule. Das konnte ein Seminarleiter oder ein Seminarlehrer mit der entsprechenden fachlichen Kompetenz sein. Es kamen feine Menschen und es kamen Widerlinge. Mit den feinen Menschen konnte man reden und sie sahen nicht jeden Fitzelkram, der in der Lehrprobe schiefging, als Untergang der Welt an. Und schiefgehen konnte in einer Lehrprobe so allerhand, Entscheidendes und Banales. Da gab es inhaltliche Fehler, sachliche Mängel, sprachliche Unebenheiten und oft genug Zeitprobleme.

Die Widerlinge meckerten über alles und jedes. Als von wem auch immer berufene Experten sahen sie sich sozusagen als Weltmeister, die selber im Unterricht sowieso alles richtig machten. Aber mit welch fürchterlichen Fehlern wurden sie in einer Lehrprobe konfrontiert! Das konnte doch nicht wahr sein! Solche jungen Murkser konnten und durften doch nicht Lehrer werden!

Und so brummten, meckerten und maulten sie im Flüsterton während der Lehrprobe und lauthals in der anschließenden Besprechung über alles Mögliche, was sie pädagogisch als Zumutung empfanden.

Es passte ihnen nicht, dass wieder einmal das Licht im Klassenzimmer nicht ausgemacht wurde, wenn der Tageslichtprojektor an war. Da galt es als Mangel, wenn die Vorhänge bei Projektionen nicht geschlossen wurden. Da wurde gemurrt, wenn zu viele Suggestivfragen gestellt wurden. Da passte es einem externen Prüfer nicht, wenn zu viel Technik eingesetzt wurde, dem anderen nicht, wenn traditioneller Tafelunterricht zelebriert wurde. Dem einen war die Tafelanschrift zu bunt, dem anderen die Sicherungsfolie zu oberflächlich. Der eine wollte permanente Handlungsorientierung bei gleichzeitiger völliger Zurückhaltung der Lehrkraft sehen, der andere bemängelte, dass aufgrund der ständigen Aktivitäten im Klassenzimmer die Lehrerpersönlichkeit zu sehr in den Hintergrund trat. Mal war bei Gruppenarbeit die Anzahl der Schüler zu hoch, mal zu niedrig, mal hätte man sowieso Partnerarbeit machen sollen. Mal war die von der Lehrkraft verwendete geschichtliche Quelle nicht signifikant genug, mal war sie zu lang, mal zu kurz. Der eine Prüfer bemängelte, dass das gewählte Thema zu wissenschaftlich abgehandelt wurde, der andere, dass es zu trivial daherkam. Einem passte das American English des Kandidaten in der Englischlehrprobe nicht, einem anderen nicht die mangelnde Verortung eines Sees in der Erdkundelehrprobe. Wieder ein anderer Prüfer murrte über die Nichterwähnung irgendeines Renaissancemalers in der Kunstlehrprobe.

Sicher waren der eine oder andere Einwand, die eine oder andere Kritik berechtigt. Und klar: Es gab Referendare und Referendarinnen, die konnten es einfach nicht oder sie bereiteten selbst eine wichtige Lehrprobe oberflächlich vor oder sie kamen mit der Zeitplanung nicht zurecht. Bei manchen konnte man sich schon die Frage stellen, ob sie für den Schuldienst langfristig geeignet waren. Und wenn sie wirklich nicht geeignet waren, dann musste man das ansprechen. Denn eine ungeeignete junge Lehrkraft, die auf Lebenszeit verbeamtet wurde, konnte sich selbst und den Schülern das Leben auf Jahrzehnte vermiesen und war eine Zumutung für die betroffene Schule. Jeder Schulleiter, jedes Kollegium kannte sie, die Lehrkräfte, die ständig krank waren, die Burn-out hatten, die streitsüchtig und rechthaberisch waren und für permanente Querelen mit den Eltern sorgten.

Was Knorr und seinen hausinternen Seminarlehrern aber bei den superkritischen Prüfern missfiel, war die negative Gesamttendenz, dieses ach so typische deutsche Gemäkel. Man gewann oftmals den Eindruck, dass doch irgendetwas Negatives gefunden werden musste, auch wenn man insgesamt gesehen eine gute Stunde erlebt hatte. Knorr erinnerte sich mit einem gewissen Vergnügen daran, dass ein besonders gefürchteter Prüfer es bei einer Seminarleitertagung auch nach zwei Minuten noch nicht fertigbrachte, eine Folie korrekt und für alle lesbar auf den Tageslichtprojektor zu legen. Es war derselbe Experte, der in einer Deutschlehrprobe die Medienkompetenz der Referendarin ins Lächerliche gezogen hatte. Oder der Prüfer, der sich in der Besprechung einer überaus ansprechenden Englischlehrprobe fünf Minuten darüber mokiert hatte, dass die Referendarin den Ort New Orleans nicht auf dem O betont hatte, sondern auf der zweiten Silbe, also auf dem gesprochenen i:, was falsch sei, da New Orleans von den Franzosen gegründet worden war. Er selbst war unfähig, drei vollständige englische Sätze hintereinander zu formulieren, was Knorr von früheren Englischtagungen noch lebhaft in Erinnerung hatte. Musste man permanent mit Steinen werfen, wenn man selbst im Glashaus saß? Ein anderer Prüfer im Fach Kunst hatte die widerwärtige Angewohnheit, in der sich der Lehrprobe anschließenden Besprechung die Referendare hämisch zu fragen, wie sie sich nun auf dem Schleudersitz fühlten. Das war besonders infam, da es ja um Notengebung ging und die Referendare und Referendarinnen ohne große Einfluss- oder Einspruchsmöglichkeit völlig von der Prüfungskommission abhängig waren.

Zum Glück gab es die menschenfreundlichen Prüfer, die über kleinere Mängel hinwegsahen, wohl wissend, dass gerade eine Unterrichtsstunde nie bis ins letzte Detail planbar war und auch nicht sein sollte, denn dann war sie steif und steril. Diese humane Haltung stellte ja nicht die Anforderungen an eine Lehrprobe infrage und sie hatte ebenso wenig mit der Vernachlässigung des Niveaus zu tun. Diese Prüfer taten einfach das, was in der Pädagogik immer wichtig war, sie schenkten Vertrauen, sie kritisierten auch, sie akzeptierten den menschlichen Faktor, wenn man das einmal so nennen wollte. Statt »Sagen Sie mal, was haben Sie sich eigentlich gedacht, als Sie ...?« formulierten sie »Sie haben das und das in der und der Situation wirklich gut gemacht, aber könnten Sie sich auch vorstellen, dass ...?«. Und sie sagten nicht »Es ist doch ein Unding, wie Sie ...«, sondern »Denken Sie doch mal darüber nach, ob ...«.

Und dann gab es noch Knorrs Lieblingsprüfer, den Kollegen Dr. Reiser. Der war eine wahrhaft markante Lehrerpersönlichkeit, ein trinkfester Schulleiter und rustikaler Pädagoge in Personalunion. Eines Tages kam er zu einer Deutschlehrprobe und war offensichtlich vom vorabendlichen Umtrunk noch sehr ermattet. Die langweilige Thematik des Märchens *Der süße Brei* und deren etwas bräsige, aber grundsolide Umsetzung durch die sonor sprechende Referendarin gaben ihm den Rest. Knorr und seine Seminarlehrerin beobachteten interessiert, wie Dr. Reisers Augen zunächst immer wieder zufielen, er die Hände auf seinem dicken Bauch faltete, zunehmend in seinem Sitz versank und schließlich einschlief. Zum Glück schnarchte er nicht. Die Schüler und die Referendarin schienen nichts zu merken und so ließ ihn Knorr mit mildem Lächeln gewähren. Reiser ratzte fast 20 Minuten vor sich hin, während *Der süße Brei* auch alle Schüler einzuschläfern drohte.

Doch Dr. Reiser war Routinier. Mit dem Gong zum Ende der Stunde wachte er abrupt auf, war sofort geistig präsent, blickte um sich und verkündete souverän: »Ein schönes Stündchen. Da können wir schon noch eine Zwei geben.« Das war genau die Note, die sich die Seminarlehrerin und Knorr insgeheim auch gedacht hatten.

*

An der Glastür zum Gang im untersten Klassentrakt klebte ein Schild. *Lehrprobe! Bitte Ruhe!* Erstaunlicherweise hielten sich die Schüler, die aus der Pause zurückkamen, an diese Aufforderung. Im Klassenzimmer der Klasse 9b fuhrwerkte die Referendarin, die heute ihre erste 60-minütige Lehrprobe im Fach Englisch ablegen würde, schon den ganzen Morgen herum. Man hatte ihr den Raum zur Vorbereitung in den ersten beiden Stunden frei gehalten und die Klasse 9b selbst zunächst in einem anderen Fachraum untergebracht.

Mit Hilfe zweier anderer Referendarinnen hatte die junge Kollegin mittlerweile allerhand Equipment herbeigeschleppt: zwei Tageslichtprojektoren, ein interaktives Whiteboard, zwei Laptops, zwei Beamer, zwei CD-Spieler, mehrere Lautsprecher und einige Landkarten. Die Umgebung des Lehrerpultes hatte sich in eine Art Kommandozentrale verwandelt, in der aus Sicherheitsgründen alle technischen Geräte doppelt belegt waren. An den vier Wänden des Raumes hingen Poster und in einer Ecke stand ein großer Tisch, auf dem offensichtlich irgendwelche Gegenstände gelagert waren, die die Referendarin abgedeckt hatte.

Mittlerweile war die Klasse 9b eingetrudelt. Die Referendarin hatte sich auffällig herausgeputzt und stand in ihrem neuesten Kostüm so unaufgeregt wie möglich vor den Schülern. Knorr, sein Englisch-Seminarlehrer und der externe Prüfer traten pünktlich mit dem Gong in den Raum, begrüßten die Schülerinnen und Schüler und wünschten der Referendarin viel Erfolg. Die Schüler schauten erwartungsfroh ob des Spektakels, das da kommen würde.

Und dann ging es los. Die Referendarin brannte zum Thema »Thanksgiving Day« ein wahres Feuerwerk ab. Multimediale Impulse, audiovisuelle Sequenzen, interaktive Spielchen, Musikeinspielungen, Online-Recherche, Gruppenarbeit im Sinne der »Stammgruppen-Expertengruppen-Methode«, Gallery Walk, Präsentationen und was es sonst noch so alles an Highlights der allermodernsten Unterrichtsmethodik gab, lösten einander in atemberaubendem Tempo ab.

Die Schüler sammelten Informationen, recherchierten, diskutierten, präsentierten, liefen herum und vermittelten ihr neues Wissen an ihre Mitschüler. Ein Schüler knipste zuverlässig und ungefragt das Licht an und aus, wenn nötig. Zwei Schülerinnen stellten sicher, dass die Einsprachigkeit des Englischunterrichts gewährleistet war und dass alle wirklich ausschließlich englisch sprachen. Die Referendarin taktete alles auf die Sekunde genau, wie im opulenten Lehrprobenskript vorgesehen. Die Schüler arbeiteten wie die Wilden und taten alles in ihren Möglichkeiten Stehende, um die Stunde zum Erfolg werden zu lassen, der Referendarin zu helfen und die Prüfungskommission zu beeindrucken. Nach 45 Minuten waren zahlreiche grüne, rote und blaue Arbeitsblätter ausgefüllt und die Poster an den Wänden mit zusätzlichen Informationen beschriftet. Nun wurden einige Schüler als Indianer und Pilger verkleidet, um vor der Klasse eine szenische Darstellung aufzuführen. Sie trugen von der Referendarin mitgebrachte Indianerfedern beziehungsweise Trapper-Jacken. Die kurzen Darbietungen wurden jeder Provinzbühne gerecht.

Die Prüfungskommission war gewaltig beeindruckt, gleichsam überwältigt. Eine perfekte Inszenierung. Selbst der externe Prüfer wusste nicht so recht, was er an dieser Lehrprobe hätte aussetzen können. Knorr amüsierte sich und dachte sich insgeheim Steigerungen des zirzensischen Charakters der Stunde aus. Hätte die Referendarin vielleicht noch ein paar Pinguine mitbringen sollen, die sich zu Stundenbeginn bunte Bälle zuspielten, auf denen das Stundenthema zu lesen war?

Gerade als sich Knorr kurz vor Stundenende solch absurden Gedanken hingab, klopfte es an der Tür. Die Schüler schauten erstaunt auf. Eine Störung während einer Lehrprobe war ungewöhnlich, ja ärgerlich. Die Referendarin eilte zur Tür, öffnete sie – und herein traten zwei als Köche verkleidete Zehntklässler, die auf einem riesigen Tablett einen gebratenen Truthahn herbeischleppten, das traditionelle Essen anlässlich des amerikanischen Thanksgiving Day. Und dieser Truthahn war keine Imitation aus Plastik, nein, er stammte von einem ortsansässigen Catering-Unternehmen. Den Schülern fiel die Kinnlade herunter. Die Prüfungskommission war baff. Mitten im allgemeinen Erstaunen zog die Referendarin die Decke vom Tisch, verteilte die dort gestapelten Teller, Bestecke und Servietten und die »Köche« servierten den Schülern den Truthahnbraten.

»Hope you had a good time. Thanks for joining in«, sagte die Referendarin genau auf die Sekunde des Stundenendes, während die Schüler sich über das Festessen hermachten.

Let the good times roll, dachte sich Knorr. Einige Schüler erhoben sich und kamen auf ihn zugestürmt.

»Und? Wie waren wir?«, fragten sie. »Kriegt die Referendarin nun auch eine Eins?«

»Ihr wart große Klasse und habt euch alle erst einmal selbst eine Eins verdient«, sagte Knorr.

Selten hatte er eine solch aktive Klasse erlebt. Alle Schüler hatten für die Referendarin gearbeitet und alles gegeben. Dafür gab es drei Möglichkeiten: Sie mochten die Referendarin, sie waren von der Stunde selber ehrlich begeistert oder die Referendarin hatte ihnen zur Belohnung irgendetwas versprochen, zum Beispiel einen Kasten Bier, Eisbecher oder Kinogutscheine. Das war alles schon vorgekommen. Doch Letzteres zu denken verbot sich nach solch einer abgerundeten Glanzleistung von selbst.

Und natürlich bekam die Referendarin eine Eins.

Was konnte man aus Lehrproben lernen? Nun, wenn sie wirklich gut waren, dann konnten sie in der Tat Standards setzen. Dann wurden alle Schüler einbezogen, dann profitierten alle, auch die Schwächeren. Die Schüler sahen, was im Unterricht möglich war und wie Lernen Spaß machen konnte. Aber: Der Aufwand war natürlich außerhalb jeder Proportion, und der von einer exzellenten Stunde gesetzte Standard konnte im realen Schulalltag nie und nimmer gehalten werden, schon gar nicht, wenn man bedachte, dass eine Lehrkraft circa 24 Stunden in der Woche zu halten hatte. Insofern war eine Spitzenlehrprobe eine Inszenierung mit Zirkuscharakter. Schade war, dass ältere Lehrer und Lehrerinnen nicht zuschauen konnten. Sie hätten vielleicht erneut erkannt, was im Unterricht möglich ist. Und vielleicht hätten sie aufgrund dieser Impulse ihre eigene Unterrichtsroutine reflektiert und das eine oder andere geändert und verbessert. So aber blieben Lehrproben meist faszinierende Unikate.

*

»Eigentlich wollte ich ja überhaupt nicht mehr mit Ihnen reden. Aber die Umstände zwingen mich dazu.«

Frau von Plechschmidt-Hammerstein ächzte schwer und ließ sich auf den Besucherstuhl vor Knorrs Schreibtisch plumpsen.

»Mir hat direkt schon etwas gefehlt«, antwortete Knorr lächelnd, obwohl ihm schlagartig klar war, dass wieder Probleme auf ihn zurollen würden.

»Ich will Ihnen nicht verheimlichen, dass ich neulich einen Termin bei Herrn Ministerialoberrat Gumbmann wahrgenommen habe, um ihm mein Leid darüber zu klagen, wie schmählich ich hier behandelt werde. Und ich muss sagen, er hat sich alles angehört und ist mir auf Augenhöhe begegnet.«

»Na, das ist ja sehr schön für Sie. Dann hat sich der Besuch doch gelohnt.«

Knorr machte gute Miene zum bösen Spiel. Er wusste nichts von einem Besuch von Frau von Plechschmidt-Hammerstein bei Gumbmann. Sie hatte ihn wohl wieder einmal bei der Dienstaufsicht in Misskredit bringen wollen.

»Auf Augenhöhe ist er mir begegnet«, wiederholte Frau von Plechschmidt-Hammerstein bedeutungsschwer und damit andeutend, dass sie an der Schule selbst nicht dergestalt behandelt wurde.

»Nun, ich will mit offenen Karten spielen. Herausgekommen ist bei dem Gespräch nichts, das muss ich wohl so gestehen. Leider, leider. Gumbmann sagte mir, dass er mich wohl verstehe, aber selber keinen Handlungsbedarf sehe. Das war sehr enttäuschend für mich. Sehr enttäuschend. Aber so ist es eben. Die Dienstaufsicht steckt mit den Schulleitungen unter einer Decke. Eine Krähe hackt der anderen kein Auge aus.«

Knorr konnte sich das Gespräch zwischen den beiden, besser den von Plechschmidt-Hammerstein'schen Monolog gut vorstellen. Er konnte sich jedoch auch beim besten Willen kein konkretes Problem denken, auf das Gumbmann hätte reagieren können. Es ging der Kollegin wohl eher wieder einmal darum, gehört zu werden, sich in einer Endlosschleife mitzuteilen und dabei möglichst Knorr in ein schlechtes Licht zu rücken und ihm eins auszuwischen. Und Knorr kannte Gumbmann gut genug, um zu wissen, dass dieser selbstverständlich wie immer erfreut war, ein bisschen was von der Basis zu erfahren und die »werte Frau Kollegin«, wie er es ausdrücken würde, auszuhorchen.

»Na fein. Aber das ist ja wohl nicht der Grund dafür, dass Sie sich nach Monaten wieder einmal genötigt sehen, mit mir zu sprechen. Was also wollen Sie mir heute wirklich mitteilen?«, fragte Knorr.

Frau von Plechschmidt-Hammerstein kramte ein Papier heraus, wohl eine Art Spickzettel.

»Ich teile Ihnen hiermit mit, dass ich mich von nun an weigere, die Klasse 10b im zweiten Stock zu unterrichten.«

»Ach was.«

»Ich habe die 10b am Mittwoch und Freitag jeweils in der 3. und 4. Stunde, und ich bin es leid, den langen Weg bis hinauf in den zweiten Stock zu gehen. Das Treppensteigen fällt mir schwer und außerdem verliere ich einen Teil meiner Pause. Sie wissen, ich bin dauererschöpft und brauche meine Pausen. Ich erwarte von Ihnen, dass Sie die Klasse 10b in das Erdgeschoss verlegen.«

Das war eine abenteuerliche Variante, die sich Frau von Plechschmidt-Hammerstein da ausgedacht hatte. Knorr hätte jedes Verständnis dieser Welt aufgebracht, wenn die Kollegin wirklich im Gehen beeinträchtigt oder behindert wäre. Aber er sah sie ja jeden Mittag circa drei Minuten vor dem eigentlichen Unterrichtsschluss flink über den Pausenhof zu ihrem Auto eilen und vergnügt davonbrausen.

»Frau von Plechschmidt-Hammerstein, Sie wissen so gut wie ich, dass das nicht geht. Im Erdgeschoss sind die Ganztagsklassen untergebracht. Zudem stimmen die Raumgrößen nicht überein. Die 10b ist eine kleine Klasse, die können wir nicht in einen großen Klassenraum auf einem anderen Flur stecken. Das würde unser ganzes Raumkonzept zu Fall bringen. Sie wissen, dass das sowieso auf Kante genäht ist. Und Sie wissen auch, dass wir schon eine Wanderklasse haben.«

»Soso. Ich habe mir schon gedacht, dass ich auch diesmal nicht mit Ihrem Entgegenkommen rechnen kann. Ich habe es nicht anders erwartet. Nicht von Ihnen«, sagte Frau von Plechschmidt-Hammerstein mit trauriger Stimme und blickte melancholisch auf einen imaginären Punkt in der Ferne.

»Ich kann da leider nichts für Sie tun.«

»Und wieso lassen Sie dann nicht wenigstens den Aufzug reparieren? Das wäre zumindest eine kleine Erleichterung für mich.«

»Das versuche ich seit mehreren Jahren. Aber der ist so marode, dass eine Reparatur aus dem Bauunterhalt derzeit nicht finanziert werden kann. Glauben Sie mir, ich beantrage im Haushalt jedes Jahr die Mittel für eine Reparatur des Aufzugs. Und jedes Jahr wird der Antrag wegen der schlechten finanziellen Lage der Stadt abgelehnt. Vielleicht kommen wir ja im Zuge der Inklusionsdebatte weiter, denn es könnten ja auch mal Schüler aufgenommen werden, die den Aufzug benötigen. Aber momentan geht nichts. Sorry.«

Knorr glaubte schon, aus dem Schneider zu sein und das Gespräch beenden zu können. Doch Frau von Plechschmidt-Hammerstein blickte erneut etwas verstohlen auf ihren Zettel und dann eher mitleidig auf Knorr.

»Von einem souveränen Schulleiter würde ich mir mehr Durchsetzungsvermögen gegenüber dem Sachaufwandsträger erwarten. Aber bitte. Also dann noch etwas anderes.«

»Und das wäre?« Knorr verlor langsam die Geduld, rief sich aber innerlich zur Ordnung.

»Ich habe da eine Aufsicht in der zweiten Pause am Montag, und zwar auf dem Pausenhof. Die möchte ich gerne abgeben.«

»Wie abgeben?«

»Nun, ich denke, die könnte jemand anders übernehmen. Vielleicht jemand von den Jüngeren. Wissen Sie, so eine Pausenaufsicht draußen ist eine Zumutung. Schon allein wegen des Wetters.«

»Ja und wie stellen Sie sich das vor? Wie soll ich dem Kollegium vermitteln, dass Sie, Frau von Plechschmidt-Hammerstein, keine Außenaufsicht mehr übernehmen wollen und dass dies also jemand anders zusätzlich machen muss? Halten Sie das für gerecht?«

»Nun, ich bin seit über 20 Jahren an dieser Schule und denke, dass es da schon einen kleinen Bonus für mich geben sollte. Die Jüngeren müssen sich noch beweisen. Ich habe das nicht mehr nötig.«

»Darum geht es doch gar nicht. Es geht um Gerechtigkeit. Die Aufsichten sind mit dem Personalrat abgesprochen und sie sind, soweit ich das sehe, gerecht verteilt. Also, klipp und klar: Ich werde an diesen Aufsichten nichts ändern.«

Frau von Plechschmidt-Hammerstein schaute erst beleidigt, dann erneut auf ihren Zettel. Knorr wartete gespannt, was denn nun noch kommen würde. Die Kollegin hatte ihren Auftritt offensichtlich von langer Hand vorbereitet und war bestrebt, irgendeinen kleinen Vorteil für sich herauszuschinden.

»Ich sehe schon. Sie wollen nicht. Sie wollen einer lang gedienten Kollegin nicht die Hand reichen. Ich verlange diese kleinen Vergünstigungen ja auch gar nicht für mich, sondern für die Schule.«

»Wie bitte?«

»Nun, wenn ich nicht mit meinen Kräften haushalten kann, dann weiß ich nicht, wie lange ich das durchhalte. Und wenn ich ausfalle, dann hat die Schule den Schaden. Oder besser gesagt, das Kollegium, denn dann muss ich vertreten werden.«

Das war fast ein Erpressungsversuch. Knorr schaute fassungslos auf Frau von Plechschmidt-Hammerstein, die wieder ihren Zettel konsultierte.

»War das nun alles?«

»Nein. Noch etwas. Der Rechtschreib-Förderkurs. Es müsste doch möglich sein, den zum Halbjahr abzugeben? Dann würde wenigstens diese eine 7. Stunde für mich wegfallen.«

»Und wer soll den Kurs dann geben?«

»Nun, da wird sich doch ein dynamischer Kollege finden. Es kommen ja eh nur fünf Schüler.«

Knorr fühlte sich sehr müde. Er wusste, dass er auch dazu aus Gründen der Kollegialität und Gerechtigkeit Nein sagen musste. Nein!

»Also Frau von Plechschmidt-Hammerstein, ich werde mal sehen. Vielleicht ergibt sich da eine Möglichkeit. Ich kann es nicht versprechen, aber ich werde ein paar Kolleginnen und Kollegen darauf ansprechen. Und jetzt bitte ich Sie, mich zu entschuldigen. Ich habe noch einige dringende Termine.«

Frau von Plechschmidt-Hammerstein erhob sich widerwillig und umständlich. Knorr sah, dass sie auf ihrem Zettel noch weitere Punkte notiert hatte. Um Gottes willen, nichts wie weg hier. Irgendein Trick musste her. Er blickte auf seine Uhr, tat erschrocken, stand abrupt auf, reichte Frau von Plechschmidt-Hammerstein flüchtig die Hand und eilte zur Tür, ohne genau zu wissen, wohin er eigentlich wollte. Er blickte um sich. Da, die Rettung. Im Sekretariat entdeckte er den jungen Kollegen Offmann, der gerade am Schüleraktenschrank stand und etwas zu suchen schien.

»Ah, Herr Offmann, wir haben da ein kleines Problem. Ich weiß, es ist eine Zumutung. Aber könnten Sie eventuell ab Halbjahr noch den Rechtschreib-Förderkurs am Mittwoch in der 7. Stunde übernehmen? Es ist nicht viel Arbeit, da sind nur ein paar wenige Schüler drin. Wir gleichen das später wieder stundenplanmäßig aus.«

»Klar Chef. Kein Problem. Mache ich.«

Donnerwetter, einfach so! Offmann war eben ein feiner Mensch, ein hervorragender Lehrer zudem. Zum Glück waren diese feinen und kooperativen Lehrer bei Weitem in der Überzahl. Aber Fakt war auch, dass jede Schule ein paar von den Miesepetern und betulichen Betroffenheitstypen mit sich herumschleppte.

»Danke. Ich danke Ihnen wirklich. Es soll nicht zu Ihrem Schaden sein.«

»Passt schon.«

Irgendwie war die Situation also doch noch gerettet. Und trotzdem: wieder eine kleine Konzession gegen den eigenen Willen gemacht. Wieder eine kleine Schlacht geschlagen und fast verloren. Und irgendwie doch noch halb gewonnen. Befriedigend fand Knorr das keineswegs.

»Gumbmann hier. Einen wunderschönen guten Morgen, Herr Knorr. Wie geht es uns denn so an der Basis, wenn ich fragen darf? Sind ja in ein paar Wochen schon wieder Ferien, da geht es uns doch sicher gut, hahaha.«

Die pseudo-joviale Standarderöffnung regte Knorr schon wieder auf. Was würde wohl diesmal das Problem sein?

»Tag, Herr Gumbmann. Gut geht es, gut. Aber um mit der Tür ins Haus zu fallen: Was ist denn der wahre Grund Ihres Anrufs? Oder anders gesagt: Was haben wir diesmal wieder ausgefressen?«

»Ausgefressen, hahaha. Also wirklich. Sehen Sie doch die Dienstaufsicht ausnahmsweise mal als Ihren Partner, Ihren kritischen Freund.«

»Ach?«

»Ja, also gut, wenn Sie schon so direkt fragen. Es geht um die Unterrichtsausfallstatistik, die Sie da eingereicht haben. Da haben wir bei Ihrer Schule, was sag ich, bei allen Schulen, ein kleines Problem.«

Also doch.

»Und das wäre?«

»Nun, sie haben mir die Statistik von September bis Dezember geschickt, übrigens pünktlich im Gegensatz zu anderen Schulen. Sehr zuverlässig, sehr schön, sehr gut. Nun aber der Punkt. Sie haben da ausgefüllt, dass insgesamt nur 24 Stunden ausgefallen sind, ein hervorragender Wert, ein brillanter Wert. Da könnte ich Ihnen von anderen Schulen ganz andere Zustände berichten. Da werden 5. und 6. Stunden einfach vorgezogen oder fallen ersatzlos aus. Und die Schüler stehen dann herum oder kommen vorzeitig nach Hause. Also, Ihre Schule macht das ganz vorzüglich, Sie haben ja praktisch keinerlei Ausfall. Respekt.«

»Na, so ist das ja auch gedacht. Die Schüler und natürlich auch die Eltern haben einen Anspruch auf einen regelmäßigen Unterricht ohne Stundenausfall. Da stehen wir dazu, da handeln wir konsequent.«

Knorr fragte sich, was Gumbmann wohl wirklich wollte. Man gab sich in der Tat alle Mühe, keinen Unterricht ausfallen zu lassen und vertrat auch die Randstunden, also zum Beispiel die 6. Stunden des Vormittags, was im Kollegium nicht unbedingt auf Sympathie stieß, denn wer hielt schon gerne in der 6. Stunde eine Vertretung, oft genug noch in einer fremden Klasse.

»Es gibt da nur eine Schwierigkeit. Sie erinnern sich doch an den 14. Dezember, als wegen des Schneechaos im ganzen Land der Unterricht ausfiel.«

»Klar erinnere ich mich. Soviel ich weiß, fand tatsächlich wegen ungeheurem Schneefall an keiner einzigen Schule landesweit Unterricht statt. Wobei wir als Schulleitung selbstverständlich in der Schule anwesend waren, heroisch wie wir sind.«

»Heroisch, sehr gut, hahaha. Aber wissen Sie, Herr Knorr, das bedeutet natürlich auch, dass an Ihrer Schule laut Unterrichtsübersicht 242 Stunden Unterricht ausgefallen sind.«

»242 Stunden? Das ist doch wohl nicht Ihr Ernst?«

»Doch, natürlich. Sie haben 35 Klassen. Also sind 35 mal 6 Stunden, also 210 Stunden, ausgefallen und dazu der Rest des Nachmittagsunterrichts. Macht summa summarum laut Ihrer Übersicht 242 Stunden.«

»Und das sollen wir ernsthaft in die Statistik schreiben? Das verfälscht doch das ganze Bild vollkommen.«

»Tja, schon, schon. Aber Statistik ist nun mal Statistik.«

»Aber dann hat die Statistik, die ich nebenbei sowieso für reinen Schwachsinn halte, doch überhaupt keine Aussagekraft mehr! Was soll denn das? Was gibt das denn für die Schulen des Landes für ein Gesamtbild? Die Leute können doch nicht differenzieren. Die erinnern sich doch auch nicht, dass da dieser eine Ausnahmetag mit dem Wintereinbruch war. Die müssen doch denken, dass permanent ungeheuerlich viel Unterricht ausfällt. Das ist doch Wasser auf die Mühlen der Mäkler und Kritiker!«

»Ich weiß, ich weiß. Aber wir können da nichts machen. Statistik ist Statistik, ausgefallen ist ausgefallen. Also, Herr Knorr, Sie sind so nett und ändern das noch mal ab und schicken es mir wieder herüber. Das ist ja nun wirklich nur eine kleine Mühe. Ich selbst muss nun weitermachen, denn ich muss noch 36 andere Schulen, also praktisch alle, anrufen. So ist eben das Schulleben, gell? Machen Sie's gut.«

Wieso rief dieser Mensch alle Schulen persönlich an? Hatte er sonst nichts zu tun? Wieso schickte er nicht eine Mail im üblichen Verteiler? Was sollte das Gequatsche? Was sollte diese scheinheilige Jovialität? Knorr hätte am liebsten vor Zorn seinen Bleistift zerbrochen und die ausgedruckte Statistik zerrupft. Aber er hatte sich im Griff.

»Na denn, Herr Gumbmann, mache ich, wenn es denn der Statistik und der Wahrheitsfindung dient. Ich habe ja sonst eh nichts zu tun.«

Was sollte man von diesem Unfug halten? Welche Aussagekraft hatte eine derartige Unterrichtsausfallstatistik? Wie kam sie zustande?

Letzteres war nach Knorrs unmaßgeblicher Meinung leicht zu beantworten. Eine solche Statistik war in der Regel gar nicht die Idee irgendeines nicht ausgelasteten Referenten des Kultusministeriums. Da sollte man keine falschen Schuldzuweisungen aufstellen. Es lief in der Regel folgendermaßen: Mehrere Mütter und manchmal auch Väter irgendwo im Lande taten sich wegen angeblich oder tatsächlich ersatzlos ausgefallener Stunden zusammen und beschwerten sich erst bei der betroffenen Schule, dann bei der Dienstaufsicht. Gerne informierten sie auch die Lokalpresse über die katastrophalen Zustände an den Schulen des Landes oder schrieben gehässige Leserbriefe mit dem Tenor, dass man überall das Geld zum Fenster hinauswerfe, die Schulen aber nicht in der Lage seien, den Unterricht pflichtgemäß abzudecken. Oder sie schrieben, dass die Schulleitungen unfähig seien, ihren Laden im Griff zu haben und einen regelmäßigen Unterricht zu gewährleisten.

Daraufhin wurden die Parteien, in der Regel die der Opposition im Lande, auf den eventuell gegebenen Skandal aufmerksam und die lokalen Würdenträger der Parteien, also die Abgeordneten, schalteten sich ein. Das war doch eine gute Gelegenheit, sich zu profilieren und die haltlosen Zustände anzuprangern, für die die jeweilige Regierungspartei des jeweiligen Bundeslandes verantwortlich zeichnete. Also stellte man im Landtag eine Anfrage. Der Kultusminister dementierte daraufhin zunächst vehement die angeprangerten Missstände, wofür er irgendwelche Statistiken zitierte, die ihm sein Referent zugeschoben hatte und die argumentativ in den Kram passten. Gleichzeitig hatte er natürlich keine Ahnung von den tatsächlichen Gegebenheiten, in diesem Falle also von den realen Unterrichtsausfällen. Um irgendwelche Peinlichkeiten in Fragestunden zu vermeiden, mussten diese also aufgeklärt werden.

Also beauftragte er seinen Referenten, Zahlenmaterial herbeizuschaffen. Der Referent beauftragte irgendwelche Subreferenten in den einzelnen Abteilungen des Hohen Hauses, Zahlenmaterial herbeizuschaffen. Diese beauftragten die regionalen Dienstaufsichten, Zahlenmaterial herbeizuschaffen. Diese wiederum beauftragten die Schulen, Zahlenmaterial herbeizuschaffen. Nach einigen Monaten würgte man das ganze herbeigeschaffte Zahlenmaterial zu einer Gesamtstatistik zusammen. Dieses wiederum musste nun analysiert und je nach Lage der Dinge öffentlichkeitswirksam aufbereitet werden. War das Material für die jeweilige Regierung günstig, ergab sich sowieso kein Problem. War es ungünstig, musste es entsprechend für den Landtag aufgemotzt werden, damit man irgendwie doch recht hatte.

Auf die Schulen des Landes bezogen bedeutete solch eine Anfrage viele Stunden Mehrarbeit. An die Gesamtsumme, die die geplagten Konrektoren im Lande Woche für Woche investierten, durfte man gar nicht denken.

Damit war der Sache dann auch Genüge getan, denn meist erinnerte sich niemand mehr, dass man vor ein paar Monaten eine Anfrage gestellt hatte. Stattdessen hatte man in der Zwischenzeit ein neues Problem oder Scheinproblem aufgetan, zu dem man eine neue Anfrage stellen konnte. Und es gab ja wirklich genug Möglichkeiten wie zum Beispiel Unfallstatistiken, Erfolgsstatistiken des Förderunterrichts, Schulwegstatistiken, genderspezifische Umfragen, Befragungen zur IT-Ausrüstung, Statistiken zum Ganztagsbetrieb und so weiter und so fort.

Was mit all den Umfrageergebnissen und Statistiken geschah, das wusste an der Basis keiner. Zumindest Knorr wusste es nicht. Und wenn er es einmal wusste, weil eine aussagekräftige Rückmeldung an die Schulen kam, dann konnte er in der Regel mit den Ergebnissen nichts anfangen, denn es gab ja meistens keine Mittel, um etwas zu verbessern oder abzustellen.

Das scheinbar Positive an diesen Dingen war, dass sie keiner böse meinte und eigentlich auch keiner etwas für sie konnte. Sie liefen in einer Art Dauerschleife ab. Es war, wie es schon immer war, weil es schon immer so war.

*

Es war immer wieder erstaunlich, was es im Lande alles für Organisationen, Stiftungen, Institutionen, Verbände und so weiter gab, die sich fast tagtäglich alle möglichen Schulwettbewerbe, Leistungsolympiaden, Schülerpreisausschreiben, Kunstprämierungen und dergleichen mehr ausdachten. Eines Spätnachmittags im Herbst saß Knorr vom Schulalltag ermattet in seinem Büro, schaute mangels anderer attraktiverer Beschäftigungsmöglichkeiten die Flut an Mails durch und spielte zudem im Internet herum. Er war alleine in der Schule, alle anderen außer dem Hausmeister waren schon gegangen, niemand war mehr da zum Blödsinnmachen und Witzeerzählen. So wühlte er sich ohne große Begeisterung durch alle möglichen und unmöglichen Informationen und Zumutungen, die an den Schulmenschen in der digitalen Welt von heute herangetragen wurden. Da gab es zum Beispiel die landesweiten Ausschreibungen eines sogenannten Bildungspakts. Dies war eine sinnvolle

Initiative, um innovative Schulen zu fördern. Daran hatte die Schule schon zweimal teilgenommen und gewonnen, was ihre Corporate Identity stärkte und ihrer Außenwirkung zu neuem Glanz verhalf.

Knorr schaute weiter. Die MWA-Bank suchte 20 Schulen mit zukunftsträchtigen Unterrichtskonzepten, die Bauernbank wollte Objekte aus dem Kunst- und Werkunterricht prämieren, die Raubritterbank förderte Spekulations-Planspiele im Wirtschaftsbereich, die Humbug-Versicherung bot einen Kreativwettbewerb mit attraktiven Preisen an, der Förderverein der Forstbeamten offerierte Naturerkundungen mit Schäferhunden, die Dr. Dr. Pöpel-Stiftung bat um Meldung hochintellektueller Schüler, der Verband der karitativen Kleingärtner warb mit einem Preisausschreiben. Oder so ähnlich. Als Knorr sich mehr und mehr treiben ließ und selbst weitere Absurditäts-Wettbewerbe erfand, stieß er plötzlich in einer Mail auf die Ausschreibung eines regionalen Gesundheitsförderverbandes, der dazu aufrief, am Wettbewerb »Gesunde Schule – fit für die Zukunft« teilzunehmen. Dazu bedurfte es zunächst einmal keines großen Aufwandes, es musste vorerst nur ein Fragebogen vom Schulleiter ausgefüllt werden. Dann würde man weitersehen, und die Schule konnte, wenn sie denn von den Juroren als fit, gesund und aktiv eingestuft wurde, eine Urkunde erhalten, die dies zum Ausdruck brachte, und zudem einen ansehnlichen Geldbetrag.

Knorr scrollte sich durch den Fragebogen, der recht simpel gestrickt war. Er hatte noch eine dreiviertel Stunde Zeit bis zu einer Schulausschusssitzung, und so beantwortete er halb gelangweilt, halb spielerisch die gestellten Fragen, die sich sowohl auf Schüler- als auch auf Lehrergesundheit bezogen.

»Was wird an Ihrer Schule für die Lehrergesundheit getan?«

Tja, was konkret? Vielleicht etwas hinsichtlich der psychischen Gesundheit? Knorr schrieb zügig:

Wir fördern konsequent eine transparente und repressionsfreie Arbeitsatmosphäre.

Das schien ihm einerseits der Wahrheit nahe zu kommen und andererseits unverfänglich und schwer zu verifizieren. Er legte nach:
Der Teambildungsprozess auf allen Ebenen fördert das Miteinander der Kolleginnen und Kollegen und wirkt Stress entgegen.
Sehr schön. Noch eins drauf:
Durch eine sogenannte permanente Lehrerkonferenz wird ein ständiger Informationsfluss gewährleistet, was alle Lehrkräfte entlastet.
Gar nicht schlecht. Knorr fand zunehmend Gefallen an diesem Spiel. Eine andere Frage lautete:
»Auf welche Weise oder mit welchen Projekten wird die Schülergesundheit gefördert?«
»Sportunterricht« konnte Knorr nicht schreiben, den hatte jede Schule und meist lag er im Argen. Also:
Wir haben für alle Schülerinnen und Schüler ein aerobes Sportangebot auf verschiedensten Ebenen, zudem Ganztags-Sportklassen und sogenannte Bewegungspausen für alle interessierten Schülerinnen und Schüler.
Er spürte, dass noch etwas hinsichtlich gesunder Ernährung nötig war.
Wir gewährleisten für alle Schülerinnen und Schüler, die wirklich daran interessiert sind, gesunde Ernährung, zum Beispiel mit der Aktion »Gesundes Pausenbrot«. Ein Bio-Caterer versorgt unsere Ganztagsklassen mit vollwertiger Kost. Wir haben einen hochwertigen Wasserspender aufgestellt, an dem sich alle Schülerinnen und Schüler kostenlos bedienen können, damit sie keine ungesunde, süße Limonade trinken.
Das war nun etwas ungelenk, aber egal. An die Kalorienbomben, die Hausmeister Klotzer in seinem Fress-Imperium anbot, durfte man nicht denken.
Nach der Beantwortung von zehn weiteren Fragen und 30 Minuten Ausfüllspaß drückte Knorr entschlossen auf Senden, schaltete den Computer ab, packte seine Sachen und eilte zur Schulausschusssitzung.

Anfang Dezember rief eine Dame des Gesundheitsamtes an, dass die Schule doch an dem Wettbewerb »Gesunde Schule – Fit für die Zukunft« teilgenommen habe und sie mit großem Interesse den ausgefüllten Fragebogen studiert habe. Sie bat um einen Termin, um das von Knorr Beschriebene vor Ort überprüfen zu können. Knorr hatte die Sache längst vergessen und einige Mühe, sich an seine Antworten zu erinnern. Er fragte nach, wie die Dame denn ausgerechnet auf seine Schule gestoßen sei, denn bei solchen Wettbewerben beteiligten sich ja meist zahlreiche Schulen. Doch dem schien nicht so zu sein. Es hatten offensichtlich nur noch zwei weitere Schulen der Region teilgenommen. Das war natürlich wenig, für Knorrs Schule aber günstig.

Kurz vor Weihnachten besuchte die Dame vom Gesundheitsamt dann die Schule, trank Kaffee, aß zwei Stück Kuchen und plauderte mit Knorr angeregt über alles Mögliche, ab und zu auch über gesundes Leben. Sie erweckte keineswegs den Eindruck, etwas überprüfen zu wollen und signalisierte mehr oder weniger von Anfang an deutlich, dass die Bewerbung der Schule praktisch sowieso schon erfolgreich sei. Irgendwie war das Ganze eine wohlgemeinte Farce, doch Knorr sollte es recht sein. Eine Urkunde und Geld winkten am Horizont.

Nun war der Tag der Urkundenverleihung gekommen. Knorr hatte sein Kollegium informiert und intensiv auf die Veranstaltung zur Verleihung der Auszeichnung »Gesunde Schule – Fit für die Zukunft« eingeschworen.

Er führte aus, wie wichtig solch ein Zertifikat heutzutage war. Er wusste, dass alle mitziehen würden, auch wenn es galt, ein paar Potemkinsche Dörfer aufzubauen. So nahm die Vorbereitungsphase ihren Lauf. Diverse Sportgruppen standen mit Aufführungen parat, die Schulküche hatte supergesunde Häppchen vorbereitet, Hausmeister Klotzer hatte murrend seine Schokoriegel und Leberkäs-Semmeln unter dem Tresen versteckt, der Chor ein Lied zur Ergötzung der Gäste eingeübt. Die Aula war blitzblank geputzt, der Wasserspender aufpoliert, ein paar Stellwände waren mit Hinweisen für gesunde Ernährung bestückt.

Punkt halb zwei kam Bürgermeister Lochhammer mit zwei Assistentinnen und drei Vertretern des Gesundheitsamtes hereingerauscht. Lochhammer war ein sehr wuchtiger, jovialer und redegewandter Mann, der nicht nur Bürgermeister, sondern auch Schulreferent der Kommune und Mitglied unzähliger Verbände, Ausschüsse und Vereinigungen war. Aus irgendeinem Grunde war er auch Vorsitzender des Komitees des Gesundheitsförderverbandes. Die Gespräche waren von Anfang an beschwingt, es herrschte gute Laune.

Die Mountainbike-Gruppe zeigte im Außenbereich vor der Aula einige waghalsige Stückchen, die Bewegungskünste-AG war spektakulär wie immer, der Chor sang sein Liedchen, die Zirkus-AG führte einige Kunststücke vor. Es redeten die Dame vom Gesundheitsamt, Bürgermeister Lochhammer und Knorr. Man war sich über den hohen Wert der Gesundheit an Schulen einig, spielte sich freundlich die Bälle zu und lobte sich gegenseitig. Kurz: Es war alles, wie es sich gehörte und wie solche vorprogrammierten und durchgeplanten Veranstaltungen abliefen. Die Urkunde wurde verliehen, die Presse machte Fotos, der dazugehörige überdimensionale Scheck wurde mit Pomp überreicht, wobei Lochhammer und die Vertreter des Gesundheitsamtes darauf achteten, gut ins Bild zu kommen. Die Schülerinnen und Schüler klatschten und jubelten, die Kolleginnen und Kollegen grinsten, taten würdevoll und warteten auf den kulinarischen Teil.

Man war jetzt sozusagen eine Gesundheits-Schule und würde das natürlich entsprechend nach außen darstellen und das neue Logo auf die Homepage stellen und auf den Briefkopf drucken.

Alle Beteiligten waren zufrieden: der Bürgermeister, weil er seinen öffentlichkeitswirksamen Auftritt hatte, die Referenten des Gesundheitsamtes, weil sie dokumentieren konnten, etwas Sinnvolles angestoßen zu haben, die Schule, weil ihr dieser neue Impuls vielleicht ja wirklich ein neues Gesundheitsbewusstsein brachte und zudem weil die Angelegenheit publicityträchtig war. Und selbstverständlich der Schulleiter höchstpersönlich, weil wenig Aufwand beim Ausfüllen eines simplen Fragebogens und ein paar lächerliche Vorbereitungen mit Anerkennung und Geld honoriert wurden. Was war das doch für eine einfache Sache gewesen.

Nun stand man noch in kleinen Grüppchen herum, wie das so üblich war bei solchen Veranstaltungen, und die Schülerinnen des Schülercafés servierten Orangensaft, Mineralwasser und gesunde Häppchen auf Vollkornbasis. Die Hauswirtschaftslehrerin freute sich, dass endlich einmal jemand ihre nimmermüden Bestrebungen um gesunde Pausenkost ernst nahm. Sie blickte sehr stolz drein. Hausmeister Klotzer lugte ab und zu aus seinem Verkaufsstand herüber. Er sehnte das Ende der Veranstaltung herbei, damit er wieder sein breites Angebot an Kalorienbomben zur Schau stellen konnte: Sahnepudding, Schokoriegel, Wiener Würstchen, Leberkäse. Dazwischen als Alibi ein paar Bananen und Äpfel, die aber sowieso nur von den Lehrern gekauft wurden. Morgen würde es als Highlight der Woche zur besonderen Freude des Reinigungspersonals wieder seine besondere Spezialität geben: Currywurst.

Knorr parlierte mit dem blendend aufgelegten Bürgermeister Lochhammer, der sich, ohne genau hinzuschauen, gerade etwas von einem Tablett schnappte, was sich als Vollkornbrot mit Quark und Schnittlauch herausstellte. Er führte den Happen zum Mund, biss wuchtig hinein und verzog das Gesicht.

»Schmeckt's?«

»Na ja, ich weiß nicht so recht. Gesund ist es vielleicht. Haben muss ich es nicht. Sagen Sie mal, Herr Knorr, unter uns, haben Sie nicht was Gescheites zu essen da? Darf aber nicht auffallen.«

»Klar doch, aber müssen wir nicht zumindest heute Vorbild sein?«

»Ja, ja. Trotzdem. Mann, habe ich einen Hunger. Es ist fast drei Uhr. Ich habe noch keinen Bissen gegessen.«

»Ich denke, wir sollten kurz mal in mein Büro gehen, wir müssen doch eh noch etwas besprechen«, sagte Knorr augenzwinkernd.

»Ah, sicher, sicher doch.« Lochhammer blickte hoffnungsfroh auf Knorr.

Sie entschuldigten sich für ein paar Minuten. In seinem Büro hatte Knorr in weiser Voraussicht schon feine, aber eher ungesunde Häppchen auf dem Tisch in der Besucherecke arrangiert: Tapas, Antipasti, Wurst- und Fischspezialitäten. Er wusste, was der Bürgermeister für ein Schlitzohr war, und hatte von vornherein damit gerechnet, dass dies so kommen würde. Seine Sekretärinnen hatten volle Arbeit geleistet und sich eine Belohnung verdient. Knorr öffnete eine Flasche Sekt und schenkte ein.

»Prima, Herr Knorr, ganz prima. Ah, köstlich und denn mal Prost. Auf Sie ist Verlass. Wissen Sie, ich komme ja auch nicht aus diesen Rollen raus. Tagein, tagaus mehrere Veranstaltungen und Sitzungen. Sehen Sie mich an! In meiner Jugend war ich mal Leistungssportler, Vizemeister auf den Kurzstrecken. Und jetzt trau ich mich gar nicht mehr auf die Waage. Und das ganze gesunde Zeug mag ich eh nicht. Also noch mal: Zum Wohlsein. Aber es macht ja auch Spaß, überall ein wenig mitzuspielen. Und in die Schulen komme ich eh gern. Meistens sind es ja Inszenierungen. Aber so ist's Klasse. Mmh, schmeckt prima. Und wenn Sie mal was brauchen, dann wissen Sie ja, an wen Sie sich wenden. Sehe ich da etwa noch Krabbenschwänze? Lecker, lecker. Und der San Daniele ist vorzüglich. Wo haben Sie denn den her? Prost. Oje, schon halb vier. Ich muss sofort ins Rathaus. Also vielen Dank noch mal. Nur noch einen Schluck. Ich muss jetzt wirklich los. Und wie gesagt: Melden Sie sich! Ich finde immer einen Weg. Und nebenbei: So ungesund war das doch jetzt auch wieder nicht, oder? Also bis demnächst in diesem Theater.«

Und weg war er. Die Veranstaltung hatte inzwischen begonnen, sich aufzulösen. Die Schüler und Lehrer hatten wie immer bei solchen Gelegenheiten ganze Arbeit geleistet und alles restlos aufgegessen und ausgetrunken. Auf einem Abstelltisch in einer

Ecke entdeckte Knorr die Urkunde mit der Aufschrift »Gesunde Schule – Fit für die Zukunft«. Hausmeister Klotzer begann damit, sein Junkfood wieder aufzubauen, und schaute triumphierend aus seinem Kabuff.

*

Die zwei Wochen unmittelbar vor den Zwischenzeugnissen Mitte Februar waren für die meisten Schüler etwas ruhiger. Der größte Teil der Leistungsnachweise war geschrieben, es gab noch ein paar Nachtermine und mündliche Abfragen, um fehlende Noten einzubringen und das Notenbild zu sichern. Für die Kolleginnen und Kollegen und insbesondere für die Klassenleiter gab es mehr zu tun. Letzte Korrekturen mussten erledigt, die Noten alle in den sogenannten Notenmanager eingetragen werden. Dieser stellte sich immer mehr als ein Segen heraus. Die Lehrer mussten nichts mehr selbst ausrechnen wie in früheren Zeiten, was ja oft genug schiefging, durchaus auch bei den Mathematikern. Der Computer erledigte alles auf Hundertstel genau.

Knorr erinnerte sich mit Schrecken an die endlosen Notenkonferenzen, als tatsächlich alle Noten aller Schüler vorgelesen wurden und der Schulleiter um allerhöchste Aufmerksamkeit bat und selbst zusammen mit seinen Stellvertretern die Noten kritisch überprüfte. Er kannte einen Schulleiter, der zu Zeiten, in denen man sich um den Datenschutz noch nicht scherte, nach dem Notenschluss alle Schülernotenbögen mit nach Hause nahm. Dort saß er am Wochenende vor den Konferenzen mit seiner Familie, und alle mussten mithelfen, die Noten nachzurechnen, was aufgrund der verschiedenen Wertung und Gewichtung von schriftlichen und mündlichen Noten immer ein ziemliches Theater war. Wenn dann irgendein Klassenleiter bräsig und selbstzufrieden in der Notenkonferenz die von ihm errechneten Noten verlas, hakte er triumphierend ein und verkündete, dass es nach seiner Berechnung eben keine Fünf, sondern eine Vier war. Dann wurde erneut herumgerechnet und meistens hatte der Schulleiter recht.

Grauenhaft waren auch die Fälle, in denen ein Fachlehrer darauf beharrte, dass ein Schüler mit einem Schnitt von 4,52 in einem Fach die Note Fünf erhalten müsste, weil sich dies rein rechnerisch so ergab. 4,52 hieß eben 5, ein Schnitt von 4,49 hätte 4 geheißen. Insbesondere die Hardliner bedienten sich dieser Methode. Noch eine perfide Abfrage zur Unzeit, noch eine mündliche Sechs, und der Schüler rutschte von der sicheren 4,40 auf die 4,52 oder 4,55. Damit war er gefährdet oder sehr gefährdet, wenn noch eine zweite Fünf oder eine Sechs dazukam. Der pädagogische Ermessensspielraum, den es immer gab, wurde geflissentlich ignoriert. Als ob man einen Schüler genau auf 4,52 einordnen könnte. Knorr dachte an so manche seltsame Leistungsnachweise, an Tests, Klassen- und Kurzarbeiten mit manchmal unmöglichen oder zumindest vagen Aufgabenstellungen. Eine einzige Unschärfe, eine einzige schräge Antwort konnten dabei zur schlechteren Note führen, die dann insgesamt für den Absturz auf die Fünf ausschlaggebend war. Oft genug waren Schüler am Jahresende wegen solcher Petitessen durchgefallen und mussten die Jahrgangsstufe wiederholen. Eine üble Sache.

Noch irrer wurden Notenkonferenzen, wenn nach geschätzten 23 behandelten Klassen und vier Stunden Notenblabla abends um 19:00 Uhr in der Klasse 9e eine Schülerin in einem Fach auf 4,50 stand und der Klassenleiter zusammen mit dem Fachlehrer für eine Vier plädierte, wenngleich rechnerisch auch die Fünf möglich war. Eine Vier in einem solchen Fall konnte ja pädagogisch durchaus sinnvoll sein. Jedoch konnte man in diesem Moment davon ausgehen, dass irgendein Kollege, der noch nicht in Halbschlaf versunken war, die Hand hob und sagte, dass es so wohl nicht gehe.

»Also, wenn man nun hier im Hause der Meinung ist, dass man das klipp und klar errechnete Notenbild in diesem Fall beschönigen muss, dann erinnere ich daran, dass vor circa zwei Stunden in der 8b in einem ähnlichen Fall die schlechtere Note gegeben wurde. So geht das nicht. Das muss noch einmal aufgerollt werden. Es geht hier schließlich um Gerechtigkeit und Gleichbehandlung.«

»Sehr richtig. Und in der 7c waren auch zwei Fälle, wo bei einem Notenschnitt von 4,50 einmal die Fünf und einmal die Vier gegeben wurde. Ich habe dazu vorhin nur nichts gesagt, um des lieben Friedens willen.«

»Meine Damen und Herren, wir machen uns ja lächerlich. Die Schulordnung sieht ausdrücklich beide Möglichkeiten vor.«

»Ja, aber das muss dann auch individuell ausführlich begründet werden und im Protokoll stehen. Sonst machen wir uns angreifbar.«

»Ich bestehe darauf, dass alle diese Fälle noch einmal besprochen werden. Wir haben den pädagogischen Ermessensspielraum im Einzelfall ja gar nicht begründet.«

»Wir sind doch nicht der billige Jakob, dass wir den faulen Schülern die besseren Noten einfach nachwerfen!«

Und so ging die Diskussion weiter, bis endlich alle ermattet waren, zum Abendessen nach Hause wollten und von den Hardlinern zähneknirschend der Vorschlag des Schulleiters angenommen wurde, dass in derart knappen und kritischen Fällen am besten immer die bessere Note gegeben wird. Dann würde man sich auch alle juristischen Unannehmlichkeiten, mit denen immer zu rechnen war, ersparen. Falls alle Argumentation nicht weiterhalf, dann konnte der Schulleiter immer noch die Drohung mit dem Verwaltungsgericht ins Spiel bringen, auch wenn er wusste, dass das nur eine Art Schreckgespenst war:

»Wenn die Eltern vor das Verwaltungsgericht ziehen, dann möchte ich nicht in Ihrer Haut stecken, Herr Kollege. Dann müssen Sie die Karten auf den Tisch legen. Ich hoffe, alle Leistungsnachweise sind sauber, korrekt und transparent korrigiert. Und ich hoffe, Sie haben sich genaue Aufzeichnungen über alle mündlichen Noten gemacht.«

Knorr hatte sich immer gedacht, dass man schon eine ziemlich niedrige emotionale Intelligenz aufweisen oder außerordentlich stur sein musste, um ein solches unsinniges Gezerre um Hundertstel zu inszenieren. Wenn eine Note auf der Kippe stand, dann konnte man ja nun wirklich noch eine weitere Note im Unterricht vergeben oder eine Leistungstendenz nach oben oder unten entsprechend berücksichtigen. Damit war die Note dann auch klar. Und wenn die Note trotzdem noch nicht eindeutig war, dann gab man halt die bessere. Aber ein Teil der Lehrer war damals noch sehr pingelig und rechthaberisch. Allerdings musste man auch zugeben, dass solch ein Verhalten früher wesentlich häufiger vorkam als heutzutage. Irgendwie hatte die Intensivierung der Lehrerausbildung mit ihren liberalen und sozialintegrativen Tendenzen doch etwas zum Positiven bewirkt. Die allermeisten Jüngeren fielen auf solchen Schwachsinn nicht mehr rein.

*

Deshalb und nicht zuletzt wegen des Notenmanagers ging es inzwischen bei den Klassen- und Notenkonferenzen ratzfatz. Die einzelnen Klassenkonferenzen dauerten maximal noch fünf Minuten, manchmal auch nur eine. Außenstehende hätten denken können, dass ein solches System ja wohl oberflächlich sei. Konnte es dem einzelnen Schüler gerecht werden? Ja, wenn der Klassenleiter alles gut vorbereitet hatte. Waren alle Noten korrekt in den Notenmanager eingegeben, dann rechnete dieser auch richtig, zeigte Ermessensspielraum an, gab Empfehlungen. Man musste nur noch die Problemfälle genauer anschauen. Es konnte ansonsten nichts mehr schiefgehen. Theoretisch.

Knorr war etwas im Notengesamtbild der 5b aufgefallen. Beim Notenbogen des Schülers May konnte etwas nicht stimmen.

»Sagen Sie mal, Herr Kollege, wie kommt der Schüler May denn zu einer Zwei in Katholischer Religionslehre?«

»Ja mei, der May, halt aufgrund seines Notenbildes. Er hat zwei Zweier und eine gute mündliche Drei«, brummte der katholische Religionslehrer.

»Und wieso hat er dann in Evangelischer Religionslehre auch eine Zwei?«

»Hat er das? Lassen Sie mich mal schauen. Na klar, ebenfalls zwei Zweier und eine mündliche Drei. Gibt 2,33, also Zwei«, warf der evangelische Religionslehrer zögerlich ein. Es schien ihm selbst nicht ganz geheuer.

Der evangelische Religionslehrer und der katholische musterten sich mit äußerst kritischen Blicken.

»Er ist also sowohl evangelisch als auch katholisch? Multireligiös sozusagen?«, ätzte Knorr.

Schulleiter, Klassenleiterin und Religionslehrer legten die Stirn in tiefe Falten. Die anderen Lehrer der Tafelrunde versuchten, ihre Erheiterung nicht zu offensichtlich zu demonstrieren. Der Mathelehrer lachte laut auf, erschrak dann über sich selbst. Er hatte die Religionslehrer noch nie für zurechnungsfähig gehalten.

»Das gibt's doch nicht. Der May ist doch bei mir in Ethik. Da hat er übrigens ebenfalls eine Zwei«, fiel es nun der Ethiklehrerin ein.

»Ach was.«

»Also, jetzt schauen Sie doch mal in den Schülerakten nach, was der Junge wirklich ist. Evangelisch oder katholisch oder konfessionslos.«

Man holte die Akte aus dem Sekretariat.

»Da haben wir's doch. Er ist in Ethik. Also Ethik Note Zwei ist korrekt.«

»Und wie kommen die beiden Herren Religionslehrer dann jeweils ebenfalls auf eine Zwei?«, fragte Knorr in ungehaltenem Tonfall.

Die Herren Religionslehrer hatten mittlerweile beide einen roten Kopf bekommen. Eine peinliche Situation.

»Äh, ja, da muss ein Übertragungsfehler vorliegen. Da haben wir wohl was falsch in den Notenmanager eingegeben«, murmelten sie unisono.

»Alle beide gleichzeitig unabhängig voneinander derselbe Fehler? Meine Herren, könnte es sein, dass Sie beide nach nunmehr einem halben Jahr Unterricht in der 5b die Schüler immer noch nicht kennen und hier einfach Fantasienoten eingetragen haben?«
Stille. Lange Stille.
»Die Konferenz ist unterbrochen, bis die Religionslehrer alle ihre Noteneintragungen überprüft haben.«
Und so konnte eine Klassenkonferenz auch in modernen Zeiten länger dauern. Aber das war sehr selten und bedurfte besonderer Ignoranz der Beteiligten.
In der anschließenden Gesamtnotenkonferenz konnte nichts mehr schiefgehen: Zusammenfassung der Ergebnisse, Probezeitentscheidungen, Empfehlungen zum Schulwechsel, gefährdete Schüler und so weiter.
»Gut, liebe Kolleginnen und Kollegen, gibt es von Ihrer Seite noch Anmerkungen, Ergänzungen, Einwände, Beschwerden, Drohungen?«
Lange Pause.
»Ich stelle fest, dies ist nicht der Fall. Die Sitzung ist geschlossen. Ich danke Ihnen.«

*

Mit der Zeugnisausgabe ein paar Tage später endete das erste Schulhalbjahr. Für die meisten Schüler war dies durchaus ein glücklicher Tag. Einige würden zu kämpfen haben, ein paar wenige saßen tief in der Tinte. Auch für die Lehrer war nun Halbzeit. Anders als im Fußball dauerte die zweite Halbzeit, also das zweite Schulhalbjahr, nie so lange wie die erste. Alle wussten, der zweite Teil des Schuljahres würde wie im Fluge vergehen. Und für die Abschlussklassen galt: Was bis Ostern nicht geschafft war, das ward nimmermehr.
Knorr war erstaunt, wie ruhig und gediegen die restlichen Wochen des Februars vergingen. Das war eigentlich jedes Jahr so. War

es die andauernde Kälte im Land, die alle skurrilen und ungewöhnlichen Aktivitäten der Lehrer und Schüler lähmte? Hatte der Frost dazu beigetragen, dass nach der Kette von außerunterrichtlichen Ereignissen des ersten Schulhalbjahres nunmehr eine solide Atmosphäre des Lernens und Arbeitens ins Schulhaus eingezogen war? Täuschte die Ruhe, war sie die Ruhe vor dem Sturm?

Die Sitzung des Disziplinarausschusses ließ sich nicht mehr vermeiden. Der 17-jährige Peter K. aus einer 10. Klasse kam zum Unterricht, wann immer es ihm passte. Mehrfach war die Polizei an der Schule vorstellig geworden, weil Peter wegen Drogenkonsums, Dealens und gewalttätiger Übergriffe auffällig geworden war. Dies drohte den Ruf der gesamten Schule zu schädigen. Ein Kontakt mit dem Elternhaus hatte sich als unmöglich herausgestellt. Wahrscheinlich gab es keines mehr. Seine Mutter, die offiziell als Erziehungsberechtigte eingetragen war, war nicht aufzufinden. Alle Versuche, mit Hilfe von Sozialpädagogen und Betreuern aus der Jugendhilfe eine Verhaltensänderung zu erreichen, waren gescheitert. Peter verweigerte jegliche Hilfe konsequent. Vor ein paar Monaten musste er sogar aus einem Anti-Gewalt-Training verwiesen werden.

Knorr hatte den Jungen mehrfach bei sich im Büro und lange Gespräche mit ihm geführt. Er hatte im Grunde keinen schlechten Eindruck von ihm und war der Meinung, dass man ihn mit einiger gemeinsamer Anstrengung auf die richtige Bahn bringen könnte. Vor allem war Peter intelligent und – das war das Erstaunliche – er besaß durchaus Wertvorstellungen, die er in ruhigeren Phasen seines Lebens auch formulieren konnte. Peter betonte immer wieder glaubhaft, dass ihm die Schule wichtig sei und dass er sie als sein eigentliches Zuhause betrachte. Und wenn er in der Schule war, dann bemühte er sich im Unterricht, arbeitete meistens mit, brachte gute Beiträge, vor allem in Deutsch und Geschichte. Er lieferte bei Lehrversuchen der Referendare sogar regelrechte Sternstunden.

Dann aber driftete er wieder regelmäßig ab, war unter falschen Freunden, hatte Alkohol- und Drogenprobleme und offensichtlich mit gewalttätigen Banden zu tun. Tagelang tauchte er ab. Er tat sich bei Schlägereien hervor. Aus dem fatalen Dunstkreis der Banden, in die er vor längerer Zeit schon geraten war, schien er sich nicht lösen zu können, obwohl er Knorr mehrfach versichert hatte, dass er es versuchen wollte. Wie weit stand er unter Gruppenzwang? War er für sein Tun nur selbst verantwortlich? Scheiterte er regelmäßig beim versuchten Ausstieg aus den Halbweltkreisen, in die er geraten war? Spielte er dies nur vor? War er überhaupt noch glaubwürdig? Wo war bei ihm die so oft schwer zu definierende Grenzlinie zwischen Opfer der familiären und sozioökonomischen Umstände und gewaltbereitem Täter?

Dann war etwas Seltsames geschehen. Die Schule hatte mit einem jungen und dynamischen Theaterregisseur vereinbart, ein Stück gegen Rechtsradikalismus aufzuführen, das dieser selbst geschrieben hatte. Die Schüler sollten vom Regisseur persönlich ausgewählt werden und innerhalb einer Woche sollte das Stück geprobt und dann mangels räumlicher Alternativen in der großen Sporthalle aufgeführt werden. Der Regisseur veranstaltete ein Casting, und siehe da, Peter, der sich sofort beworben hatte, bekam die Hauptrolle. Überhaupt schien der Regisseur ein außerordentliches Händchen und ein feines Gespür zu haben. Er kannte die Schüler vorher nicht und hatte auch keine Verbindung zur Schule, doch unter den circa 50 Schülerinnen und Schülern, die sich beim Casting beworben hatten, wählte er zielsicher sogenannte Problemschüler aus. Der Regisseur ging damit ganz bewusst ein nicht unerhebliches Risiko ein.

Vor der eigentlichen Aufführung des Stückes gegen Rechtsradikalismus war Knorr eher mulmig gewesen, doch der Regisseur hatte von Beginn an einen souveränen Eindruck hinterlassen und war jederzeit optimistisch. Die Öffentlichkeit war geladen, zahlreiche Eltern und Honoratioren kamen zur Premiere in die Schule. Mehrere Hundert Schüler und Erwachsene füllten die Sporthalle. Das Stück wurde ein beeindruckender Erfolg und Peter spielte grandios. Das gab Knorr noch mehr zu denken. Peter machte das ja freiwillig. Niemand hatte ihn überredet, mitzumachen und sogar die Hauptrolle zu übernehmen. Tagelang hatte er dafür diszipliniert geprobt und freie Nachmittage geopfert.

Nach der Aufführung ging Knorr zu Peter und den anderen Schülern und gratulierte ihnen herzlich. Peter strahlte und war sichtlich stolz und ergriffen. Er hatte alle Erwartungen übertroffen, er hatte sich selbst übertroffen. War das nun der Wendepunkt in seinem jungen Leben? Hatte er seine wahren positiven Begabungen ausleben können und konnte man ihn jetzt vollends gewinnen? Es sah ganz danach aus und seine Lehrer und Knorr selbst waren optimistisch.

Am nächsten Morgen war Peter wieder verschwunden. Er blieb es tagelang. Dann griff ihn die Polizei wieder auf, und Knorr erfuhr, dass er an einem gewalttätigen Bandenübergriff auf andere Jugendliche beteiligt war. Die Lehrer verstanden die Welt nicht mehr. Wie war solch ein auseinanderklaffendes Verhalten zu erklären? Wie konnte ein junger Mensch in kürzester Zeit derart extrem sein Verhalten ändern? Es schien alles verloren zu sein.

An einem Disziplinarausschuss ging nun nichts mehr vorbei, und es musste damit gerechnet werden, dass nach Abwägung aller Argumente die Mitglieder die Entlassung des Schülers beschlossen. Alle Angehörigen des Disziplinarausschusses waren erfahrene, wohlwollende und sozialintegrativ denkende Pädagogen. Dafür konnte sich Knorr verbürgen. Doch was half das noch? Es mussten auch die Auswirkungen auf andere Schüler bedacht werden, bei denen die Vorstellung herrschte, dass Peter sich anscheinend alles erlauben konnte, ohne dass es Konsequenzen gab. Der Druck von Elternseite wuchs. Man wollte seine Kinder nicht mehr in einer Klasse sehen, in der es einen unkalkulierbaren und gewaltbereiten Schüler wie Peter gab.

Alle waren erstaunt, dass Peter zur Sitzung des Disziplinarausschusses tatsächlich anwesend war. Er saß am Kopfende des Konferenztisches, konzentriert und diszipliniert. Einen Berater oder eine Vertrauensperson, die für ihn sprechen konnte, hatte er abgelehnt. So hörte er sich alles an, was Knorr und die anderen Lehrer vorzubringen hatten, beantwortete geduldig alle Fragen. Er zeigte sich völlig einsichtig, bekannte sich ohne Umschweife und Ausreden zu seinem Verhalten und erklärte, dass er alles akzeptieren würde, was vom Gremium beschlossen werde. In seinem Schlusswort betonte er noch einmal, dass die Schule seine Heimat sei, seine einzige.

Die gesamte Sitzung dauerte über zwei Stunden. Es wurden alle Argumente hin und her gewälzt, alle Konsequenzen einer Entscheidung bedacht. Wie würde es weitergehen, wenn man Peter nur die Androhung der Entlassung aussprechen würde, ihn also mit einem allerletzten Warnschuss noch an der Schule behalten würde? Wie würden die Mitschüler reagieren? War man im Vergleich zu früheren Disziplinarfällen dann noch gerecht? Welche Signalwirkung hätte diese Entscheidung? Vor allem: Konnte man Peter damit wirklich retten oder verlängerte man einen unausweichlich scheinenden negativen Prozess? Und wenn man ihn von der Schule wies? Er war nicht mehr schulpflichtig. Er hatte keinen Schulabschluss. Ruinierte man dann sein fragiles Leben vollends?

Mit schweren Bedenken kam man nach langen Diskussionen zu dem einstimmigen Beschluss, dass man Peter noch eine letzte Chance geben würde. Also lautete das Urteil auf Androhung der Entlassung, nicht auf sofortige Entlassung. Das Gremium war sich aber im Klaren, dass weiteres Fehlverhalten unausweichlich in die endgültige Entlassung münden würde. Peter hatte mit dieser Konzilianz ganz offenkundig nicht gerechnet, bedankte sich höflich und wortgewandt und sagte, dass er sich bemühen werde, dieses noch bestehende Vertrauen und Wohlwollen zu rechtfertigen. Er fügte aber sofort an, dass er sich nicht sicher sei, ob es ihm gelingen würde. Jegliche weitere angebotene Hilfestellung, egal ob vonseiten der Schule oder durch einen Sozialpädagogen, lehnte er ab. Und wieder waren die Lehrer und Knorr verhalten optimistisch, dass man den Jungen retten könnte.

Am nächsten Morgen kam Peter nicht in die Schule. Er kam auch an den folgenden Tagen nicht. Alle Nachforschungen blieben ohne Ergebnis. Ein erneuter Kontaktaufnahmeversuch mit seiner Mutter scheiterte. Eine Woche später erfuhr Knorr von der Kriminalpolizei, dass Peter am Wochenende zusammen mit einigen Kumpels buchstäblich wieder zugeschlagen hatte. Er hatte einen anderen Jugendlichen unter Alkoholeinfluss brutal niedergeschlagen und war verhaftet worden. Damit war er für die Schule endgültig verloren. Einige Wochen später erhielt Knorr einen Brief aus einer Jugendstrafvollzugsanstalt, in dem sich Peter bei den Lehrern der Schule und bei Knorr bedankte, dass sie ihn immer anständig behandelt hatten.

*

Der Fall des Schülers Peter K. beherrschte die Gespräche im Lehrerzimmer der Schule noch lange. Einige Lehrkräfte waren der Meinung, dass man ihn schon eher hätte hinauswerfen sollen, weil die Schule solche Extremfälle nicht handhaben kann und man das eben als Kollateralschaden begreifen muss. Andere sahen die gesamte Entwicklung des Falles als Niederlage an. Die pädagogische Konferenz Anfang März sollte sich eigentlich mit der inneren Schulentwicklung beschäftigen. Doch Knorr stimmte sich mit dem Personalrat ab, und man beschloss, sich wieder einmal mit dem Thema Gewalt unter Jugendlichen und den Ursachen dafür auseinanderzusetzen. Jeder war sich bewusst, dass Peter K. ein Extremfall war. Aber die gefühlte Stimmung brachte zum Ausdruck, dass es an den Schulen generell eine Zunahme von Gewalt und Brutalität gab, sei es verbaler oder physischer Art. Diesem Thema wollte man sich erneut stellen.

Der Referent in der pädagogischen Konferenz, ein außerordentlich souverän auftretender Polizeihauptkommissar und ausgewiesener Spezialist der Thematik, wies auf einen altbekannten Satz hin, der Seneca zugeschrieben wird: »Jede Rohheit hat ihren Ursprung in einer Schwäche.« Er führte aus, dass es genügend Beispiele dafür gab, dass Aggression und Gewalt primär Hilferufe und Zeichen der Verzweiflung waren. Diese Aussage fanden die meisten Kolleginnen und Kollegen erst einmal schön und gut, aber nutzte diese Erkenntnis im konkreten Fall im Lebensumfeld Schule? Welche Fragen musste man im Einzelfall stellen? Und vor allem: Konnte man sie wirklich im Einzelfall beantworten? In Gruppenarbeit stellten die Lehrer einen Fragenkatalog auf. Da hieß es zum Beispiel: Wie permissiv war oder ist die Erziehung eines Kindes? Ist der Jugendliche in seinem Selbstwertgefühl verletzt worden? Hat er familiäre Geborgenheit erfahren? Wie steht es mit beliebigem, unkontrolliertem Medienkonsum? Welche Gruppenkonflikte sind erkennbar? Welche Konflikte tun sich im sozialen Umfeld des Jugendlichen auf?

Die Lehrerinnen und Lehrer waren nach Knorrs Eindruck wirklich mit großem Ernst und voller Konzentration bei der Sache. »Django« Eisenmann, sonst kein Freund großer pädagogischer Diskussionen, war offenbar für die Thematik entflammt. Er wies darauf hin, dass es nicht nur individuelle Aspekte, sondern einen gesamtgesellschaftlichen Kontext gab, auch wenn man aus diesem keine monokausalen Schlüsse auf negatives Einzelverhalten ziehen konnte. Das Kollegium war ob Eisenmanns Diktion beeindruckt. Eisenmann stellte ein paar weitere Fragen in den Raum: Warum hat unsere im positiven Sinne zunehmend liberale, multikulturelle und permissive Gesellschaft überhaupt mit mehr pädagogischen und erzieherischen Problemen zu kämpfen? Hat die multiple Spaßgesellschaft vollends ihr Wertegerüst verloren? Entzieht sich ein Teil der Jugendlichen bewusst oder unbewusst der neuen Art von Anpassung und Leistungsorientierung, die der Gesellschaft im globalen System und im kapitalistischen Verdrängungswettbewerb auferlegt wird? Wie weit fand in diesem System eine Marginalisierung Einzelner statt, mit allen denkbaren persönlichen, psychischen und in der Konsequenz pädagogischen und erzieherischen Fehlentwicklungen? Das Kollegium war noch mehr beeindruckt, wenngleich es wusste, dass Eisenmann gern gesamtgesellschaftliche Rahmenbedingungen zitierte. Aber Donnerwetter, wo er recht hatte, hatte er recht. Wie man so schön sagt.

Der Referent versuchte, den Blick wieder auf die Realität des Alltags zu fixieren. In welchen Umfeldern bewegten sich denn die Jugendlichen? Da war die Familie, auf die die Schule als bildende und erziehende Institution keinen Einfluss nehmen konnte und die oft genug eben keine Familie im traditionellen Sinne mehr war. Da waren die Medien und die digitale Welt, die den Großteil des Alltags der Kinder zu bestimmen schienen und den Blick auf die Realität verstellten. Und da war die Schule selbst, hoffnungslos überfordert durch Stofffülle, Leistungsdruck, große Klassen und damit zu geringe Individualisierungsmöglichkeiten, zu wenig Sozialarbeit, falsche Wertigkeiten. Natürlich gaben sich die Schulen alle Mühe und die allermeisten Lehrer waren entgegen dem in der Öffentlichkeit herrschenden Bild engagiert, voller Empathie und sie verrichteten hervorragende fachliche und erzieherische Arbeit. Doch es gab keinen Zweifel daran, dass die Schule dennoch ständig den Entwicklungen in der Außenwelt hinterherhetzte oder besser gesagt -hinkte.

Der Polizeihauptkommissar kam zum entscheidenden Punkt und gab einige Impulse zu Lösungsansätzen, die die Schule leisten konnte und sollte. In einer erneuten Gruppenarbeit wurden diese vertieft und präsentiert. Knorr ging durch den Raum, sah sich die Pinnwände an und las: Kooperation aller am jeweiligen Konfliktfall inner- und außerschulischen Beteiligten, Normverstöße bewusst wahrnehmen, klare Grenzen setzen und notfalls Sanktionen durchsetzen, im Schulleben die Zivilcourage der Schüler stärken, dem Täter Hilfsangebote aufzeigen, Opfer schützen, klare Regeln für das Miteinander postulieren, die Streitschlichter der Schule stärken.

Die Zeit war nun weit vorangeschritten, es war schon nach 18:00 Uhr. Langsam machte sich mentale Erschöpfung breit. Knorr fand sowohl den Vortrag des Polizeihauptkommissars als auch die Diskussion in der gesamten pädagogischen Konferenz hochklassig. Er wusste, dass solch eine intensive Konferenz unabhängig von den gewonnenen Erkenntnissen und Ergebnissen dem Kollegium seiner

Schule guttat. Die Lehrerinnen und Lehrer waren für das Thema Gewaltprävention sensibilisiert worden, sie waren ein Stück näher zusammengerückt und sie hatten sich wieder einmal eine gemeinsame Basis erarbeitet, auf der sie aufbauen konnten. Knorr wusste jedoch auch, dass man in so manch einem Einzelfall künftig doch wieder scheitern würde. Aber: Man hatte sich bemüht. Und das sahen die Kolleginnen und Kollegen ebenso.

*

Zwei Tage später saß Knorr in der ersten Pause in seinem Büro. Es klopfte und die Vertrauenslehrerin steckte ihren Kopf zur Tür herein und sagte, sie müsse ihn dringend sprechen. Dabei wedelte sie mit einem Zettel. Sie war im Internet in einem sozialen Netzwerk unterwegs gewesen und war wie schon häufiger zuvor auf einen Eintrag einer ihrer Schülerinnen gestoßen. Sie schob Knorr den Zettel über den Schreibtisch. Knorr las:

weißt du was, du bitch, du voll doofe schlampe, was lästerst du über meinen neuen freund, was willst du eigentlich, du hure, hast schon öfter irgendwelche deppen auf mich gehetzt, die mich verarschen wollen, aber du bist viel zu hässlich und blöd, um mich zu verarschen, aber ich werd nicht mehr mit magersüchtigen kühen wie dir reden, du bist eine scheißstreberin, dich mag keiner, aber glaub nicht, bloß weil du behindert bist, kommst du davon, ich werd dir M. und Y. auf den hals hetzen, die wolln auch mal draufhauen, wirst sehen und sonst leck mich.

Na bravo. Und jetzt mal schnell die in der pädagogischen Konferenz erarbeiteten Lösungsstrategien angewandt! Wie war das noch mal? Alle Beteiligten an einen Tisch bringen, geduldig anhören, Grenzen setzen und so weiter. Und wie bitte konkret? Die Wahrheit war immer konkret! Dieses perfide Gesabbel war doch viel zu lächerlich, um die Polizei einzuschalten, die hatte mit Internetmobbing ja eh schon alle Hände voll zu tun. Also besser die Beteiligten mit den Streitschlichtern zusammenbringen und eine Mediation versuchen. Oder vielleicht doch die üble Schreiberin herbeizitieren und so rundmachen, dass sie nicht mehr wusste, wo oben und unten ist? Nein: am besten den Sozialpädagogen einschalten, der konnte sich darum kümmern, dafür war er doch schließlich da. Und eine Schulstrafe brauchte es auch, keine Frage. Und die Eltern mussten informiert werden. Mist, das würde wieder Zeit kosten und nichts als Ärger bedeuten. Und vor allem mal in die Klasse gehen, um diesen Fratzen zu zeigen, was man da aufgedeckt hatte! Das würde Eindruck hinterlassen. Die würden schauen und sich künftig bedeckter halten.

Wirklich? Tja, gar nicht so einfach. Theorie und Praxis eben. Die Vertrauenslehrerin lächelte Knorr an und sagte, dass er sie mal machen lassen solle, sie würde das schon intern in der Klasse regeln. Er glaubte ihr gerne, da er sie einerseits als Superlehrerin kannte, und andererseits, weil er damit die Sache erst mal vom Tisch hatte. Na prima, noch mal Glück gehabt. Nicht alles musste Chefsache sein. Er hörte nie wieder etwas von diesem Vorfall. Dafür von genügend ähnlichen.

*

Freitagmittag. Das Schulhaus hatte sich geleert, nur die Mitglieder des Freitags-Stammtisches der Lehrer saßen noch in einer Ecke des Lehrerzimmers beieinander und tranken ob der wieder einmal erfolgreich beendeten Woche Schampus und erzählten Witze und Anekdoten. Dies taten sie erstaunlicherweise seit Jahr und Tag mit anhaltender Begeisterung. Knorr saß in seinem Büro und ließ die vergangene Woche Revue passieren. Eine Schulwoche im März war im Grunde eine ruhige Angelegenheit, der gesamte März eher eine Phase mit wenig schulischen Extra-Aktivitäten und geringem pädagogischen Aktionsradius. Es hatte den Anschein, dass die Lehrer unterrichteten und die Schüler – hoffnungsvollerweise – lernten, so wie es von einer Schule üblicherweise zu erwarten war. Knorr ging die letzten Tage also noch einmal durch und stellte sich dabei die Aufgabe, für jeden Tag dieser Schulwoche aus seiner Sicht etwas entweder besonders Positives oder Negatives zu benennen. Denn sah man genauer hin, dann gab es neben dem reinen Unterricht trotzdem immer noch irgendetwas Besonderes, etwas Skurriles oder etwas Komisches zu entdecken.

Er scannte vor seinem geistigen Auge den Montag durch. Tagsüber war nichts Aufregendes los gewesen, also war das eigentliche Highlight ganz klar die Abendveranstaltung, nämlich der Informationsabend für die künftigen Schüler der 5. Klassen, eine wie immer hoffnungslos überfüllte Veranstaltung. Mehrere Hundert Eltern und viele Noch-Viertklässler drängten sich in der Sporthalle. Knorr und sein Team hatten es sich seit Jahren zur Aufgabe gemacht, nicht nur eine reine Informationsveranstaltung anzubieten, sondern eher eine Art Infotainment-Show. Nicht dass dies hätte sein müssen, die Schule war eh überfüllt. Werbung hatte man schon lange nicht mehr nötig. Aber Knorr erinnerte sich mit Grausen an dilettantische Informationsabende, in denen Schulleiter und Beratungslehrer öd und monoton irgendwelche Fakten zum Übertritt an die weiterführenden Schulen vorlasen oder kaum lesbare Folien auf verstaubten Tageslichtprojektoren zeigten. Und diese Fakten vergaß man sowieso schon bald wieder und man hätte sie schließlich auch auf irgendeinem Merkblatt nachlesen können.

Stattdessen präsentierten Knorr und seine Kolleginnen und Kollegen die Schule selbst mit kurzen Reden und Filmausschnitten, aber auch mit abwechslungsreicher und vorwiegend fetziger musikalischer Umrahmung durch die Schulband. Es gab Showeinlagen, eine Schulhausrallye für die Kleinen, und die Kolleginnen und Kollegen führten in Chemie, Biologie und Physik Experimente vor. Die Schulsanitäter simulierten Erste-Hilfe-Aktionen bei Unfällen. Das Schülercafé backte Crêpes, im Werkraum konnten die Kleinen etwas basteln, im Kunstsaal malen. Buntes Schulleben nach dem

Motto: »Bei uns ist immer etwas los«. Die Stimmung war bombig, nach über zwei Stunden in der Sporthalle standen noch viele Eltern und Schüler in der Pausenhalle, tranken, aßen und unterhielten sich angeregt. Alle Lehrer waren anwesend, nur sehr wenige kamen murrend, die meisten gingen gern zu dieser jährlichen Veranstaltung ihrer Schule. Das Signal für die Eltern war klar: Hier sind alle in einem Boot. Erst gegen elf Uhr waren die Letzten gegangen. Mit diesem Abend konnten alle zufrieden sein.

Doch es gab auch Negatives in dieser Woche. Am Dienstag hörte Knorr kurz vor der zweiten Pause lautes Geschrei vor dem Chemiesaal. Er eilte dorthin und sah, wie ein paar Schüler einer 6. Klasse aufgeregt hin und her liefen und sich die Augen rieben. Dann kamen immer mehr Schüler aus dem Chemiesaal herausgestürmt und schrien wild durcheinander. Mitten unter ihnen entdeckte er Frau Gottwald, die Chemielehrerin, die mit den Armen wedelte und laut kreischte: »Alle auf den Pausenhof. Ist nix passiert. Nein, besser erst mal in Zweierreihen aufstellen. Ruhe! Aufstellen, hab ich gesagt! Ist nur ein harmloses Gas, regt euch nicht auf.« Sie lief sinnlos und hysterisch im Kreis herum. Inzwischen waren andere Schüler ob des zunehmenden Tumultes sensationsgierig herbeigeeilt, hielten jedoch aufgrund etwaiger drohender Gefahr noch Abstand zum Geschehen. Es war eine chaotische, filmreife Szene. Die Schüler plärrten, sie seien vergiftet. Die Lehrkraft schrie nach Ordnung.

Knorr musste dem Spuk ein Ende machen. Er rief mit autoritätsgeladener Stimme durch die Aula: »Schluss jetzt. Alle zu mir. Wir gehen alle zusammen raus auf den Pausenhof.« Erstaunlicherweise klappte das sofort. Die Schüler scharten sich um Knorr. Frau Gottwald rannte halb heulend, halb schnatternd hinter Knorr her und klagte, dass niemand auf sie höre. Knorr reichte ihr hysterischer Auftritt, und er raunzte sie mit energisch gesetzten Worten an, sie solle nun endlich Ruhe geben, er würde die Sache selbst regeln. Kaum im Freien, waren die Kleinen schon wieder zu Schabernack aufgelegt und schlugen vor, doch Feuerwehr und Krankenwagen zu holen. Es schien ihnen aber nichts mehr zu fehlen und wahrscheinlich hatte ihnen auch gar nichts gefehlt. Der Grund für das Affentheater war offensichtlich der Austritt irgendeines harmlosen Gases bei einem Versuch gewesen, verbunden mit sinnloser Panikmache durch die erschrockene Lehrkraft selbst. Ein herbeigerufener Chemiekollege bestätigte lächelnd die völlige Harmlosigkeit des Gases und damit der Situation.

Knorr ärgerte sich mehr über die Unfähigkeit und den Autoritätsverlust von Frau Gottwald als über den Vorfall selbst und teilte der Kollegin dies später in seinem Büro in deutlichen Worten mit. Was würde wohl geschehen, wenn nun wirklich ein ätzendes Gas freigesetzt würde und Gefahr in Verzug wäre? Dann müsste sie Führungskompetenz zeigen und souverän reagieren! Er wusste, dass die Kollegin aufgrund der ihr eigenen Hektik schon immer einen schweren Stand in den Klassen hatte. Dies sah sie aber nicht ein, und sie war unfähig oder unwillig, ihr eigenes Verhalten zu reflektieren. Stattdessen ging sie zum Gegenangriff über und warf Knorr vor, er würde ihre Autorität vollends untergraben.

Diese Meinung vertrat sie kurze Zeit später auch lautstark im Lehrerzimmer, wo ihr aber niemand recht Gehör schenkte, weil man sie lange genug kannte und ihr permanent hektisches und wirres Auftreten längst abgehakt hatte. Nur Studienrat Bleyer, Oberbedenkenträger aller Lehrerinnen und Lehrer und selbsternannter Gutmensch sowie Kämpfer für die Entrechteten dieser Erde, hörte sich ihre Litanei stundenlang geduldig an und kam am nächsten Tag »nach reiflicher, sehr reiflicher« Überlegung zu Knorr, um ihm in gesetzten Worten sein Unbehagen über den Vorfall mitzuteilen. Nein, er wolle ihn, Knorr, keineswegs kritisieren und es gehe ihn selbst ja auch nichts an, doch er könne in diesem Fall nicht anders und müsse der Kollegin, wissend um ihr Ungeschick, in solch einer Situation doch beispringen, und ob Knorr das nicht verstehen könne, denn so würde die Psyche der Kollegin, deren Schwächen man ja, das sei zugestanden, kenne, vollends geschwächt werden, das müsse doch auch ihm, Knorr, klar sein, und er selbst, Bleyer, wolle ja auch gar nicht … Knorr hörte sich den sprachlichen Wust mehrere Minuten mit zunehmendem Verdruss an und wandte sich dann abrupt an Bleyer: »Wissen Sie, Herr Kollege, Sie haben vollkommen recht. Ich bewundere Ihre Zivilcourage und Ihr selbstloses Eintreten für die Kollegin. Ich denke, es ist alles gesagt. Und jetzt entschuldigen Sie mich bitte.« Studienrat Bleyer schaute ihn noch 20 Sekunden verdutzt und regungslos an, wusste nicht, wie er das nun einordnen sollte, bedankte sich umständlich für die Aufmerksamkeit und entschwand. Knorr schnaufte tief durch. Meine Güte!

Ein skurriles Highlight brachte der Mittwoch mit dem bisher schönsten Verweis des Schuljahres, einer wahren Meisterleistung der Pädagogik. Ausgestellt hatte ihn Frau Batz, die Hauswirtschaftslehrerin, durchaus eine fachlich versierte Kollegin, die allerdings die unerfreuliche Eigenschaft hatte, weder mit sich selbst noch mit der Welt, geschweige denn mit den Schülern im Reinen zu sein und deshalb immer wieder unvorhersehbare und unkalkulierbare Reaktionen zu zeigen. Dann warf sie mit Schulstrafen um sich und war dauerbeleidigt. Das wussten natürlich die Schüler sehr genau einzuschätzen und so kam es mit schöner Regelmäßigkeit zu irgendwelchen Eklats. Zu den harmloseren Scherzen im Hauswirtschaftsunterricht gehörte, dass die Schüler statt Zucker Salz in das Dessert mischten oder auch mal in den Suppentopf spuckten. Bei Ersterem konnte nie ein Täter ermittelt werden, Letzteres ließ sich sowieso nicht beweisen. Auffallend war in letzter Zeit die Vermehrung der Mäuse in der Schulküche. Mäuse waren in der Vergangenheit immer wieder mal vorgekommen, zumal die Schulküche weit abgeschieden im dunklen Souterrain lag und damit offene Flanken bot. Frau Batz hegte jedoch den wohl berechtigten Verdacht, dass Schüler immer wieder einmal selbst Mäuse einschleppten, um sie zu erschrecken, konnte aber diese Verdachtsmomente nie erhärten.

Der ausgestellte Verweis gegen den Schüler Benny F. hatte jedoch einen anderen Grund. Frau Batz hatte in der Küche mit einer Gruppe Kuchen backen wollen. Dazu musste sie jedoch die Menge der laut Rezept benötigten Zutaten umrechnen und verteilen, da vier Herde mit jeweils vier Schülern besetzt waren. Wie auch immer: Sie verhedderte sich ganz offensichtlich völlig bei der Umrechnung und geriet an der Tafel schwitzend und schnaufend vom Hundertsten ins Tausendste und in völlig absurde Zahlen. Der Schüler Benny F. hatte dies moniert und geäußert, dass sie, wenn sie denn intelligent wäre, es viel einfacher haben könne, wenn sie denn anders rechnen würde. Diese Meinung war inhaltlich gesehen höchstwahrscheinlich korrekt und wurde von anderen Schülern bestätigt. In der Form der Aussage, insbesondere hinsichtlich der angezweifelten Intelligenz der Lehrkraft, war sie selbstverständlich indiskutabel. Insofern war der Verweis völlig gerechtfertigt und wurde vom Schüler auch ohne jegliches Murren akzeptiert.

Knorr las den Verweis: *Sehr geehrte Eltern, Ihr Sohn Benny F. erhält einen Verweis, weil er sich mir gegenüber respektlos und unverschämt geäußert hat, indem er zu mir sagte:* »*Wenn Sie intelligent wären, würden Sie anders rechnen.*« *Bitte wirken Sie daraufhin, dass Ihr Sohn sich künftig einer anderen Ausdrucksweise bedient. Der Schüler wurde zum ausgestellten Verweis gehört.*

War das nicht ein wunderbares Eigentor? Wäre Knorr das als Schüler passiert, er hätte diesen Verweis vielfach kopiert und publiziert, ihn sich rahmen lassen und ihn in allen Klassenzimmern ausgehängt. Warum hatte es die Kollegin nicht dabei belassen, im Verweis die pure Unverschämtheit des Schülers zu kritisieren? Warum musste sie wortwörtlich zitieren, was der Schüler zu ihr gesagt hatte? Merkte sie denn gar nicht, dass ein Verweis in dieser Form mehr sie selbst als den Schüler diskreditierte? Knorr hätte den Verweis natürlich noch einmal an die Kollegin zurückgeben und sie auf das fatale Eigentor aufmerksam machen können. Doch die werte Kollegin hatte ihn auch selbst schon oft genug genervt. Er konnte sich ein Lachen nicht verkneifen und unterschrieb den Verweis zackig.

Am Donnerstagvormittag hatte Knorr einen Ausflug in die Stadt unternommen und dafür hatte er einen guten Grund. Schülerinnen und Schüler der 5. Klassen spielten in der Innenstadt für einen Tag Straßenkinder und sammelten Geld. Dies sollte echten Straßenkindern in Südamerika zugutekommen, um ihnen den Ausstieg aus einem schlimmen Dasein zu ermöglichen. Zwei Lehrerinnen hatten das Projekt gut vorbereitet und die Kinder waren mit Feuereifer dabei. Natürlich waren sie vor dem Straßenkindertag sehr aufgeregt gewesen, zumal ihnen vom großen, neu eröffneten Edelboutique-Shoppingcenter der Stadt das Sammeln verwehrt worden war. Was musste das auch für einen Eindruck hinterlassen: bettelnde »Straßenkinder« im Traumhaus des Konsumterrors! Aber aus dieser Absage lernten sie letztendlich auch etwas für das Leben, insbesondere über die Allüren des Konsums im Turbokapitalismus. Die Lehrerinnen würden schon dafür sorgen, dass die Kleinen in dieser Hinsicht emotional sensibilisiert wurden.

Knorr spazierte also in der Stadt herum und stieß dann und wann auf ihm bekannte Schülermütter beim Einkaufen, die ihn skeptisch beäugten und sich wohl fragten, was der Schulleiter denn hier trieb und ob er nichts Besseres zu tun hatte. Den sammelnden Schülerinnen und Schülern kaufte er allerhand Krimskrams ab oder gab ihnen Geld für ihre Sparbüchsen. Sie schienen sich riesig zu freuen, dass auch ihr Schulleiter sich um sie kümmerte und ihnen etwas spendierte. Der Ausflug machte Knorr große Freude, nicht nur, weil er von der Schule weg und stattdessen an der frischen Luft war, sondern weil ihm diese Aktion gefiel und seine Vorstellung von sozialem Lernen unterstützte. Wie schön war es doch zu sehen, wie sich die Kleinen engagierten und wildfremde Leute ansprachen und hartnäckig um Spenden für die Straßenkinder baten. Sage noch mal einer, die Kinder hätten kein Herz.

Und heute, am Freitag? Da lag das Highlight auf der Hand. Gerade heute war der Schule etwas Positives widerfahren. Ein Manager der ortsansässigen Weltfirma, dessen Sohn Knorrs Schule recht erfolgreich besuchte, hatte angerufen und mitgeteilt, dass er bereit sei, 20 zwar gebrauchte, aber fast neue Laptops an die Schule zu verschenken. Sie würden von der Weltfirma sowieso abgegeben, und bevor sie jemand anderes bekomme, wolle er sie der Schule überlassen, die bei ihm immer einen glänzenden Eindruck hinterlassen habe. Knorr konnte sein Glück kaum fassen, waren Telefonate mit Eltern sonst doch häufig genug negativ besetzt. Und jetzt nur Lob und ein großzügiges Geschenk!

Knorr bedankte sich artig und brachte seine große Freude zum Ausdruck. Er bot eine Spendenquittung an, die der Manager aber ablehnte, weil er eine solche Spende offiziell gar nicht unterstützen dürfe, »wegen der ganzen Compliance-Geschichten, Sie wissen schon«. Er kündigte die Lieferung der Laptops für die folgende Woche an und wünschte ein schönes Wochenende.

Was sollte man dazu sagen? Knorr freute sich sehr, vor allem für seine IT-Abteilung. Die Schulverwaltung der Stadt würde, wüsste sie denn von dieser Aktion, sofort die Inventarisierung der Geräte einfordern und klarstellen, dass diese nun in den Besitz der Stadt übergehen würden. Diesen Trick versuchte die Schulverwaltung immer und das hatte sie sich entweder selbst fein ausgedacht oder es war tatsächlich gesetzlich so geregelt. Das konnte ja sein, aber andererseits kam von der Stadt selbst so gut wie nie Unterstützung im Bereich der EDV, man musste ewig um neue IT- beziehungsweise EDV-Ausstattung kämpfen, ja betteln. Aber gut, vielleicht waren die Städte tatsächlich mehr oder weniger pleite, weil sie von den Ländern kurzgehalten wurden, das entnahm man ja oft genug den Medien. Diese Stadt jedoch, die sonst so gern angeberisch auftrat, war offenkundig ganz besonders pleite.

Wie auch immer, Knorr würde den Teufel tun, irgendjemand von der Schul- oder Stadtverwaltung etwas von diesem Geschenk aus heiterem Himmel zu erzählen. Er dachte nicht im Traum daran, die Laptops zu inventarisieren. Er musste nur seine Informatiker darauf einschwören, sie bei der jährlichen Kontrolle der elektronischen Geräte durch die Stadt aus der Schusslinie zu ziehen. Aber er kannte seine Informatiker gut genug und wusste, dass sie das mit Begeisterung tun würden.

Knorr schaltete seinen eigenen Computer aus, räumte zusammen und verließ sein Büro. Aus dem Lehrerzimmer dröhnte Gelächter herüber. Den Kolleginnen und Kollegen des Freitag-Stammtisches gefiel es so gut in der Schule, dass sie immer noch feierten. War halt anscheinend doch eine gute Woche gewesen!

*

Das Telefon klingelte. Knorr schaute auf das Display und schnaufte durch. Mist. Gumbmann von der Dienstaufsicht. Was war jetzt wieder los?

»Knorr hier. Hallo Herr Gumbmann. Was kann ich für Sie tun?«

»Tja, Herr Knorr, schönen guten Tag auch. Der Basis geht's gut wie immer, vermute ich. Das Frühjahr kommt und dann kommen auch wieder Ferien, hahaha.«

»So ist es wohl. Und was ist es heute?«

»Tja, Herr Knorr. Sie haben mir da vor geraumer Zeit einmal ein Schreiben geschickt. Da ging es um eine sogenannte ›Online-Noteneinsicht‹. Sie erinnern sich? Na ja, ist schon ein Weilchen her. Sie wissen ja so gut wie ich, man kommt zu gar nichts.«

Knorr erinnerte sich sofort. Es ging darum, dass seine Schule es den Eltern ermöglichen wollte, von zu Hause aus kontinuierlich einen Einblick in die Noten der Kinder zu nehmen. Das würde über ein Online-Infosystem mit einer verschlüsselten Verbindung laufen und aus Sicherheitsgründen nur mit gültiger Identifizierung der Erziehungsberechtigten mit Benutzername und Passwort funktionieren. Der Zweck dieses vom ersten Konrektor und ausgewiesenen IT-Spezialisten entwickelten Systems war klar, nämlich eine höhere Transparenz des Leistungsstandes der Schülerinnen und Schüler und damit gegebenenfalls schnellere Reaktionsmöglichkeiten der Eltern.

»Ja, klar erinnere ich mich. Ist doch eine gute Idee, oder?«

»Tja, Herr Knorr, schon, schon. Und Sie haben das ja auch alles begründet. Online-Noteneinsicht. Verschlüsselte Verbindung. Notentransparenz. Nun ja, wir leben eben in modernen Zeiten und Sie sind wohl selbst unserer Zeit schon etwas voraus. Vielleicht zu weit voraus.«

»Wie meinen Sie das?«

»Tja, Herr Knorr, so eine neue Idee. Das gibt es bei uns ja noch gar nicht.«

»Bei uns vielleicht nicht oder noch nicht oft, in angelsächsischen und skandinavischen Ländern schon.«

»Die mal wieder. Müssen wir immer auf die schielen? Bei uns jedenfalls, Sie wissen schon, da mahlen die Mühlen langsamer.«

»Wessen Mühlen denn?«

»Na, äh, wie Sie sich schon vorstellen können, die Mühlen des Ministeriums, der Staatsinstitute und die der Dienstaufsicht.«

»Und was soll das konkret heißen?«

»Tja, dass das eben nicht so einfach geht, wie Sie sich das denken. So ein neues System, das müsste erst mal durch die Gremien, da braucht es Vorlagen, die müsste man erst mal ausarbeiten. Und dann kämen natürlich die Juristen ins Spiel. So was muss hieb- und stichfest sein. Dann, und nur dann, könnte man daran denken, einen Probelauf zu absolvieren, einen fiktiven sozusagen. Eine oder zwei Schulen könnten, falls bis dahin alles geregelt ist, dieses Ding mal in der Realität erproben, in aller Vorsicht, wohlgemerkt. Und dann braucht es selbstverständlich eine solide Evaluation. Erst anschließend könnte man diese Idee in die Fläche bringen, wie man so schön sagt. So in etwa könnte das aussehen, wenn man es denn wirklich wollte.«

»Ach was.«

»Ja, wissen Sie, Herr Knorr, ich sag's ganz ehrlich, immer diese Neuerungen, das ist auch nicht gut. Einer fängt an, dann wollen es die anderen auch, dann ändert sich wieder alles irgendwie und zieht einen Rattenschwanz hinterher und wir haben einen Sack voller Probleme. Wollen wir das wirklich?«

»Soll das heißen, Sie lehnen diese Innovation ab?«

»Tja, Herr Knorr, langer Rede kurzer Sinn, so ist es wohl. So einfach geht das eben nicht. Tut mir leid, aber so muss ich Ihnen das sagen. Sie wollen da einfach mal wieder neue Tatsachen schaffen.«

»Herr Gumbmann, es geht doch nicht um eine Innovation per se, sondern darum, dass wir die Eltern besser und schneller informieren und damit in der Erziehungsarbeit unterstützen. Viele haben doch gar nicht die Möglichkeit, tagsüber in die Sprechstunden zu kommen oder zum Elternsprechtag. Mit diesem Online-Noten-Infosystem können sie jederzeit gesichert sehen, was ihre Kinder in der Schule so treiben. Kooperation der Schule mit dem Elternhaus! Überzeugt Sie das wirklich nicht?«

»Na, inhaltlich schon, zumindest ein bisschen. Aber da kommt eine Lawine ins Rollen. Eine Lawine, sage ich Ihnen! Stellen Sie sich mal vor, was passiert, wenn das dann alle Schulen einführen wollen.«

»Ja und, wäre doch gut.«

»Eben nicht, eben nicht. Manche Schulen haben ja gar nicht die technischen Möglichkeiten geschweige denn das Know-how.«

»Also, Herr Gumbmann, ich begreife das nicht. Wir müssen doch an einer engeren Zusammenarbeit mit den Eltern interessiert sein. Wir müssen uns doch als Dienstleister begreifen. Das System ermöglicht uns einen Schritt in diese Richtung.«

»Herr Knorr, Schule als Dienstleister, sicher, aber ich glaube, Sie sehen nicht die Dimension, die da auf uns zukommt. Wir werden überrollt werden. Wir haben doch schon genug zu tun, nicht wahr. Sie regen sich doch sonst auch über die ganzen Statistiken auf. Und jetzt kommen Sie mit einer Online-Noteneinsicht daher. Nicht schon wieder etwas Neues, bitte. Und noch was muss ich Sie fragen. Ein Ministerialrat ist da im Gespräch mit mir draufgekommen. Wollen Sie dann eventuell die Sprechstunden und die

Elternsprechtage an Ihrer Schule ganz abschaffen, weil die Eltern ja eh schon über die Noten informiert sind? Ist das vielleicht der Hintergrund dieser Idee?«

»So ein Blödsinn. Die bleiben natürlich, ganz klar. Wie kommen Sie auf so was?«

»Na, ich dachte nur, irgendeinen Vorteil wollen Sie doch wohl herausschinden, wenn Sie sich schon die Mühe mit einem neuen System machen, oder?«

»Ja, wunderbar, wieder mal das alte Misstrauen gegenüber den Schulen. Nur weil die Hierarchie wie immer dem Entwicklungspotenzial hinterherhinkt und ihre Ruhe will, gräbt man die Misstrauenskultur von gestern wieder aus. Klar, könnte ja was dahinterstecken, hinter den Ideen. Tut es aber nicht.«

»Herr Knorr, also ich denke, wir sollten das jetzt nicht weiter ausführen.«

»Heißt das nun von Ihrer Seite endgültig, dass wir das nicht machen dürfen?«

»Tja, leider, leider, so ist das wohl. Und das wollte ich noch anfügen: Die Datenschützer sind auch dagegen.«

»Ach was. Die Datenschützer können gegen dieses System gar nichts in Stellung bringen, das System ist absolut abgesichert, das habe ich Ihnen ja erklärt. Habe ich recht mit der Vermutung, dass die Datenschützer wieder mal als Totschlagargument dienen? Aber gut. Mir reicht es jetzt ebenfalls. Dann lassen wir es eben.«

»Na, sehen Sie, Herr Knorr. Und glauben Sie mir, wir haben doch eh alle zusammen schon viel zu viel Arbeit und Ärger. Noch mehr Aufwand sollten wir uns wirklich ersparen. Das muss doch auch in Ihrem Interesse liegen. Als denn, jetzt nehmen Sie das halt einfach mal so hin. Ist nicht böse gemeint. Wir sitzen doch alle im selben Boot. Auf Wiederhören und einen schönen Tag noch.«

Gumbmann hatte aufgelegt. Knorr hielt den Hörer noch in der Hand und stellte sich vor, wie er in einem Boot mit Gumbmann saß und auf trägen, graubraunen Wellen dahindümpelte. Irgendwie war man doch blöd, wenn man sich Mühe gab und etwas bewegen wollte. Also gut, dann eben nicht. Nur nicht aufregen. Knorr lief ins Konrektorat und erzählte von seinem Telefongespräch. Der erste Konrektor tippte sich nur an die Stirn.

*

»Ich habe sie erwischt«, sagte Frau von Plechschmidt-Hammerstein mit matter Stimme und ließ sich entkräftet auf den Besucherstuhl in Knorrs Büro plumpsen.

»Sie haben mich erwischt?«

»Nicht Sie, sondern sie. Zwei Schülerinnen. Beim Betrügen. Diesmal habe ich sie erwischt. Diesmal sind sie mir nicht entkommen. Ich habe sie schon länger im Verdacht gehabt.«

»Aha. Respekt. Und was genau ist passiert?«

»Nun, ich habe eine Kurzarbeit in Geschichte in der 8d schreiben lassen, eine wie immer gut vorbereitete Kurzarbeit, wohlgemerkt. Und dabei hat eine Schülerin von der anderen abgeschrieben und die andere hat sie abschreiben lassen.«

»Und woran machen Sie das fest?«

»Die Arbeiten, die die Schülerinnen abgegeben haben, sind vollkommen identisch. Alle zehn Antworten, nach denen ich gefragt habe, sind wortwörtlich gleich. Auch die inhaltlichen Fehler sind die gleichen.«

»Zum Beispiel?«

»Nun, es ging um die Entstehung der USA. Bei Frage vier haben beide geschrieben, dass der Unabhängigkeitskrieg der englischen Kolonien von 1675 bis 1683 war. Leider 100 Jahre daneben. Und bei Frage sechs haben sie geschrieben, dass Thomas Jefferson der erste Präsident der Vereinigten Staaten war. So ein Schwachsinn. Jeder Depp weiß, dass das George Washington war. Und wir hatten die Entwicklung der USA wirklich genau besprochen. Das versichere ich Ihnen.«

»Hm, ja, ich glaube es Ihnen. Aber sagen Sie mal, Sie wissen also nicht, wer von wem abgeschrieben hat?«

Frau von Plechschmidt-Hammerstein schaute leicht genervt.

»Ist das wichtig? Die beiden Schülerinnen stecken unter einer Decke, sind ja auch sonst dicke Freundinnen. Und frech dazu. Auch die, die abschreiben lassen hat, ist mit schuld. Und jetzt habe ich sie beide endgültig erwischt.«

»Und wie sind Sie als Lehrerin damit umgegangen?«

»Das fragen Sie mich auch noch? Ich habe beiden jeweils eine Sechs gegeben und einen Verweis. Wie man das eben so macht.«

»Ach was. Haben Sie die beiden Schülerinnen zu der Sache befragt? Was haben die denn dazu gesagt?«

»Die haben alles abgestritten und gesagt, sie hätten am Vortag zusammen daheim für die Kurzarbeit gelernt. Das ist doch eine faule Ausrede. Ich bin sicher, dass sie gelogen haben, diese dreisten Gören.«

»Hm. Noch was. Sagen Sie, habe ich die beiden Verweise überhaupt unterschrieben? Ich kann mich jedenfalls nicht daran erinnern.«

Frau von Plechschmidt-Hammerstein nestelte an ihrer Tasche herum.

»Äh, nein, Sie waren gerade nicht da. Das war ja schon vor 14 Tagen. Der Konrektor hat unterschrieben.«

»Aha. Vor 14 Tagen. Und darf ich fragen, warum Sie dann heute zu mir kommen? Das scheint ja doch ein Fait accompli zu sein, wenn ich das richtig sehe.«

»Äh, na ja, um es vorsichtig zu sagen, es gibt Komplikationen.«

Das hatte sich Knorr insgeheim schon gedacht. Wenn alles glatt gegangen wäre, hätte die Kollegin ihn heute nicht aufgesucht. Er kannte sie lange genug, um zu wissen, dass sie den Fall gerne geräuschlos an ihm vorbeimanövriert und vermieden hätte, sich mit ihm als Schulleiter auseinanderzusetzen.

»Komplikationen? Welcher Art denn?«

Frau von Plechschmidt-Hammerstein ächzte zunächst schwer und schnaubte dann vehement auf, wobei sie umständlich in ihrer Schulmappe herumkramte und zwei leicht zerknautschte Zettel hervorzog.

»Hier. Lesen Sie selbst.«

Knorr überflog das Schreiben: *... teilen wir Ihnen mit, dass wir weder die von Ihnen ausgestellten Verweise wegen angeblichen Betrügens beziehungsweise Abschreibens in der Geschichte-Kurzarbeit akzeptieren werden noch die Note Sechs, mit der die Arbeiten bewertet wurden. Unsere Töchter haben am Vortag der Kurzarbeit zusammen gelernt und den Geschichtsstoff zum Thema Vereinigte Staaten gemeinsam wiederholt. Dabei mögen sich auch die inhaltlichen Fehler eingeschlichen haben, die die Arbeiten in Ihren Augen auffällig machen. Unsere Töchter sind wohlerzogene Kinder, die nie negativ aufgefallen sind und niemals betrügen würden. Sie selbst, sehr geehrte Frau von Plechschmidt-Hammerstein, haben keinerlei Beweise für das von Ihnen unterstellte gegenseitige Abschreiben. Wir fordern Sie hiermit ultimativ auf, sowohl die Verweise als auch die Note Sechs zurückzunehmen. Sollte dies nicht geschehen, werden wir alle Rechtsmittel ausschöpfen und die Angelegenheit unserem Anwalt übergeben ...*

Na bravo. Knorr wurde schlagartig klar, dass Frau Plechschmidt-Hammerstein klein beigeben würde müssen. Selbst wenn die Eltern hinsichtlich des gemeinsamen Lernens eventuell doch logen, hatte man keinen schlagenden Beweis in der Hand, der diese Aussage widerlegen könnte. Knorr hatte genug ähnliche Beschwerden erlebt. Die Schule stand auf verlorenem Posten. Die Frage war nur, wie er das Frau von Plechschmidt-Hammerstein beibringen konnte. Er entschloss sich für die abrupte Frontalmethode.

»Chancenlos, Frau Kollegin. Die Verweise und die beiden Sechser können Sie knicken, um es salopp zu sagen. Wir können nichts beweisen. Wenn wir einen Spickzettel oder Ähnliches hätten, dann wäre das was anderes. Aber so. Wie gesagt, chancenlos.«

Frau von Plechschmidt-Hammerstein blickte weidwund in die Ferne.

»Ich hab's geahnt, nein, ich hab's gewusst. Wie konnte ich nur so naiv sein und auf Ihre Hilfe bauen.«

»Das können Sie ebenso wie alle anderen Kolleginnen und Kollegen zu jeder Zeit. Nur, wir müssen in diesem Fall realistisch sein. Das Wünschenswerte ist leider nicht immer das Machbare, das wissen Sie ebenso gut wie ich.«

»Ich hätte es mir denken können. Was hätte ich von Ihnen auch anderes erwarten sollen. Nicht einmal der Versuch, Kontra zu geben. Schwach, sehr schwach. Eine alte, verdienstvolle Kollegin einfach im Regen stehen lassen.«

»Frau von Plechschmidt-Hammerstein, glauben Sie mir, wenn ich die geringste Chance sehen würde, dann würde ich Sie unterstützen und wir würden das durchziehen. Aber so wird das nichts. Und bei der Dienstaufsicht kommen wir damit auch nicht durch. Und nebenbei: Könnte es nicht wirklich sein, dass sich das so abgespielt hat, wie die Eltern schreiben? Und noch mal: Selbst wenn die Sache noch so suspekt ist und wir hier doch nach Strich und Faden belogen werden, wir können nichts beweisen. Wenn wir auf unserem Standpunkt beharren, machen wir uns nur lächerlich.«

Jetzt drehte sich langsam alles im Kreise. Der Fall war erledigt. Frau von Plechschmidt-Hammerstein würde den Eltern schreiben und die Note und die Verweise zurücknehmen müssen.

»Eine Demütigung. Wie stehe ich nun da. Es ist entsetzlich. Man lässt mich allein. Und den Eltern schreiben soll ich auch noch? Ich gebe mich der Lächerlichkeit preis.«

»Gut, ich übernehme das. Ich kläre das mit den Eltern ab, und ich verspreche Ihnen, dass ich das so mache, dass Ihr Ansehen nicht beschädigt wird.«

»Wer's glaubt«, ächzte sie.

Frau von Plechschmidt-Hammerstein wankte erschöpft aus dem Büro. Knorr griff zum Hörer. Es kostete ihn ganze drei Minuten, um die leidige Angelegenheit zur Zufriedenheit von Eltern und Kindern vom Tisch zu bringen. Die Eltern bedankten sich höflich und waren voller Lob für die in ihren Augen richtige Entscheidung. Sie hatten doch gewusst, dass man mit der Schule reden konnte. Frau von Plechschmidt-Hammerstein jedoch hatte Knorr wohl wieder einmal vollständig verprellt. Sie würde ihm das niemals verzeihen.

*

Die Wochen vor den Osterferien waren für die Schulleitungen landauf, landab mit Unterrichtsbesuchen gespickt. Diese waren einerseits eine gewisse Bereicherung für den Schulleiter, weil dieser wieder einmal Schüler und Lehrer in Aktion sah, sie waren andererseits eine Belästigung, ja eine veritable Zumutung, weil sie immer mit Bewertung von Leistungen und vor allem mit Beurteilungen in Zusammenhang standen. So freute sich Knorr ebenfalls auf der einen Seite, dass er allerhand Spannendes und Lehrreiches über Vulkanismus, Ameisenkolonien, das Habsburgerreich, die DNS, antike Stelen, Oliver Cromwell, den Subjonctif, eigenartige Gedichte und merkwürdige Kurzgeschichten erfuhr, was er allerdings meistens sofort wieder vergaß. Auf der anderen, der lästigen Seite blieb ihm nichts anderes übrig, als Grundlagen für die anstehenden Beurteilungen der Kolleginnen und Kollegen zu sammeln. Ein, wie er meinte, übles Geschäft. Dieser Antagonismus war nicht wegzudiskutieren.

Als Schulleiter hatte man sich im Laufe der Jahre längst von der konkreten Arbeit in den Klassen verabschiedet, selbst wenn man je nach Stundendeputat noch die eine oder andere Klasse mehr oder weniger alibimäßig unterrichtete. Und so war es bei den Unterrichtsbesuchen durchaus interessant zu beobachten und zu erleben, wie manche Schüler emsig arbeiteten und mitmachten, andere eher passiv dahockten und alles über sich ergehen ließen und wieder andere in den hinteren Bankreihen gegen das Einschlafen kämpften.

Man konnte auch viel über Klassenstrukturen und gruppendynamische Prozesse lernen. Knorr beobachtete und entdeckte unter den Schülern Alphatiere und Loser, Klugschwätzer und Nachdenkliche, Zögerliche und Eiferer. Er kam in Klassen, in denen das Unterrichten zäh war, in denen eine sumpfähnliche Atmosphäre herrschte. Er sah auch dynamische, leistungsstarke und dabei fast immer gut gelaunte Klassen, in denen die Unterrichtszeit viel schneller verging.

Die Atmosphäre in den Klassen hing nicht ausschließlich, aber in der Regel doch wesentlich von den unterrichtenden Lehrkräften ab. Es gab unter den Lehrern und Lehrerinnen Trauerklöße, Langweiler und Abarbeiter des Stoffes. Und es gab Dynamiker, Enthusiasten und Charismatiker. Die letztere Gruppe stand nicht immer für die vollständige Aufarbeitung des Lernstoffes, garantierte aber allein durch einen schwungvollen, mitreißenden und oft humorvollen Unterrichtsstil, dass der gelehrte Stoff bei den Schülern ankam und hängen blieb. Viele Schüler arbeiteten auch für die Lehrkraft selbst, wenn ihnen diese sympathisch war. Und natürlich gehörten zu dieser Gruppe die Lehrerinnen und Lehrer, an die man sich ein Leben lang erinnerte. Die soliden und eher etwas drögen Lehrer waren nicht per se schlechte Lehrer, doch ihnen fehlte nach Knorrs Auffassung einfach der Schwung und jeglicher Kick. Und sie waren dann auch diejenigen, die man schnell vergaß.

Wenn Knorr mit den Unterrichtsbesuchen begann, dann sprach sich das schnell im Lehrerzimmer herum. Die meisten Lehrer mochten keine Unterrichtsbesuche, sie fühlten sich beobachtet, gegängelt, überwacht. Das war verständlich, und Knorr versuchte stets, die Bedeutung eines Besuches herunterzuspielen. Doch er merkte vielen Lehrkräften die Nervosität und Anspannung an. Komischerweise hatten Unterrichtsbesuche aus seiner Sicht viel geringere Bedeutung als in den Augen der Lehrer selbst. Für ihn war dies nur eine Momentaufnahme. Er wusste, dass man aus einer oder zwei gesehenen Stunden nicht zu viel über die Lehrkraft ableiten konnte. Da gab es durch tägliche Zusammenarbeit im Schulleben ganz andere Erkenntnisse darüber, ob jemand gut oder schlecht war, ob er oder sie als Lehrkraft geeignet oder ungeeignet war. Für die Betroffenen hing das Thema höher, sie glaubten mehrheitlich, dass Unterrichtsbesuche das zentrale Kriterium für die Beurteilung überhaupt waren. Und so rechneten sie sich aus, wann denn Knorr bei ihnen vorbeischauen würde, und manche bereiteten sogenannte Eichhörnchen-Stunden vor, die sie dann – auch für die Klasse überraschend – aus dem Ärmel zogen. Diese jedoch wirkten fast immer künstlich und aufgesetzt, weil die Klasse ob des unerwarteten Themenwechsels erstaunt war. Jeder Schulleiter erkannte diese künstlichen Stunden und Knorr fand sie albern. Er wollte eigentlich lieber Feld-Wald-Wiesen-Stunden sehen.

Oft genug scheiterte er in seiner Besuchsplanung. Er ging zu einer Klasse zum Unterrichtsbesuch, nur um feststellen zu müssen, dass diese gerade eine Arbeit schrieb oder den Raum gewechselt hatte. Dann war diese Stunde wieder vertan, denn er wollte nicht alternativ mitten in eine andere, bereits begonnene Unterrichtsstunde hineinplatzen. Er merkte bei seinen Gängen durch das Schulhaus jedoch in diesen Wochen förmlich das Unbehagen der Kolleginnen und Kollegen, wenn sie ihn mit seiner roten Schreibmappe um die Ecke biegen sahen. Dann schrillte das interne Warnsystem bei den Lehrern. Eine eher kleinere Gruppe unter ihnen war allerdings robust und resistent genug, um sich durch den Schulleiter nicht im Geringsten stören zu lassen. Für sie schien er, auch wenn er im Unterricht anwesend war, gar nicht zu existieren. Sie machten ihren Stiefel weiter, ohne Schnörkel, ohne Highlights. Die Routine war ihnen heilig. Es waren meist die Lehrkräfte, die nichts werden wollten, für die es gar keinen Grund für eine besondere Anstrengung gab. Sie wussten, dass sie in zehn Jahren höchstwahrscheinlich immer noch 25 Stunden in der Woche in allen möglichen Klassen jahrein, jahraus unterrichten würden. Also kamen sie aus ihrer Sicht zu Recht zu dem Fazit: nur keinen Stress. Zu ihnen gehörten diejenigen, die man in Lehrerkreisen ironisch so schön als »Schwellendidaktiker« und »Hammerlehrer« bezeichnete. Auch nach Jahrzehnten im Schuldienst musste Knorr immer noch schmunzeln, wenn er an diese Ausdrücke dachte. Der Schwellendidaktiker war ein Lehrer, der stets unvorbereitet daherkam und erst in dem Moment, da er die Schwelle des Klassenzimmers übertrat, sich überlegte, was er denn heute wohl so unterrichten könnte. Der Hammerlehrer war in seiner Arbeitsanlage ähnlich, er kam in die Klasse und fragte die Schüler der vorderen Reihe erst einmal: »Was hammer denn letztes Mal g'macht?« Solche Lehrer waren die Prototypen der alten Penne, sie waren eine aussterbende Spezies, aber ab und zu noch in Lehrerzimmern anzutreffen.

Nun also wieder neue Unterrichtsbesuche. Heute Morgen in der 2. Stunde hatte Knorr in der 5c, einer reinen Mädchenklasse, bei Frau Boltke Seltsames erlebt. Er war pünktlich zu Stundenbeginn gekommen, und doch erschien es ihm sofort so, als ob Frau Boltke, die bereits am Pult stand und die Schülerinnen gerade begrüßt hatte, aufgrund seines Besuches alle ihre Pläne über den Haufen warf.

»Wisst ihr was«, rief sie in die Klasse, »heute machen wir nicht bei der Rechtschreibung weiter, sondern wir schauen uns ein Märchen an.«

»Prima, bravo, fein«, schallte es aus der Klasse zurück.

»Und zwar das Märchen vom süßen Brei.«

»Klasse, das ist ein schönes Märchen«, riefen die Mädchen begeistert. Das war schon mal höchst verdächtig.

Knorr wäre am liebsten wieder gegangen, denn wenn ihm ein Märchen auf den Geist ging, dann war es das Märchen vom süßen Brei. Alle in der Deutschfraktion wussten das, na gut, zumindest die Deutsch-Seminarlehrerin wusste es, weil er ihr schon mehrfach gesagt hatte, er wolle diese doofe Geschichte nie, nie wieder in einer Seminarstunde oder gar in einer Prüfungslehrprobe sehen. Frau Boltke wusste dies offenkundig nicht.

Sie ließ die Schüler abschnittsweise laut lesen, stellte zwischendurch allerhand Fragen und leitete zur gut vorbereiteten Gruppenarbeit über. Alles lief wie am Schnürchen. Die Schülerinnen meldeten sich nahezu geschlossen und wussten jede Antwort. Sie präsentierten ihre Ergebnisse eloquent und gehaltvoll. Ja, sie stellten sogar selbst kluge Fragen, die dann wiederum Frau Boltke mit einem souveränen Lächeln beantwortete. Entweder waren das alles kleine Genies oder die Sache war eine einzige faule Inszenierung.

Knorr saß seine Zeit ab. 45 Minuten können sich ziehen. Er wartete auf Fehler der Schülerinnen, jedoch es kamen keine. Als die Schülerinnen Einträge auf allerhand bunte und schön illustrierte Arbeitsblätter machten, ging er zwischen den Reihen herum. Die Schülerinnen leisteten sich kaum irgendwelche Rechtschreibfehler! Und was für eine schöne Schrift sie alle hatten!

Frau Boltke schaffte es, auf die Sekunde genau mit dem Pausengong fertig zu werden. Respekt! Beim Hinausgehen sagte er zu einer kleinen Schülerin in der zweiten Reihe:

»Das habt ihr aber toll gemacht. Was ihr alles schon wisst. Ganz prima.«

»Ach«, erwiderte die Kleine, »das haben wir ja alles schon einmal letzte Woche gemacht. Ich weiß auch nicht, wieso das heute schon wieder dran war.«

Knorr wusste es.

Nun, in der 4. Stunde, saß er einsam auf seinem Stuhl an der Rückwand des Klassenzimmers der 9b, und zwar im bilingualen Geschichtsunterricht des jungen, emsigen Kollegen Strothmann. Dieser stellte sich jeder Herausforderung, er war mittelfristig sicherlich jemand, der in eine Funktionsstelle gelangen konnte. Bisweilen übertrieb er seine Einsatzfreude fast ein wenig, sei es beim Verweise-Ausstellen, bei seiner Fortbildungsbesessenheit oder bei seinen multiplen außerschulischen Aktivitäten. Aber gut, besser ein dynamischer junger Lehrer als ein verschnarchter.

Heute jedoch, in der 9b, schien er sich inhaltlich im sogenannten »Bili Geschichte-Englisch« etwas übernommen zu haben. Es ging um den Deutschen Zollverein von 1834 und um die Reformen, die man zu jener Zeit hinsichtlich des Abbaus der innerdeutschen Zollschranken plante. Kein leichter Stoff für 15-Jährige von heute, die das halt über sich ergehen lassen mussten, weil es im Lehrplan stand. Knorr saß da und fragte sich, was ein 15-Jähriger wohl wirklich über solche historischen Zusammenhänge dachte. Das konnte ihn doch nicht wirklich interessieren, oder? Nach längerer Quellenarbeit war ein Teil der Klasse denn auch gedanklich aus der Thematik ausgestiegen. Einige Schüler bemühten sich noch um adäquate Antworten, vielleicht auch, um Strothmann zu helfen. Das Problem war nur, dass der Geschichtsunterricht auf Englisch gehalten wurde, was die Sache selbst für die Gutmütigsten und Qualifiziertesten unter den Neuntklässlern verkomplizierte. Knorr stellte sich die Frage, ob man den Deutschen Zollverein, ein, wie der Name ja schon besagte, urdeutsches Thema, wirklich auf Englisch besprechen musste. Bilingualer Sachfachunterricht hin oder her. Selbst wenn vor der Stunde schon einige Wörter und Begriffe sozusagen »entlastet«, also übersetzt, worden waren: Das war schon eine äußerst schwierige Sache für die Schüler und es bedurfte neben dem Erfassen des geschichtlichen Kontextes adäquater Englischkenntnisse, um da mitzuhalten.

Strothmann legte nun eine Folie mit einer historischen Karikatur auf, die ein Pferdegespann mit einem sehr voll beladenen Wagen zeigte, der gerade auf einer innerdeutschen Landesgrenze stand. Darüber stand in altmodischer Schrift: *Gränzverlegenheit*, und darunter: *Sie sehen, Herr Gränzwächter, daß ich nix zu verzolle hab', denn was hinte auf'm Wagen ist, hat die Lippische Gränz noch nit überschritten, in der Mitt' ist nix, und was vorn drauf is, ist schon wieder über der Lippischen Gränze drüben.* Aha, aha. Knorr sah, wie die Schülerinnen und Schüler sich fragend anschauten und nicht mehr wussten, was überhaupt los war, und er sah vor allem, wie Strothmann mehr und mehr ins Schwitzen kam, als keiner auch nur annähernd auf eine Interpretation der Karikatur kam. Strothmanns Fragen auf Englisch wurden zunehmend holpriger und liefen ins Leere.

»What can you see in the picture?« – »Some men and a horse and a waggon.«

»Describe the scene more exactly, please« – »Hä???«

»It's not ›hä‹.« – »Sorry.«

»Now come on. What do you think this is about?« – »No idea.«

Peinliche Stille legte sich über den Raum. Strothmanns Gesicht war inzwischen krebsrot, Schweißperlen standen auf seiner Stirn. Knorr bedauerte insgeheim, dass er ausgerechnet in diese Stunde gekommen war, die nun zerfiel. Strothmann hatte sich übernommen, hatte sich verzockt.

Ein Schüler meldete sich. »Can you please tell me what ›Gränzverlegenheit‹ is in English?« Strothmann konnte nicht. Wie sollte er auch. Jetzt hatte ihn der Schüler endgültig erwischt, obwohl er das wahrscheinlich gar nicht wollte.

»Äh, this is about a situation at a border within Germany in the 19th century, and it is, äh, it is not ... good« – verflixt, was war das Wort? – »it is, well, äh ...«

»Embarrassing?« bot ein Schüler an. Donnerwetter. Wo hatte der dieses Wort her? »Embarrassing, right, yes, of course.« Gerettet, zumindest halbwegs.

Doch es ging nicht weiter.

»So why can we see a so called ›border embarrassment‹ in this cartoon?«

Mon Dieu. Knorr blickte zu Boden. Erstens war das kein Englisch mehr, zweitens konnte es eh keiner beantworten. Eine peinliche Situation. Er fasste sich ein Herz, stand auf, tat so, als sei er unter Zeitdruck, schaute auf die Uhr und ging zum Pult, wo Strothmann der Verzweiflung nahe war.

»Also Leute, kämpft mal tapfer weiter, vielleicht ausnahmsweise heute bei diesem Thema doch eher auf Deutsch. Ist ja schon ein wenig kompliziert. Ich glaub, das wüsste auch kein Engländer. Das kann man nicht so richtig eins zu eins übersetzen, oder? Also, lasst heute mal den Bili. Macht's gut, einen schönen Tag noch.«

Und draußen war er.

Armer Strothmann. Der würde jetzt alle seine Felle davonschwimmen sehen. Aber Knorr würde das im Mitarbeitergespräch schon wieder richten. Es galt, den Ball flach zu halten. Strothmann würde aus dem Debakel Schlüsse ziehen und insbesondere daraus erkennen, dass man bei solch einer komplizierten Thematik die Stunde inhaltlich und formal antizipieren musste. Das hieß, dass man lernen musste, vorauszusehen, was in der Stunde selbst geschehen würde, wo die sprachlichen Knackpunkte waren und was an welcher Stelle von den Schülern gefragt werden könnte. Wenn man eine bestimmte Stunde zum ersten Mal hielt, und das war ja hier der Fall, dann war das natürlich schwierig. Ein Routinier wüsste, was passieren könnte, und würde allen Eventualitäten vorbeugen. Knorr hatte jedes Mitgefühl für Strothmann, doch auf dem Weg zu seinem Büro konnte er sich ein Lächeln nicht verkneifen. Was gab es im Schulalltag doch oft für absurde und urkomische Szenen und Ereignisse! Und wenn sich Kollege Strothmann nun mit Frau Boltke unterhalten würde, dann würde Frau Boltke wahrscheinlich erzählen, wie glänzend und souverän sie ihre Stunde gehalten hatte und wie beeindruckt Knorr gewesen sei. Und Strothmann würde, ehrlich, wie er war, von seinem Debakel berichten. Hieß das aber wirklich, dass sie eine gute Lehrerin war und er ein schlechter Lehrer? Das hieß es ganz sicher nicht, im Gegenteil. Knorr wusste aus langer Erfahrung, dass gerade für die Schule galt: Hinter der ersten Wahrheit gibt es immer noch eine zweite.

Zurück in seinem Büro, sah er sich die rechtlichen Vorschriften für die Mitarbeitergespräche und die anstehenden Beurteilungen noch einmal sehr genau an. Er wusste, dass er das alles so weit wie möglich systematisieren musste, um zeitlich nicht ins Schleudern zu geraten. Ein Beurteilungszeitraum ging über vier Jahre. Er musste laut Vorschriften die Kolleginnen und Kollegen in allen ihren Fächern im Unterricht besuchen und zwar über den Beurteilungszeitraum verteilt und insgesamt wenigstens drei bis vier Mal. Sonst wäre die Beurteilung durch die Lehrkraft angreifbar.

Wenn man bedachte, dass er zudem die Studienreferendare ebenfalls im Unterricht mehrmals sehen und außerdem Prüfungslehrproben abnehmen musste, dann kam er locker auf weit über 100 Unterrichtsbesuche pro Schuljahr. Das klang vielleicht für Außenstehende gar nicht viel. Man musste aber bedenken, dass am Schuljahresanfang zunächst mal gar nichts ging, dass während des Schuljahres Lehrkräfte aus welchen Gründen auch immer nicht an allen Tagen präsent waren, dass es Zeiten der Abschlussprüfung und anderer Termine gab, in denen auch nichts ging, und so weiter. Insgesamt war dieses Beurteilungssystem für die Lehrer und noch mehr für den Schulleiter eine einzige Zumutung.

Es war ja auch nicht damit getan, Unterrichtsbesuche zu absolvieren, es mussten letztendlich die Beurteilungen selbst geschrieben werden. Diese wurden über die Jahre immer umfangreicher und detailversessener. Früher hatte es gereicht, ein paar Felder eines Formblattes mit Aussagen zur fachlichen Leistung und zur Eignung und Befähigung einer Lehrkraft auszufüllen und mit ein paar ergänzenden Bemerkungen anzureichern. Zwischenzeitlich wurde die verbale Beurteilung mehr und mehr aufgebläht, dann wieder etwas reduziert. Alle paar Jahre kam das Hohe Haus sozusagen mit einem neuen, zum jeweiligen Zeitpunkt »finalen« und angeblich perfekten Beurteilungsformblatt und mit »State-of-the-Art-Richtlinien« daher. Dann gab es wieder bedeutungsschwere Fortbildungen für die Schulleiter und diese mussten anschließend das beurteilungsmäßig Neueste vom Neuen wiederum den Kollegien verklickern. Ein ungeheurer Aufwand, der aber nie etwas verbesserte, im Gegenteil.

Die höchste Beurteilungsstufe für die Lehrer war »1 = Leistung, die von herausragender Qualität ist«. Die hatten wohl nur der Kultusminister selbst und einige pädagogische und organisatorische

Götter beziehungsweise Götzen im Lande. Dann ging es weiter mit »2 = Leistung, die die Anforderungen besonders gut erfüllt«, und es folgten eine dritte, vierte und fünfte Stufe. Letztere besagte zum Beispiel, dass es sich um eine Leistung der Lehrkraft handelt, »die den Anforderungen in hohem Maße gerecht wird«. Wenn man diese Aussage einmal ehrlich betrachtete, dann kam man zu der Ansicht, dass dies die Leistungsstufe sein muss, mit der die Mehrheit der Lehrerinnen und Lehrer zufrieden leben kann, denn wer war schon perfekt? Wenn jemand eine Leistung zeigte, »die den Anforderungen in hohem Maße gerecht wird«, dann war er oder sie eine sehr positive Lehrkraft und so war es auch angedacht. Also war diese fünfte Stufe die erste positive Qualifizierung. Das Problem war nur, dass dies eben die fünfte Stufe war und dass es vier bessere gab. Sie wurde nur noch unterboten durch die sechste Stufe, »eine Leistung, die Mängel aufweist«, und die siebte Stufe, »eine Leistung, die insgesamt unzureichend ist«. Die beiden letzten Stufen wurden eh nur in homöopathischen Dosen vergeben, und zwar an Lehrkräfte, die von den Schülern in die Schränke eingesperrt, aus dem Fenster geworfen oder am Nasenring durch das Schulhaus gezogen wurden.

In der Realität konnte der Schulleiter aber gar nicht so oft die »Fünf« vergeben, denn die allermeisten der Kolleginnen und Kollegen hatten sich über die Jahre und Jahrzehnte doch ranglistenmäßig etwas nach oben gearbeitet und sei es nur dadurch, dass sie die ausgestopften Vögel in der Vitrine vor dem Biologiesaal regelmäßig abgestaubt oder einmal im Jahr die Sammlung für das Jugendherbergswesen organisiert hatten. Das Anciennitätsprinzip war noch nicht gänzlich aus den Köpfen verschwunden.

Das wahrhaft Hirnrissige am Beurteilungssystem jedoch war, dass bei insgesamt sieben Qualifikationsstufen die »Fünf« eben als erste positive Stufe aufgefasst werden sollte, dies aber mit dem Vorverständnis der Lehrkräfte kollidierte, für die die »Fünf« auf der sonstigen Schulnotenskala von Eins bis Sechs natürlich ein

»Mangelhaft« signalisierte. Diese Assoziation konnte noch so oft in Abrede gestellt oder dementiert werden, sie war nicht aus den Köpfen zu verdrängen und das war verständlich. Warum musste es parallel eine Sechser- und eine Siebener-Skala geben?

So bewegte sich also im Laufe der Zeit der gesamte »Bauch« der Beurteilungen wieder nach oben, hauptsächlich in die Stufen von Zwei bis Vier. Um aber potenziell einmal für eine Beförderung oder eine Funktionsstelle infrage zu kommen, war die Vier schon wieder nahezu aussichtslos. Ein weiteres Fazit des Beurteilungsterrors war, dass die Kollegien auseinanderdividiert wurden und sich strebsame Kandidaten misstrauisch beäugten. Normalerweise wusste ja keiner genau, was in der Beurteilung des einen oder anderen stand. Es gab jedoch auch die Angeber oder Dummköpfe, die mit ihren Beurteilungen hausieren gingen und diese im Lehrerzimmer fröhlich herumposaunten. Alles in allem war das gesamte Beurteilungswesen eine leidige Angelegenheit.

Knorr war immer der Ansicht gewesen, dass Anlassbeurteilungen reichen würden. Sie müssten ausgefertigt werden, wenn sich jemand um eine Funktionsstelle bewirbt oder wenn konkrete Beförderungen anstanden. In Wirtschaft und Industrie war es zudem schon längst Routine, Beurteilungs-Checklisten mit vorgefertigtem und vorformuliertem Kriterienkatalog zu verwenden. Der Vorgesetzte musste nur noch die Items ankreuzen. Waren Wirtschaft und Industrie wirklich dümmer als die Schule? Oder hatte man da nur durchschaut, dass die Verbalbeurteilung Krampf war und viel zu viel Zeitaufwand bedeutete, den man sich nicht leisten wollte? Das Hohe Haus jedoch hielt diese partiell aufrecht und glaubte wohl auch, dass sich die Schulleiter voller Muße in eine stille Kammer setzen würden und, am Bleistift kauend, sich die passenden Texte alleweil neu ausdenken würden, was ein weiterer Irrtum war. Es gab schon längst im ganzen Lande Netzwerke, über die sich die Schulleiter Formulierungshilfen beschaffen konnten. Sie mussten diese lediglich mit »Kopieren« und »Einfügen« für sich nutzbar machen und etwas individuell aufpeppen. Insofern wurde die Forderung erfüllt, dass man dem einzelnen Lehrer verbal gerecht werden musste, wenngleich nur zum Schein.

Und dann ereignete sich ein besonders schöner Vorfall, in dem die Qualitätsstufe der Beurteilung für Knorr, oder besser gesagt für eine Lehrkraft, entscheidende Bedeutung erlangte. Es ging um die Besetzung einer hausinternen Seminarlehrerstelle, für die Knorr eine junge, engagierte Lehrerin der eigenen Schule favorisierte. Er schrieb ihr eine sogenannte Anlassbeurteilung, die natürlich einerseits verbal wohlwollend ausfiel, andererseits, da es die allererste derartige Beurteilung der jungen Kollegin war, nicht höher als die Stufe drei, also »Leistung, die die Anforderungen übersteigt«, als Gesamturteil aufwies, was schon sehr hochgegriffen war und bei Ministerialoberrat Gumbmann auf völliges Unverständnis stoßen würde, da war sich Knorr sicher.

Er hoffte natürlich, dass sich sowieso wie üblich niemand von außen auf diese Stelle bewerben würde. Normalerweise gab es wegen einer Seminarlehrerstelle kaum Konkurrenz. Doch er hatte sich getäuscht. Einen Tag vor Bewerbungsschluss erhielt er eine Bewerbung eines noch jüngeren Kandidaten, der gerade mal ein knappes Jahr im Schuldienst verbracht hatte und von seinem Schulleiter die zweithöchste Beurteilungsstufe, also »Leistung, die die Anforderungen besonders gut erfüllt«, erhalten hatte. Dieser junge Kollege war also entweder der pädagogische Überflieger oder aber er sollte von der betreffenden Schule weggelobt werden. Der andere Schulleiter hatte ihm sogar beste Noten für die Ausübung von Funktions- und Führungsaufgaben bescheinigt, die der Kollege gar nicht innehatte und zu diesem Zeitpunkt auch nicht innehaben konnte. Versuchter Betrug oder Naivität oder Bauernschläue oder schlicht Dreistigkeit?

Was nun? Knorr entschloss sich, den Kampf aufzunehmen und die Beurteilung der eigenen, hausinternen Kandidatin auf »2 = Leistung von herausragender Qualität« heraufzusetzen, wohl wissend, dass dies niemals gerechtfertigt war und auch nicht bei der Dienstaufsicht durchgehen würde. Aber er wollte mal schauen, wie diese reagierte. Er musste der Gegenseite Paroli bieten. Es kam, wie es kommen musste. Ministerialoberrat Gumbmann fragte ihn nicht wortwörtlich, aber sinngemäß, ob er noch alle Tassen im Schrank habe, und verweigerte zu Recht seine Zustimmung zu dieser hochgestochenen Beurteilung. Das aber hatte Auswirkungen auf die Gegenseite zur Folge. Der andere hochgepuschte Kandidat und insbesondere dessen Schulleiter, beide an einer Schule in einem anderen Bezirk, wurden über den dortig zuständigen Ministerialoberrat zurechtgestutzt. Die Beurteilung des externen Bewerbers wurde auf eine realistische »Vier« zurückgesetzt. Damit konnte Knorr wiederum auf eine »Drei« heruntergehen, im Grunde immer noch viel zu gut, jedoch dem vorherigen Konkurrenzkampf geschuldet. Diese »Drei« reichte denn auch dazu, dass sich seine Kandidatin im Kampf um die Seminarstelle durchsetzen konnte. Sie wurde also in jungen Jahren Seminarlehrerin, eine exzellente Ausgangsposition für spätere Ambitionen, wie sich schnell zeigen sollte.

Was aber bedeutete das insgesamt? War das wirklich ein Sieg? Es war ja wie gesagt eher so, dass auch diese »Drei« für eine so junge, wenngleich tüchtige Kandidatin schon zu hoch angesetzt war und dass dadurch die Gerechtigkeit im internen Schulgefüge durcheinandergebracht wurde. Es bedeutete außerdem, dass die junge und ehrgeizige Kollegin nun einen erheblichen Platzvorteil im Ranking hatte, den sie prompt zwei Jahre später im Kampf um eine Konrektorenstelle für sich nutzen konnte. Sie bewarb sich von der Schule weg, schaffte den Aufstieg und damit war die Seminarlehrerstelle an Knorrs Schule wieder vakant. Andere Kolleginnen und Kollegen hingegen schauten dumm und wussten nicht recht, wieso sie nicht zum Zuge kamen.

Die Eltern und die Außenwelt bekamen von diesem Beurteilungs-Humbug selbstverständlich nichts mit, die Schüler schon gleich gar nicht. Für sie war es wichtig, dass eine Lehrerin oder ein

Lehrer gut unterrichtete, Verständnis für sie aufbrachte, humorvoll agierte und letztendlich eine Persönlichkeit darstellte. Es gab genügend Lehrer, die diese Kriterien in den Augen der Schüler und Eltern erfüllten. Das waren aber nicht unbedingt diejenigen, die tatsächlich eine Top-Beurteilung hatten. Denn um diese zu erlangen, konnten sie sich oftmals gar nicht mehr ausschließlich auf die Schüler und den Unterricht konzentrieren, sondern mussten allen möglichen sonstigen, aufsehenerregenden Aktivitäten nachgehen, um bei der Schulleitung auf sich aufmerksam zu machen und von dieser dann entsprechend hoch beurteilt und natürlich instrumentalisiert zu werden. So einfach war das und so kompliziert zugleich. Aber gerecht? Und richtig?

*

Die seit einiger Zeit vom Kultusministerium vorgeschriebenen Mitarbeitergespräche gestalteten sich für Knorr erfreulicher, als er gedacht hatte. Knorr hatte alle Kolleginnen und Kollegen angemailt und um individuelle Terminvereinbarung und Vorschläge kritischer, mit ihm zu besprechender Themen gebeten. »Mitarbeitergespräche!« Er musste dabei immer an das wunderbare Foto auf einer Bildpostkarte denken, wo ein etwas altertümlich und grantig wirkender Chef übellaunig am Schreibtisch saß und sagte: »Früher genügte es, wenn man seine Untergebenen anbrüllte, heute muss man mit ihnen reden.« Wie schön, dass sich die Zeiten geändert hatten.

Fast alle Kolleginnen und Kollegen jedoch verzichteten auf das Mitarbeitergespräch, nicht weil sie fürchteten, angebrüllt zu werden, sondern weil sie einerseits der Meinung waren, dass der Schulleiter sowieso ständig mit ihnen im Gespräch war, zum anderen, weil recht wenig Konflikte auftraten. Ein dritter Punkt war wohl, dass sie ihre Freistunde oder ihren Nachmittag nicht für ein Gespräch opfern wollten. Knorr wartete gespannt auf die Reaktion von Frau von Plechschmidt-Hammerstein und sah sich vor seinem geistigen Auge schon stundenlang irgendwelchen Tiraden und Vorwürfen ausgesetzt.

Dann jedoch fand er in seiner Postmappe das von ihr ausgedruckte, unausgefüllte Anschreiben. Es war großflächig durchkreuzt und mit rotem Faserstift stand oben drüber: *Mit Ihnen nicht!* Knorr war begeistert. Oh wie bedauerlich, oh wie schade! Und mit einem dicken Stift strich er Frau von Plechschmidt-Hammerstein schwungvoll auf der Namensliste durch.

Dafür hatte er erstaunlicherweise »Django« Eisenmann am Hals, mit dem er nicht wirklich gerechnet hatte. Eisenmann war ihm zuletzt positiv aufgefallen, als er sich in der pädagogischen Konferenz mit einigen erstaunlich sozialintegrativen Aussagen hervortat. Doch dies schien nur ein temporäres Aufflackern gewesen zu sein. Der »Django« Eisenmann des Mitarbeitergesprächs stellte sich wieder als der alte Haudegen heraus, der er jahrelang schon war.

»Nun, Herr Eisenmann, schön, dass wir auch einmal ausführlicher miteinander reden.«

»Tja, schon, aber nutzt das was? Ich meine, der Zug fährt doch eh in eine Richtung, die ich nicht billigen kann.«

»Wieso denn das?«

»Na, es wird doch an den Schulen immer alles noch wirrer, unübersichtlicher. Ums Unterrichten geht es doch gar nicht mehr.«

»Na, kommen Sie, so kann man das doch wirklich nicht sagen.«

»Meinen Sie? Wissen Sie was, früher, da wurde wenigstens richtig gelernt, heute wird doch nur noch gespielt. Spaßpädagogik, sag ich nur.«

»Kann man das wirklich so sehen?«

»Ich bitte Sie. Schauen Sie sich doch mal die Leistungsnachweise in Mathematik und Physik an. Wenn ich heute eine Arbeit mit demselben Schwierigkeitsgrad von, sagen wir, 1990 schreiben würde, hätte ich einen Notenschnitt von 5,8, ach was, von 6,3!«

»6,3, haha. Sehr schön. Das heißt, eigentlich nicht so schön. Nun gut, die Zeiten haben sich geändert. Die Jugendlichen von heute können dafür ganz andere Sachen als die damaligen. Oder etwa nicht?«

»Was können sie denn konkret? Ein bisschen was unreflektiert nachplappern, ein bisschen im Internet rumspielen, sich irgendwas anlesen und dann den Inhalt dreimal so schlecht wiedergeben wie im Original.«

»Also, ich glaube, das sehen Sie zu negativ. Aber gut. Und woran liegt Ihrer Meinung nach dieser scheinbare Niedergang?«

»Herr Knorr, das muss ich Ihnen wirklich erklären? Es liegt an fehlendem Respekt, an mangelnden Sekundärtugenden. Es liegt daran, dass der Lehrer heutzutage keine Autoritätsperson mehr ist, dass er keinen Frontalunterricht mehr halten soll, dass er ständig unter Rechtfertigungsdruck steht. Diese Reihe könnte ich fortsetzen.«

»Herr Eisenmann, ich will Ihnen ja nicht zu nahetreten und ich will auch keinerlei Streit mit Ihnen, aber könnte es nicht auch sein, dass Sie selbst einer Pädagogik nachtrauern, die eben in dieser Form heute nicht mehr adäquat ist und, nebenbei bemerkt, auch nicht mehr machbar ist?«

»Das ist mir schon klar, dass Sie das so sagen, Sie sind ja einer der Protagonisten dieses ganzen modernen Geredes. Ich weiß, Sie haben die überwältigende Mehrheit des Kollegiums auf Ihrer Seite. Aber was ist mit den anderen, was ist mit Lehrern wie mir? Ich bleibe auf der Strecke. Ich bin jetzt sage und schreibe 34 Jahre im Schuldienst. Ich habe mich immer bemüht, den Kindern etwas beizubringen. Aber Sie können nicht von mir verlangen, dass ich mich jetzt noch einmal auf meine alten Tage ändere.«

»Ja, das heißt ... nein, das sehe ich schon ein, ich meine, das wäre sicher schwierig. Aber vielleicht ein klein wenig mehr Verständnis für die Zeichen der Zeit. Sie werden ja wohl nicht von mir den Eindruck haben, dass ich Sie irgendwie verfolge oder ihnen das Leben schwer mache?«

»Nein, das nicht. Aber ich spüre den grundsätzlich anderen Denkansatz. Bei Ihnen und bei den jungen Kollegen. Und noch was. Denken Sie bitte nicht, dass mich all die kultusministeriellen Verlautbarungen und auch die Beurteilungen noch in irgendeiner Form interessieren. Ich habe in all diesen Jahren x-mal gehört, wie wichtig, richtig und wegweisend der jeweils neue Lehrplan gerade sei, nur um ein paar Jahre später wieder einen anderen vorgesetzt zu bekommen. Das ist doch alles Kokolores. Das ist ein einziger Jahrmarkt der Eitelkeiten und der Wichtigtuerei. Ständig wird eine neue Sau durchs Dorf getrieben. Dasselbe mit den Beurteilungen. Meinen Sie, das interessiert mich noch im Geringsten? Es ist mir völlig gleich, was Sie da hineinschreiben.«

»Das dachte ich mir schon. Aber was soll ich machen. So wie ich Ihnen ein Mitarbeitergespräch anbieten muss, so muss ich Ihnen demnächst in diesem Theater auch wieder eine Beurteilung schreiben.«

»Weiß ich, weiß ich. So, und jetzt nichts für ungut. Ich muss jetzt runter in den Physiksaal und einen Versuch vorbereiten. Ich wollte es nur mal gesagt haben. Denken Sie einmal drüber nach. Auf Wiedersehen und schönen Tag noch.«

»Auf Wiedersehen, Herr Eisenmann.«

Knorr saß noch lange an seinem Schreibtisch. Aus rein pädagogischer Sicht und von didaktischen und methodischen Aspekten her betrachtet konnte er nichts von all dem unterstützen, was ihm Eisenmann da aufgetischt hatte.

Es war ja aber nicht so, dass Eisenmann ein schlechter Mensch oder miserabler Lehrer war. Für den Menschen Eisenmann hatte er durchaus Verständnis. Mit dem Lehrer Eisenmann konnte er nichts anfangen. Wie würden all die heute jungen Lehrerinnen und Lehrer eines Tages werden? Genauso frustriert, genauso von der Entwicklung abgekoppelt? Würden ihre Kräfte und Energien ebenfalls irgendwann schwinden? Und er selbst? Wie lange würde er seine pädagogische Grundlinie überzeugend vertreten können?

Man konnte es nie genau wissen, die Entwicklung war jederzeit offen. So viel war ihm klar.

*

Knorr trank einen Kaffee. Vor ein paar Minuten hatte ihn Kollege Bamm telefonisch auf ein ganz wunderbares Schreiben eines Ministerialrates aufmerksam gemacht. Knorr öffnete die Schulmailbox und tatsächlich, da war es: *Hinweise zur gesetzlichen Unfallversicherung bei nächtlichen Himmelsbeobachtungen.* Knorr schaute sicherheitshalber auf seinen Terminkalender. Nein, es war nicht der 1. April.

Das Thema hätte Knorr ja eigentlich völlig egal sein können, denn es gab an seiner Schule keine nächtlichen Himmelsbeobachtungen, und seines Wissens fuhr auch kein Lehrer nachts mit Schülern in ein Planetarium oder auf ein freies Feld, um sich den Himmel anzuschauen. Doch hier stand schwarz auf weiß, dass das keinerlei Problem wäre, denn es wurde den Schulen zugesichert, dass Schüler bei nächtlichen Himmelsbeobachtungen unfallversichert seien.

Fein. Wieder etwas geregelt in der bunten Welt der Schule. Er hatte es sich schon oft insgeheim gedacht: Irgendwann würde man regeln, welche Lautstärke der Gong haben darf, dass Schreibblöcke abgerundete Ecken haben müssen und mit welchem Fuß man das Schulgebäude zuerst betreten muss.

Alles in diesem ordentlichen Land war geregelt, auch und insbesondere in der Schule. Es war geregelt, dass an Tagen, an denen Klassenarbeiten geschrieben werden, keine Tests stattfinden, das war eine vernünftige Regelung. Es war geregelt, dass niemals Unterricht ausfallen darf, dass am Buß- und Bettag die Lehrer arbeiten müssen, die Schüler aber in die Kirche gehen können und so weiter und so fort.

Inmitten der Regeln war aber auch noch einiges im Schulleben unklar. Kein Mensch wusste, warum es immer mehr Problemschüler mit ADHS, LRS, Legasthenie und Dyskalkulie gab, eigentlich ein Unding in einer Zeit, wo doch alles geregelt war. Wie konnte das geschehen? Unklar war auch, warum Lehrer so oft Burn-out bekamen, ob Winkelfunktionen für das weitere Leben wirklich einen Sinn hatten, ob Schulen Sozialpädagogen brauchten und ob das Lernen von Gedichten das Leben bereichert. Auf vielen Feldern bestand also noch erheblicher Handlungsbedarf.

Und trotzdem: Hinsichtlich der nächtlichen Himmelsbeobachtungen war nun Klarheit geschaffen worden, und Knorr wartete auf die Jubelrufe der Kolleginnen und Kollegen anderer Schulen, die bisher nachts mit Schülerhorden in Sternwarten und auf Feldern unterwegs waren, um die Gestirne zu beobachten und die sich ständig fragten, ob das wohl gut gehen werde. Nun ließ die Versicherungsschutzzusage die Herzen der nächtlichen Himmelsbeobachter sicherlich höher schlagen.

Und so blieb für Knorr nur noch die Frage, was nach jahrzehntelanger Unsicherheit zu dieser Zusage geführt haben mochte. Sollte Licht ins Dunkel gebracht werden? Hatten sich nachts Lehrer und Schüler verirrt, waren sie in Bäche und Seen gefallen, haben ihnen die Sterne nicht den richtigen Weg gewiesen? Wie auch immer. Knorr fragte sich, ob eine Mondfinsternis jetzt ebenfalls versichert sei und was passierte, wenn Außerirdische Schüler entführen würden. Welcher Gerichtshof war da zuständig? Bestand in einem solchen Fall Versicherungsschutz? Knorr fand, dass dies schnellstmöglich geklärt werden sollte, fand auch, dass seine Gedanken jetzt zu albern wurden, und erklärte seinen gedanklichen Unfug für beendet. Er wünschte sich nur noch eins: schöne Ferien.

Die letzten Tage vor den Osterferien waren geschafft. In allen Klassen waren die Wochen vor Ostern wie jedes Jahr die klassische Zeit für schriftliche Arbeiten. Die Kolleginnen und Kollegen wollten schließlich nicht nur in die Provence, nach Umbrien oder an die kroatische Küste in Urlaub fahren, sondern, wie es sich für Lehrer gehört, auch etwas zu korrigieren haben. Und so packten sie am

Freitagmittag alle ihre Siebensachen und zogen mit vollgestopften Mappen und Klassenarbeiten unter dem Arm und ihren Milchkaffeebechern in der Hand fröhlich in die Welt hinaus.

KAPITEL 8

Mai, Juni und Juli

Die naiveren und jüngeren Lehrer konnten noch so oft aufgefordert werden, den größten Teil des Jahresstoffes und der Prüfungen bis Ostern zu schaffen. Sie glaubten es nicht, weil ihnen der Blick auf den Kalender vorgaukelte, dass ja noch viel Zeit bis zu den Sommerferien war.

Erfahrene Lehrer wussten: Was in der Schule bis Ostern nicht erledigt war, das konnte man nahezu vergessen. Dies war eine etwas zugespitzte Aussage der Routiniers, doch man konnte nicht von der Hand weisen, dass die Zeit zwischen Ostern und Sommerferien nicht die beste für kontinuierliches und nachhaltiges Unterrichten und Lernen war. Da gab es Ferientage um Himmelfahrt und Pfingsten, da waren der Probeunterricht für neu eintretende Schüler und insbesondere die Abschlussprüfungen, die den ganzen Schulbetrieb durcheinanderbrachten. Wenn gegen Schuljahresende dann noch Studienfahrten, Schullandheimaufenthalte und Sommerfeste hinzukamen, war an einen geregelten Schulbetrieb nicht mehr zu denken. Die letzten drei Schulwochen pflegten an fast allen Schulen unweigerlich in Chaos auszuarten, auch wenn man seit Jahren versuchte, sie für die Klassen aller Jahrgangsstufen irgendwie sinnvoll zu gestalten. Doch der Notenschluss zwei bis drei Wochen vor Schuljahresende setzte das Signal für die Schüler:

Wozu sollen wir denn jetzt noch lernen? Die Kleineren fielen oft noch auf lächerliche Drohgebärden sich ärgernder Lehrer herein, die in den Klassen verkündeten, dass sie jederzeit noch einmal Noten nach unten korrigieren könnten, wenn die Schüler nicht spurten. Doch irgendwann sprach sich auch bei den Naivsten und Bravsten herum, dass dies nur ein keineswegs ernst zu nehmender Einschüchterungsversuch war.

Knorr hatte zunehmend den Eindruck gewonnen, dass der Verlauf des Schuljahres einem Langstreckenlauf ähnelte. Am Anfang hatte man sich allerhand vorgenommen, vieles geplant, durchstrukturiert, Zeitvorgaben gemacht und eingehalten. Mit der Zeit erhitzte sich der Körper respektive die Schule. Kräfte wurden verschlissen, es gab mentale und physische Einbrüche, aber man gewann auch wieder an Souveränität und Power. Gegen Ende, wie beim Marathonlauf ab Kilometer 32, ging es nur noch darum, irgendwie ins Ziel zu kommen. Ein Schönheitspreis wurde nicht mehr vergeben. Der Motor war überhitzt, die Durststrecken häuften sich, manchmal war man kurz vor dem Halluzinieren. Kilometer 35, 36, 38: In der Schule entsprachen diese den letzten Tests und Klassenarbeiten, die die Schüler wie auch immer überstehen mussten, um den Klassenerhalt zu sichern. Jetzt nur nicht aufgeben. Kilometer 40: die Zeit der letzten Notenkonferenz. Jetzt wusste man, dass man die restlichen zwei Kilometer, auf die Schule übertragen die letzten zwei bis drei Wochen, auch noch schaffen würde. Das Ziel war in Sichtweite.

Aber noch war es nicht so weit. Gerade erst kam man aus den Osterferien zurück, noch war Zeit für Unterrichten und Lernen. Knorr beobachtete die Lehrerinnen und Lehrer, wie sie über den Pausenhof gelaufen kamen: unter einem Arm die mit korrigierten Arbeiten prall gefüllten Aktentaschen, in der anderen Hand die Milchkaffeebecher. Wie beim Hinauslaufen vor den Ferien, nur andersrum und mit mehr roter Tinte in den Schülerarbeiten. Bald würden die ersten Lehrer bei Knorr auftauchen und über die Ergebnisse der in den Ferien korrigierten Klassenarbeiten jammern. Er würde wieder schlechte Schnitte abzeichnen müssen und die Lehrer dazu auffordern, den Schülern noch weitere Chancen auf eine bessere Note einzuräumen. Neues Spiel, neues Glück.

Eigentlich hatte Knorr jedoch ganz andere Sorgen. Die Osterferien erwiesen sich nämlich fast jedes Jahr als eine weitere kleine Zäsur im Schuljahresverlauf. Wieder einmal fielen Lehrkräfte aus, wieder mussten Unterrichtsübersicht und Stundenplan geändert werden. Eine Lehrerin ging in Mutterschutz, eine andere konnte aufgrund eines Unfalles bis zum Schuljahresende nicht mehr kommen. Das hieß, dass die Schulleitung Aushilfen suchen musste, da der Ausfall natürlich in Fächerverbindungen auftrat, für die man keine Referendare zur Hand hatte. Doch wie fast immer war das Problem, dass es für bestimmte Fächer wie zum Beispiel Naturwissenschaften und Mathematik keine Aushilfen auf dem Markt gab. So suchte Knorr also stundenlang im Internet herum, nur um dabei auf Namen von Aushilfen zu stoßen, die zwischenzeitlich schon andere Stellen angenommen hatten oder notgedrungen zum Taxifahrer mutiert waren. Andere wiederum wohnten zu weit entfernt und kamen wegen drei Monaten natürlich nicht an die Schule.

Also musste wieder einmal der Stundenplan umgebaut werden. Mit teils waghalsigen Verschiebungen, fachfremdem Unterricht in den unteren Klassen, Anordnung von Mehrarbeit und Einsatz von Referendaren konnte das Planungsteam die Situation halbwegs bereinigen, wenngleich keiner über das Ergebnis glücklich war. Die betroffenen Lehrer nicht, weil sie zusätzlich belastet wurden, die Schüler nicht, weil sie teilweise lieb gewonnene Lehrer verloren, und schon gar nicht die Eltern, die zu mosern und gar zu meutern begannen, weil in der Klasse ihres Kindes in diesem Schuljahr unter Umständen nun schon die dritte Lehrkraft in irgendeinem Fach unterrichtete. Wie immer in solch einer Situation konnte man den meisten Eltern die Hintergründe erklären und stieß dann auch auf Verständnis. Aber natürlich gab es Eltern, die der Schulleitung

Dummheit oder Böswilligkeit unterstellten. Und so verbrachte Knorr eine Vielzahl an Stunden mit erklärenden Gesprächen und der Ausfertigung neuer Arbeitsverträge.

Einen weiteren Löwenanteil seiner Zeit nahmen die nun immer häufigeren Elterngespräche wegen geplantem Übertritt an die Schule, die Neuaufnahmen und die sich abzeichnenden Wiederholungen von Schülern in Anspruch. Plötzlich hatten es Eltern schwacher Schüler, von denen das ganze Jahr nichts zu sehen war, sehr eilig, Rettungsversuche für ihre Kinder einzuleiten. Konnte man nicht noch einmal über die Noten reden? Konnte man dem Schüler nicht noch eine zusätzliche Chance geben, damit das Schlimmste verhindert wurde? Sogar kleine Bestechungsversuche wurden aus lauter Verzweiflung signalisiert. Und dann die Übertritte aus anderen Schulen! Eltern drohten damit, ihre Kinder in die Schule hineinzuklagen, obwohl sie wussten, dass diese überfüllt war. Es gab Eltern, die für ihre Kinder an mehreren Schulen gleichzeitig eine Voranmeldung vornahmen, was natürlich hinterher an den einzelnen Schulen wieder zu falschen Schülerzahlen führte und die Unterrichtsvorplanung konterkarierte.

... und so teile ich Ihnen diesmal bereits im Mai, also wohlgemerkt vier Monate vor Beginn des nächsten Schuljahres, in aller Deutlichkeit mit, dass mein Sohn Daniel im nächsten Schuljahr die neunte Jahrgangsstufe Ihrer Schule besuchen wird, und zwar den Wirtschaftszweig. Sie haben die Aufnahme letzten Sommer aus uns nach wie vor unerfindlichen Gründen, angeblich wegen Überfüllung der Schule, abgelehnt. Daniel hat zwischenzeitlich eine Schule im benachbarten Landkreis besucht, was aus fahrtechnischen Gründen aber langfristig unzumutbar und indiskutabel ist. Erneut weise ich Sie darauf hin, dass Daniel ADHS hat und Legastheniker ist, zudem Dyskalkulierer. Ich gehe wie letztes Jahr davon aus, dass er in den an der Schule angebotenen Förderkursen entsprechend Hilfestellung erhält und außerdem von sozialintegrativen Lehrkräften unterrichtet wird, die mit diesen Handicaps umgehen können und Verständnis zeigen. Lei-

der ist es mir nicht möglich, persönlich bei Ihnen vorbeizukommen, da ich dienstlich in Afrika unterwegs bin. Ich melde mich bei Ihnen kurz nach Schuljahresende und bringe die erforderlichen Unterlagen einschließlich Jahreszeugnis vorbei. Mit freundlichen Grüßen, Hubert A., Managing Director Industrial Solutions (des ortsansässigen Weltkonzerns).

Knorr schmunzelte und legte das Schreiben aus der Hand. Er erinnerte sich genau an den ähnlichen Text vom Vorjahr, fand das grundsätzliche Anliegen nach wie vor legitim, das implizierte Anspruchsdenken unverschämt, den Tenor arrogant. Mal sehen, wie die Sache diesmal ausgehen würde, vielleicht ließ sich etwas machen. Auf den angekündigten Besuch des hochwohlgeborenen Managing Directors des Weltkonzerns freute er sich schon jetzt ganz besonders. Wie kam wohl jemand persönlich daher, der mit dem Anspruchsdenken auftrat, dass die Schule um seinen Sohn herum gebaut wird?

Dies waren die kleineren und größeren Ungereimtheiten des Schulbetriebs, mit denen sich Knorr in diesen Wochen herum schlug. Und ab und zu hatte er davon die Nase voll, schob einige der unerfreulicheren Dinge auf seine Konrektoren ab und kümmerte sich um andere Trivialitäten des Schulalltags. Auf seinem Terminplan entdeckte er eines schönen Frühlingstages das rot umrahmte Stichwort »Feueralarm«. Genau! Den hatte man bisher immer aufgeschoben. Jetzt musste er endlich sein, sonst würde es wieder Zoff mit dem Sicherheitsbeauftragten geben.

Im Laufe der Jahre war der Feueralarm zu einer rechten Routineangelegenheit verkommen. Das war bedauerlich und gefährlich zugleich, und Knorr fragte sich, was wohl im Ernstfall geschehen würde. Kein Schüler und kein Lehrer nahm die jährlich zweimal stattfindenden Feueralarme ernst. Die Lehrer waren genervt, dass sie sich auf den Pausenhof begeben mussten. Für die Schüler war der Feueralarm eine willkommene Abwechslung, denn es fielen zehn Minuten Unterricht aus und auf dem Pausenhof herrschte

Gaudi. Der Ablauf war stets der gleiche: Die Sekretärin drückte auf Anweisung der Schulleitung den Alarmknopf, die Sirene heulte auf, der Konrektor zog sich eine orangefarbene Warnweste an und eilte zusammen mit dem Sicherheitsbeauftragten auf den Schulhof, Knorr und der zweite Konrektor standen nahe den Ausgangstüren, um den Ablauf zu kontrollieren und Schwachstellen zu entdecken, Hausmeister Klotzer stand unbeeindruckt vom Geschehen in seinem Kabuff und schmierte gelangweilt Semmeln. Die Schüler trotteten in mehr oder minder deformierten Zweierreihen sehr gemächlich, ja nachgerade gemütlich aus ihren Klassenzimmern in Richtung Pausenhof. Lehrkräfte kontrollierten, dass keiner zurückgeblieben war und dass die Fenster und Türen geschlossen waren. Auf dem Pausenhof nahmen der Sicherheitsbeauftragte und der Konrektor die Meldungen über die Anwesenheit der Schüler entgegen, wobei die einzelnen Klassen laut Fluchtplan genaue Positionen einzunehmen hatten. Das war der grobe Rahmen.

Hinterher schloss sich zur Freude der Schüler eine verlängerte Pause an, weil die Lehrer Manöverkritik übten. Zumindest taten sie so. Die Wahrheit hingegen war, dass der Sicherheitsbeauftragte einzelne Kritikpunkte ansprach, die sich die Lehrer geduldig und eher gelangweilt anhörten. Was wollte er denn schon wieder? Sie hatten das Gebäude doch in nur knapp über zweieinhalb Minuten geräumt. Wie, keiner hat geschaut, ob noch jemand in den Toiletten war? Was, der Anfahrtsweg für die Feuerwehr war verstellt? Und die Klassen aus dem Trakt im zweien Stock hätten, wie schon Dutzende Male erklärt, den hinteren Treppenausgang nehmen müssen. Jaja, nächstes Mal wird alles noch besser.

Wurde es nicht, und das kam so. Knorr hatte neulich im »Goldenen Löwen« wieder einmal einen guten alten Bekannten, nämlich den örtlichen Feuerwehrkommandanten, getroffen. Dieser hatte sich nach einiger Zurede bereit erklärt, ihm zuliebe beim nächsten Feueralarm der Schule eine kleine Show abzuziehen, die die Routineveranstaltung für alle Zeiten aus ihren eingefahrenen Gleisen reißen würde. Der Kommandant hatte betont, dass ein fingierter Einsatz ein reiner Freundschaftsdienst seinerseits sei, da dies die freiwillige Feuerwehr normalerweise nicht leisten könne. Wo käme man hin, wenn alle Schulen einen Einsatz wünschten. Aber wenn er, Knorr, ihm erlaube, mal in der Schule Werbung für den Feuerwehrnachwuchs zu machen, dann wolle er ausnahmsweise gerne helfen. Und eine zündende Idee habe er auch. Abgemacht.

An diesem Dienstag, 11:05 Uhr, ging alles seinen gewohnten Gang. Die Lehrer unterrichteten, die Schüler arbeiteten mehr oder weniger mit, einige Lehrer saßen im Lehrerzimmer und korrigierten, erzählten Witze oder ärgerten sich traditionsgemäß über ihre Schüler. Hausmeister Klotzer schmierte in seinem Kabuff verdrossen wie üblich seine Brötchen.

Auf einmal tat es einen Schlag wie bei einer Explosion. Aus der Schulküche im Untergeschoss stiegen dramatische Rauchwolken auf. Ein zweiter Donnerschlag. Das ganze Untergeschoss und nun auch das Erdgeschoss waren in Rauchwolken gehüllt. Hilferufe. Geschrei. Knorr feixte innerlich und drückte den Alarmknopf. Die Sirene heulte los. Chaos brach aus. Die Schüler rasten aus ihren Klassenzimmern, die Lehrer hinterher. Einige lahme Ordnungsversuche schlugen fehl, von Zweierreihen konnte nicht mehr die Rede sein. Lehrkräfte brüllten Anweisungen, alles drängte sich Richtung Ausgangstüren. Tatütata, zwei Feuerwehrwagen fuhren durch das Schultor und bezogen Stellung. Feuerwehrmänner rollten Schläuche aus, andere eilten ins Haus. Die Schüler irrten auf dem Schulhof herum, die Lehrer versuchten, Ordnung in das Chaos zu bringen. Der Konrektor stand hilflos mit seiner orangenen Weste und seinen Listen herum. Der Sicherheitsbeauftragte brüllte durch die Gegend und wurde ignoriert. Hausmeister Klotzer lief mit einem Feuerlöscher aufgeregt erst im Kreis herum und dann in Richtung Untergeschoss. Zwei Feuerwehrleute trugen einen Schüler auf einer Trage aus dem Untergeschoss ins Freie. Knorr wartete noch zwei Minuten und drückte dann den Lautsprecherknopf im Sekretariat:

»Achtung, Achtung, eine Durchsage. Der Feueralarm ist beendet. Ich wiederhole: Der Feueralarm ist beendet. Alle Schüler bleiben auf dem Pausenhof. Die Lehrer bitte ich zu einer kurzen Besprechung ins Lehrerzimmer.«

Wie? Was? Das war gar keine richtige Explosion? Das war gar kein echter Feuerwehreinsatz? Was war hier los? Was war passiert? War überhaupt etwas passiert? Was war in der Schulküche los? Die Schüler rieben sich verblüfft die Augen und staunten. Die Lehrer standen rat- und fassungslos herum. Die Rauchschwaden verschwanden gen Himmel, die Feuerwehr rollte die Schläuche ein und zog kommentarlos ab. Die Hauswirtschaftslehrerin kam gut gelaunt aus der Schulküche spaziert. Auf dem Schulhof trat eine merkwürdige Stille ein. Was hatte man da eigentlich gerade erlebt?

»Tja, meine sehr geehrten Kolleginnen und Kollegen, ich mache es kurz. Sie denken jetzt einfach mal alle über das Geschehene nach. Ich bitte Sie, insbesondere darüber nachzudenken, was bei der heutigen Aktion schiefgelaufen ist, welche Fehlreaktionen gezeigt wurden, ob Sie die Klassen unter Kontrolle hatten, ob die Fluchtwege stimmten, ob die Ordnung auf dem Pausenhof gewährleistet war und so weiter. Ich denke, da gibt es allerhand zu diskutieren. Der Sicherheitsbeauftragte und die Schulleitung werden sich zwischenzeitlich zusammensetzen und alle Erkenntnisse eingehend besprechen und fixieren. Wir treffen uns dann am Freitag, zweite Pause, alle hier im Lehrerzimmer, gehen das gemeinsam durch und ziehen unsere Schlüsse daraus. Einen schönen Tag noch.«

Das Kollegium war perplex, aber schwer beeindruckt. Die Schüler zeigten neuen Respekt. Alle folgenden Feueralarme liefen mit äußerster Präzision und in atemberaubender Geschwindigkeit ab. Das Schulgebäude wurde von nun an sogar in weniger als zwei Minuten geräumt und es wurde kein Schüler mehr auf der Toilette vergessen. Sogar die unterrichtsfreien Lehrer, die sonst beim Feueralarm nur herumgesessen hatten, eilten nun ins Freie. Knorr dankte dem Kommandanten, spendierte der freiwilligen Feuerwehr eine rustikale Brotzeit und zwei Kasten Bier. Nur Hausmeister Klotzer war beleidigt, weil man ausgerechnet ihn, der ja immer alles wusste und sogar besser wusste, nicht vorher informiert hatte. Aber das betrachtete Knorr als Kollateralschaden.

*

Ein paar Tage später lief Klotzer wieder zu bestechender Form auf. Knorr hörte, wie er auf dem Gang vor seinem Büro auf einen Schüler einschrie, und ab und zu quakte der Schüler etwas Unverständliches zurück. Das Getöse kam näher.

»Das werden wir schon sehen, wer da was bezahlt und wer da recht bekommt. Du jedenfalls nicht, du Blödmann«, brüllte Klotzer.

»Genau, das werden wir sehen. Und Sie werden zahlen«, gab der Schüler zurück.

»Haha, du Suppenkasper«, schäumte Klotzer.

Die Tür ging auf. Im Türrahmen stand Klotzer, mit einer Art Ärmel in der Hand und neben ihm ein Junge.

»Also, Herr Knorr, ich habe da einen geschnappt, wie er über den Zaun geklettert ist.«

»Ach was. Über welchen Zaun denn?«

»Na, da hinten, hinter der Sporthalle, da ist doch der Zaun zur Pestalozzi-Schule. Da ist er drüber. Da habe ich ihn erwischt.«

»Soso, und was hast du da hinten überhaupt zu suchen?«

»Wir haben Fußball gespielt und da ist der Ball über den Zaun geflogen. Und ich wollte ihn holen. Da ist der da angerannt gekommen und wollte mich vom Zaun runterzerren.«

»Der da?«

»Na, der Klotzer.«

»Du meinst, der Herr Klotzer.«

»Wegen mir.«

»Und dann?«

»Dann hat er an mir rumgezerrt und ich bin runtergefallen und dabei hat er mir den Ärmel vom Sweatshirt rausgerissen.«

»Ich hab gar nichts rausgerissen. Der ist einfach so rausgefahren. Da kann ich überhaupt nichts dafür. Und das sage ich Ihnen gleich: Ich zahle nichts.«

»Also jetzt mal langsam. Du bist über den Zaun geklettert, und als du oben warst, hat dich der Hausmeister herunterziehen wollen.«

»Ziehen, jawohl, vorsichtig ziehen, so kann man das sagen«, schnaufte Klotzer.

»Und, junger Mann, du weißt doch ganz genau, dass du auf dem Nachbargrundstück nichts zu suchen hast, oder?«

»Schon. Aber der Ball, der war doch drüben. Den kann ich doch nicht liegen lassen. Dann wäre er weg gewesen.«

»Warum bist du nicht um das Grundstück herumgelaufen? Wäre doch einfacher gewesen.«

»Aber wir hatten doch nur noch drei Minuten Pause. Und ich war doch schon fast drüben. Noch was: Meine Hose ist auch aufgerissen. Meine Eltern machen mich fertig, wenn ich so nach Hause komme.«

Knorr blickte den Jungen an. Klotzer blickte Knorr an. Der Junge schaute zu Boden.

»Ich zahle nichts«, maulte Klotzer erneut, aber schon etwas sanfter. Ihm schien nicht mehr ganz so wohl in seiner Haut zu sein.

»Also, jetzt pass mal auf, junger Freund. Du weißt, dass du da Mist gebaut hast. Andererseits weiß ich, dass Herr Klotzer bestimmt nicht deine Kleidung ruinieren wollte. Sind wir uns da einig?«

»Schon. Aber warum muss er derart an mir herumzerren? Was geht ihn das überhaupt an, wenn ich über den Zaun klettere?«

»Oho, oho«, höhnte Klotzer. »Du weißt genau, mein Kleiner, dass ich für den gesamten Bau mit verantwortlich bin. Und ich habe keinerlei Lust, den Maschendrahtzaun wieder zu reparieren, wenn du ihn niedergerissen hast. Hab eh genug Ärger mit euch Fratzen.«

»Also gut. Schluss jetzt. Du, mein werter Freund, hast Mist gebaut. Du weißt, dass du nichts auf dem anderen Grundstück zu suchen hast. Und schon gar nicht über den Zaun. Haben wir uns verstanden?«

»Schon. Bekomme ich jetzt auch noch eine Strafe?«

»Du gibst jetzt erst einmal Herrn Klotzer die Hand, und es wäre schön, wenn Sie, Herr Klotzer, diese Geste akzeptieren würden.«

»Von mir aus. Und was ist mit den Kosten?«, fragte Klotzer.

Knorr war klar, dass es dem als geizig bekannten Klotzer hauptsächlich darum ging, die Kosten für den Schaden zu vermeiden.

»Die übernimmt die Schule. Also, junger Freund, du bekommst das von mir ersetzt, sag das auch deinen Eltern. Ihr lasst Hose und Sweatshirt wieder nähen oder besser, ihr kauft was Neues.«

»Echt?« Der Junge schaute erfreut auf. Da hatte er ja noch einmal Schwein gehabt. Was hätte er seinen Eltern schon sagen sollen? Das hätte einen Mordskrach gegeben mit Internetverbot und allem Drum und Dran! Und dieser Depp von Klotzer? Pfeif drauf! Knorr konnte den Film, der in dem Jungen ablief, genau lesen. Und dann gaben sich die beiden tatsächlich die Hand, auch wenn das von Klotzers Seite etwas zögerlich geschah. Der Junge trollte sich davon. Und Klotzer brachte es übers Herz, in Richtung Knorr eine Art Dankeschön zu brummen. Die Streitschlichter-Rolle hatte wieder einmal blendend funktioniert.

*

Und dann ereignete sich am selben Tag noch ein wunderschöner Vorfall, geradezu ein Kabinettstückchen. Der eine Hauptdarsteller war Kalle Schröder, ein drahtiger, allseits hoch angesehener und qualifizierter Mathelehrer, der allerdings das ausgeprägte Hobby hatte, alle Raucher gnadenlos zu verfolgen. Sein Kontrahent im Stück war Hermann Blüml, beliebter und beleibter Englischlehrer und zugleich Vertrauenslehrer. Schröder bekam von seinen Sechstklässlern den Tipp gesteckt, dass die Rauchermafia der 10. Klassen hinter der Sporthalle, also weitab vom Schuss, wieder einmal zuhauf herumstand und qualmte. Schröder stand in der Lehrerzimmertür und freute sich. Die würde er sich greifen, und zwar sofort. Er hatte dabei nur nicht damit gerechnet, dass Vertrauenslehrer Blüml, ein wuchtiger Mann und großer Freund der Schüler, das Gespräch mitgehört hatte und auf der Stelle das Lehrerzimmer eilig in Richtung Lehrerparkplatz verließ.

Schröder konnte nicht den direkten Weg beschreiten, man hätte ihn sonst von Weitem gesehen. Also machte er sich auf den umständlichen Weg um das gesamte Schulgebäude herum, durchquerte den langen Gang zur Sporthalle, verließ diesen wieder und ging um die Halle selbst herum. Je näher er den Rauchern kam, desto vorsichtiger bewegte er sich hinter einigen Büschen, um nicht gleich entdeckt zu werden. Die Pause würde noch fünf Minuten dauern und die Raucher überzogen sie sowieso immer. Gleich würde er um die Ecke biegen und ihnen den Rückweg verstellen. Sein Handy hatte er auch dabei für den Fall, dass einige ausreißen sollten. Mit einem schnell geschossenen Foto würde er die Flüchtigen identifizieren können. Und dann schnell mal zehn Verweise wegen Rauchens, haha!

Doch Schröder hatte die Rechnung ohne den Wirt gemacht, wie man so schön sagt. Im selben Moment, in dem er um die letzte Ecke biegen und sich die Raucher schnappen wollte, kam ein Mercedes mit Affenzahn auf der gegenüberliegenden Sackgasse, die zum Hintereingang des Schulzentrums führte, herangerauscht. Das Seitenfenster fuhr herunter und Kollege Blüml, der schülerfreundliche Vertrauenslehrer, brüllte in Richtung Schüler: »Aufpassen, Zigaretten aus, Kalle Schröder ist schon da.« Die Schüler reagierten blitzschnell. Als Kalle Schröder auf sie zukam, hatte keiner mehr eine Zigarette in der Hand. Alle schauten ihn treuherzig an – war was? Schröder war außer sich vor Zorn ob dieses Fehlschlags. Blüml schaute ebenso treuherzig aus seinem Mercedes, winkte erhaben mit der Hand, rief feurig »Adios« und brauste davon. »Na gut«, sagte Schröder zu den verhalten grinsenden Rauchern, »diese Runde geht an euch und an Blüml, aber das nächste Mal geht ihr mir nicht mehr durch die Lappen.«

Im Lehrerzimmer hatte man die dramatische Aktion natürlich mitbekommen, und man war gespannt, was jetzt passieren würde. Schröder und Blüml waren vor der Tür wieder aufeinandergestoßen und kamen herein, sich wüst beschimpfend.

»Blüml, du bist doch echt ein Depp.«

»Selber Blödmann.«

»Spinnst du? Du kannst doch die Raucher nicht einfach warnen. Seit wann verteidigen wir denn die Raucher?«

»Mensch Kalle, mach kein Zeug. So mal schnell zehn Verweise ausstellen, das geht doch auch nicht.«

»Wieso? Seid doch froh, dass wenigstens einer sich bemüht, die Raucher zu erwischen. Die wissen ganz genau, dass sie da hinter der Sporthalle nichts zu suchen haben. Und Rauchen geht schon gar nicht.«

»Ach komm. Mir hat einfach mein großes Vertrauenslehrerherz geblutet. Du musst das sportlich sehen. Diesmal war ich halt ein bisschen schneller, das nächste Mal gewinnst vielleicht du. Aber nur vielleicht, hoho.«

»Und außerdem bist du ein fauler Sack. Hättest ja auch laufen können. Mit deinem dicken Auto 200 Meter um die Ecke fahren, bloß um die Raucher zu warnen. Das ist ja das Letzte.«

»Schau mich an, Kalle. Ein paar Kilo zu viel auf den Rippen. Ohne Auto wäre ich chancenlos gewesen.«

»Red kein Blech, Hermann. Du wärst eh zu faul zum Laufen gewesen.«

»Mmh. Also, Frieden. Okay?«

»Nur unter Protest.«

»Okay, alter Junge. Bis zum nächsten Einsatz.«

»Das garantier ich dir.«

Im Lehrerzimmer genoss man die kleine Show. Alle wussten, dass Schröder und Blüml im echten Leben dicke Freunde waren. Welch ein Auftritt! Natürlich war das Ganze von Blümls Seite nicht politisch korrekt gewesen, die Raucher gehörten eigentlich gestellt. Doch irgendwie taten solch kleine Episoden einer Schule auch wieder gut, denn die Schüler waren noch nach Wochen von diesem Auftritt begeistert, man musste gemeinsam lachen, und man wusste, dass Schröder alles daransetzen würde, die Raucher das nächste Mal zu erwischen, und wenn er vorher Blümls Mercedes blockieren würde. Denn laufen würde Blüml niemals, dazu war er tatsächlich viel zu bequem. Was er aber tun würde, war, die Raucher trotz seiner Rettungsaktion bei passender Gelegenheit gehörig zusammenzustauchen.

»Wo ist denn der Blüml eigentlich jetzt schon wieder hin?«, fragte neugierig Studienrat Brönner.

»Den habe ich gerade wieder wegfahren sehen«, sagte Fachlehrer Horten, der eben von der Pausenaufsicht zurückkam.

»Dann ist er mit Sicherheit zum Metzger gefahren, um sich eine Leberkäs-Semmel zu holen«, vermutete Offmann.

Genauso war es. Drei Minuten später kam der wuchtige Kollege Blüml zurück, biss herzhaft in die erste von drei Leberkäs-Semmeln und lachte ob seines gelungenen Coups immer noch vergnügt in sich hinein. Und Schröder grinste über den Tisch zu ihm hin. Ach, wie schön konnte Schule doch sein!

Knorr gefiel die Geschichte prächtig. Es war klar, dass er vehement die Position von Mathelehrer Schröder vertreten musste. Rauchen war verboten, keine Diskussion. Was Blüml da trieb, konnte nicht angehen. Aber Knorr freute sich insgeheim, solche Lehrertypen, solches Urgestein an der Schule zu haben in einer Zeit, in der alle immer stromlinienförmiger und regelkonformer auftraten und die von der alles überwabernden Political Correctness in die permanente Langeweile getrieben wurde. Das war bei ihm keine Verklärung der alten Penne von früher mit ihren archaischen und häufig genug willkürlich agierenden Lehrerkräften. Die Schule von heute, human und sozialintegrativ, wie sie erfreulicherweise zunehmend war, brauchte trotzdem viel mehr Blümls und Schröders, brauchte Lehrer mit Ausstrahlung und Charisma, die auch mal einen solchen nicht korrekten Klops lieferten.

*

Die Mitglieder der Öko-Bio-Umwelt-Fraktion unter den Lehrkräften, intern kurz als »Öbus« bekannt, hatten ihren Schlag offenkundig schon seit geraumer Zeit vorbereitet und setzten nun entschlossen zur Attacke an.

Ihre inoffizielle Vorsitzende und Sprecherin, die auch in der ganzen Stadt aufgrund ihrer Omnipräsenz in ökologischen Dingen bekannte Aktivistin und Englischlehrerin Gabriele Ganzmann, von Knorr insgeheim immer nur als »Gaga« bezeichnet, schilderte ihm die Gefahrenlage für das Kollegium der Schule in dramatischen Tönen.

»Sehr geehrter Herr Knorr, with respect, wie der Engländer so schön sagt, wenn er dabei ist, etwas Kontroverses anzuzetteln oder jemandes Meinung anzuzweifeln – Sie können sich das aussuchen –, die Situation im Lehrerzimmer ist dramatisch.«

Oh weh, oh weh, dachte Knorr nicht ganz ernsthaft, was würde nun wieder los sein. Streik? Aufstand? Revolte?

»Das Kollegium wird im Lehrerzimmer systematisch vergiftet.«

Knorr schaute verdutzt. Wer wollte wohl ein Lehrerzimmer vergiften?

»Wir sind nicht mehr bereit, das hinzunehmen. Und jetzt hören Sie mir bitte gut zu und unterbrechen Sie mich möglichst nicht. Ich muss mich konzentrieren, denn die Gifte haben schon einen Teil meines Gehirns angegriffen, wenn nicht zerstört. Also, ich führe das jetzt einmal genau aus.«

Gehirn zerstört? Gift im Lehrerzimmer? Er schaute zweifelnd.

»Es ist einigen Kolleginnen und Kollegen schon lange aufgefallen, dass viele von uns unter Konzentrationsstörungen, Gedächtnislücken, Kreislaufbeschwerden, Schweißausbrüchen, Angstzuständen und Kopfweh leiden. Wir dachten zuerst, das sei Zufall, aber die Anzeichen haben sich verdichtet, ach was, wir können empirisch beweisen, dass all dies mit Umweltgiften im Lehrerzimmer zusammenhängt. Kurz und bündig: Es muss also etwas geschehen. Sie sind der Verantwortliche.«

Knorr war für alles verantwortlich, das wusste er schon lange. Aber für Gift? Er blickte Gaga fragend an.

»Wir vermuten, dass die Schrankwand im Lehrerzimmer diese Gifte ausstrahlt, und beantragen genaue Messungen. Sie werden es dann schwarz auf weiß sehen: Diese Wand strahlt aus, ruiniert unsere Gesundheit, und das seit über 30 Jahren. Ich fordere Sie also im Namen unserer Gruppe auf, erstens detaillierte Messungen zu veranlassen, zweitens die Wand entfernen zu lassen und das Lehrerzimmer mit umweltfreundlichen Möbeln in Öko-Qualität auszustatten. Und natürlich brauchen wir eine unbehandelte, ökologisch risikofreie neue Schrankwand, denn darin haben wir ja unsere Schließfächer.«

Aha. In Knorrs Kopf begann es zu rattern. Das war brisant. Sollte er gleich auf dieses Ansinnen reagieren oder nicht? Wenn er nicht reagierte, dann würden die aufgebrachten Öbus schrittweise das ganze Kollegium rebellisch machen und dann könnte es tatsächlich atmosphärische Störungen geben. Andererseits wusste er gut genug, dass das Schulverwaltungsamt aufschreien würde, wenn er jetzt plötzlich aus heiterem Himmel eine neue Lehrerzimmereinrichtung im fünfstelligen Bereich forderte. Hm, hm. Erst mal auf Zeit spielen.

»Also, Frau Ganzmann. Sie wissen so gut wie ich, dass wir nicht so einfach hoppla hopp eine neue Einrichtung mit Schrankwand, Stühlen und Arbeitstischen bekommen. Ich schlage Ihnen vor, wir lassen Messungen durchführen, um überhaupt erst einmal zu wissen, ob wirklich Schadstoffe auftreten, und falls ja, was ich bezweifle, welche es denn sind.«

»Das kann nur eine Notlösung sein. Die Zeit drängt. Aber gut, lassen wir messen. Ich werde das so ans Kollegium weitergeben.«

»Sagen Sie mal, um welche Umweltgifte handelt es sich denn Ihrer Meinung nach?«

»Oh, da gibt es viele Möglichkeiten. Aliphatische und aromatische Kohlenwasserstoffe, Ketone, Terpene, PCB, Formaldehyd, in den Kabelschächten auch Asbest und so weiter. So genau kenne ich mich da auch nicht aus. Ich bin Englischlehrerin, keine Chemikerin. Aber die Experten werden es Ihnen sagen.«

»Ach was. Aber die Einrichtung müsste, wenn sie denn mit Schadstoffen belastet gewesen wäre oder von mir aus noch ist, schon längst ausgedünstet haben. Die Möbel sind über 30 Jahre alt.«

»Wie auch immer. Seit ich heute Morgen in der Schule bin, ist mir jedenfalls schon wieder leicht übel und mein Kopf brummt. Ich sage Ihnen, da stimmt etwas nicht, das kommt von den Giften.«

»Also gut. Ich sehe, was sich machen lässt.«

»Und ich sehe Sie nächsten Freitag wieder.«

»Das steht zu befürchten.«

Knorr wusste, dass er handeln musste. Die Öbus würden sonst alle rebellisch machen und unter Umständen ihre Meinung nach außen an die Öffentlichkeit tragen. Für die örtliche Presse wäre das ein gefundenes Fressen. Er konnte sich die Schlagzeilen lebhaft vorstellen: »Im Lehrerzimmer vergiftet« oder »Schulleiter riskiert Gesundheit seiner Lehrer«. Also rief er den zuständigen Sachbearbeiter im Schulverwaltungsamt an und schilderte ihm die Situation. Der Sachbearbeiter lachte kurz und enerviert auf und teilte Knorr mit, dass er erstens kein Geld für eine Neueinrichtung habe, dass all dies zweitens hochgradiger Blödsinn sei, denn eine Schrankwand könne nach 30 Jahren nicht mehr ausdünsten, und drittens, dass die Lehrer ja immer nur kurzfristig in den Pausen oder in einer Freistunde oder bei einer Konferenz im Lehrerzimmer anwesend seien und dass diese kurzen Verweilzeiten nie und nimmer zu gesundheitlichen Problemen führen können, selbst wenn es irgendwelche Ausstrahlungen gäbe, was seiner Meinung nach nicht der Fall sein könne. Knorr machte dem Sachbearbeiter klar, dass er das auch so sehe, dass er und damit auch die Schulverwaltung und die ganze Stadt aber mit einem riesigen Klamauk rechnen müssten, wenn nicht irgendetwas unternommen würde, und seien es zunächst nur Schadstoffmessungen, die ja wohl nicht so viel kosten dürften. Nach langem rhetorischen Gezerre gab der gute Mann schließlich aus Angst vor einem drohenden Skandal nach und bewilligte umfassende Messungen im Lehrerzimmer. Er würde ein renommiertes Institut damit beauftragen. Damit konnte Knorr leben, er konnte Gaga und den Öbus vermitteln, dass er tätig geworden war.

Ein Mitarbeiter des Instituts rückte an und stellte im Lehrerzimmer allerhand seltsam anmutende Messgeräte und Sonden auf, was die Lehrkräfte sehr beeindruckte. Zu verschiedenen Tageszeiten wurden Schadstoffmessungen vorgenommen. Alle waren gespannt. Nach zwei Wochen lag das Ergebnis vor: Es gab im Lehrerzimmer kaum irgendwelche gefährlichen Ausdünstungen geschweige denn Gefahrenpotenzial durch Umweltgifte. Geringfügige Schadstoffmengen seien völlig normal und kämen lediglich von den Ausdünstungen der Lehrkräfte, wurde ihm beschieden. Man müsse also folglich nur ab und zu einmal stoßlüften, dann würden diese Stoffe sofort entweichen. Wenn die Schule aber unbedingt wolle, dann könne man einen sogenannten Luftreiniger aufstellen, eine Art Filtermaschine, die auch die letzten zweifelhaften Partikel aus der Luft beseitigen würde. Der Sachbearbeiter im Schulverwaltungsamt teilte dies Knorr in hämischem Ton mit und verwies darauf, dass man sich die Hunderte von Euros für die Messungen hätte ersparen können, aber bitte schön, es sei ja nicht sein Geld, das die Schule da unnötigerweise zum Fenster hinausgeworfen hat. Knorr wiegelte so gut wie möglich ab, forderte eine Kopie des Schadstoffberichts und übergab diesen an Frau Gaga von den Öbus, die ihn gnädig, aber von vornherein skeptisch entgegennahm.

Es kam, wie zu erwarten war. Frau Gaga schenkte weder dem Bericht, noch dem Messinstitut, noch dem Schulverwaltungsamt, noch Knorr Glauben und verstieg sich in die Behauptung, dass Knorr mit dem Schulverwaltungsamt unter einer Decke stecke und das Ganze nur eine scheinheilige Inszenierung beziehungsweise eine leicht durchschaubare Abwiegelungs- und Vernebelungsaktion gewesen sei.

»Glauben Sie ja nicht, dass wir da drauf reinfallen«, ließ sie Knorr wissen.

»Frau Ganzmann, wir haben einen ersten Schritt getan. Ich habe in Ihrem Interesse gehandelt. Wir haben eine Menge Geld ausgegeben. Wir haben ein Ergebnis. Wieso sollten wir das anzweifeln?«

»Weil diese Messungen eine Farce sind. Das Institut ist wahrscheinlich von der Stadt gekauft.«

»Frau Ganzmann, es ist bestimmt nicht gekauft. Ein Institut lässt sich nicht einfach kaufen. Ich versichere Ihnen, es wird eine zweite Vergleichsmessung in vier Wochen geben. Bis dahin lassen wir mal das Luftreinigungsgerät laufen und lüften tagsüber mehrmals komplett durch. Lassen Sie uns gemeinsam Schritt für Schritt machen. Einverstanden?«

»Eigentlich nicht, aber was will ich machen. Sie spielen ja nur auf Zeit. Also gut. Aber ich bestehe auf einem anderen Institut. Einem unabhängigen Institut. Wir wählen das selber aus.«

»Wenn Sie unbedingt meinen. Es ist Ihnen aber bewusst, dass wir das dann aus unserem eigenen, sehr begrenzten Schuletat zahlen müssen?«

»Da kann ich dann auch nicht helfen. Unsere Gesundheit hat Vorrang.«

»Das Geld wird uns an anderer Stelle fehlen.«

»Das ist mir egal. Seien Sie froh, dass ich mich überhaupt damit einverstanden erkläre, dass wir nochmals messen lassen.«

Knorr schnaufte durch.

Am nächsten Morgen erschien ein städtischer Mitarbeiter und rollte auf einem Sackkarren einen großen, grauen Kasten ins Lehrerzimmer. Es war das angekündigte Luftreinigungsgerät. Der Personalrat und die Öbus wurden über seine Funktionsweise aufgeklärt und in die Handhabung eingewiesen. Das Kollegium stand neugierig im Halbkreis um die Maschine herum. Man musste nur an zwei Knöpfen drehen, dann begann das Gerät zu arbeiten, wobei allen unklar blieb, was und wie es genau arbeitete. Irgendwie schien es Luft anzusaugen, angeblich zu filtern und wieder hinauszublasen. Jedenfalls brummte es dabei vernehmlich und regte mit diesem permanenten und sonoren Gebrumme schon nach wenigen Tagen die Lehrkräfte fürchterlich auf. Frau Gaga erklärte kategorisch, dass dieses lärmende Gerät nur eine neue Machenschaft der Schulverwaltung in Verbund mit dem sogenannten Gebäudemanagement sei, dass es wahrscheinlich überhaupt keine Funktion habe, außer Radau zu machen, und sie drohte damit, alles an die Öffentlichkeit und vor allem an die Presse weiterzugeben. Sie behauptete zudem, dass der Lärm dieses Geräts ebenfalls Umweltverschmutzung sei, gegen die man vorgehen müsse. Knorr meinte nur, dass er das Gerät ja schließlich nicht bestellt habe und dass die ganze Aktion sowieso Kokolores sei. Das wiederum ärgerte die Öbus noch mehr. Nach einer Woche hatten sie es dann in Verbund mit dem Personalrat geschafft: Das Gerät wurde wieder aus dem Lehrerzimmer hinausgerollt. Blieb also nur das Stoßlüften, das alle Stunde energisch betrieben wurde. Doch die Situation blieb unbefriedigend.

Ein paar Tage später tauchten zwei Mitarbeiter eines anderen, von den Öbus auf Kosten der Schule bestellten Instituts auf und stellten wiederum Sonden und Messgeräte auf. Das Prozedere wiederholte sich. Zum Bedauern der Öbus konnten wiederum nur minimale Schadstoffemissionen wegen menschlicher Ausdünstungen festgestellt werden und die einzige Empfehlung der Experten war die gleiche wie die vom ersten Institut gegebene: Stoßlüften.

Die Öbus waren nun endgültig beleidigt, unter anderem auch, weil jedes Mal der Aspekt der »menschlichen Ausdünstungen« betont wurde. Sie erklärten diese Aktionen für Humbug und kamen auf die Idee nachzufragen, ob denn überhaupt alle Kategorien von Schadstoffen gemessen worden waren. Das waren sie natürlich nicht, es gab ja immer irgendwelche exotischen Stoffe. Aha. Also eine dritte Messung? Knorr reichte es. Er sah, dass dieses Theater endlos weitergehen würde, bis letztendlich doch die Schrankwand ausgebaut und durch eine neue ersetzt werden würde. Darauf hatten es die Öbus in heimlicher Koalition mit dem Personalrat ja von vornherein angelegt.

Er ließ seine Beziehungen in der Stadt spielen, machte Stadtratsfraktionen rebellisch, sprach mit dem Bürgermeister, dem Kämmerer und dem Leiter der Schulverwaltung. Irgendwo musste doch noch Geld für eine neue Schrankwand und Tische und Stühle aufzutreiben sein. Und siehe da: Vor der Drohkulisse eines sich anbahnenden Umweltskandals und der öffentlichen Meinungsmache, die diese mysteriösen, angeblich gesundheitsruinierenden Gifte im Lehrerzimmer der Schule verursachen würden, knickten die Vertreter der Stadt und der Kämmerei ein. Plötzlich fand sich die benötigte Summe in irgendeinem noch nicht ausgeschöpften Topf und wurde bewilligt.

Die alte Schrankwand wurde herausgerissen. Die neue, sehr elegante Schrankwand aus ökologisch unbedenklichem Material wurde in den kurzen Ferien eingebaut, Tische und Stühle wurden ersetzt, ultramoderne Projektions- und Infowände installiert. Das neu gestaltete Lehrerzimmer war nun vom Allerfeinsten und strahlte sauber und aufgeräumt wie nie zuvor. Der Personalrat war voll des Lobes für Knorr, der eben als Schulleiter vorbildlich hinter seinem Kollegium stand und dies alles ermöglicht hatte. Knorr selber war sich sicher, dass es allerhöchstens bis zum neuen Schuljahr dauern würde, dann würden die Kolleginnen und Kollegen Regale, Kühlschränke, Kaffeemaschinen, Stapelboxen und jedweden sonstigen Krimskrams herbeischleppen und die übliche Verramschung und Vermüllung des Lehrerzimmers würde wieder um sich greifen. Das Lehrerzimmer als eine Art Wohnküche. Aber bitte, er hatte ja sein eigenes Büro und musste nicht im Lehrerzimmer hausen. Zumindest konnte momentan niemand mehr über angebliche oder eingebildete Gefahren durch Umweltgifte jammern.

Doch kurz vor Schuljahresende kam es noch schöner. Knorr erhielt Anrufe vom Schulreferenten und vom Bürgermeister, er möge ihnen doch gefälligst diese »Dame da« vom Halse halten, die sie ständig bedrohe und tyrannisiere, weil in der Nähe der Schule ein Funkmast aufgestellt worden sei, der angeblich gefährliche Strahlungen aussende. Sie habe auch schon entsprechende Leserbriefe in der Lokalpresse geschrieben und versucht, die Öffentlichkeit aufzuwiegeln, was Knorr allerdings entgangen war. Gaga hatte sich also ein neues obskures Objekt für ihre Kampfeslust erkoren und zudem politische Verantwortliche ausgesucht, denen sie ihre Feindschaft widmen konnte. Irgendwann würde sie wieder versuchen, Knorr vor ihren ideologischen Karren zu spannen. Dies war eine endlose Geschichte, und Knorr sah langfristig keine Chance, ihr zu entrinnen.

Und dann entrann er ihr doch völlig unerwartet. Beim nächsten Termin, den Knorr mit den Öbus und Frau Gaga vereinbart hatte und vor dem er sich auf neue Konflikte eingestellt hatte, geschah etwas Wunderbares. Frau Gaga kündigte an, dass sie von dieser Schule, von dieser Stadt, von diesen politischen und umweltmäßigen Ignoranten endgültig genug habe und im nächsten Jahr einen Versetzungsantrag in ein anderes Bundesland stellen würde. Sie habe sich eine Kate an der Nordsee gekauft und gedenke, baldmöglichst dorthin umzuziehen. Knorr setzte eine Miene tiefsten Bedauerns ob dieser Entwicklung auf und freute sich insgeheim so sehr, dass er gerne jubelnd im Kreise herumgesprungen wäre. Er versprach Frau Gaga, alles in seinen Möglichkeiten Stehende zu unternehmen, damit diese Versetzung auch zum Tragen komme.

Er setzte noch eins drauf und erklärte, dass er diese Entscheidung natürlich zutiefst bedauere, er aber volles Verständnis für diesen Schritt habe, obwohl sie im hohen Norden die neue Schrankwand sicher sehr vermissen werde. Frau Gaga schaute halbwegs erstaunt ob seiner Worte und schien dann zufrieden. Ob sie ihm wirklich abkaufte, was er da erzählte, das würde für immer unklar bleiben. Er selbst wusste nur eins: Mittelfristig war wieder ein Problem gelöst und dies ließ Raum für neue.

*

Wieder einmal Zeit für die lange vernachlässigten Freitagsnotizen. Was hatte Knorr denn abgesehen vom üblichen Routinekram sonst in den letzten zwei Wochen so an der Schule getrieben und erlebt?

Er hatte zum Beispiel die Schülersprecher zum mittäglichen Kaffee und Kuchen eingeladen. Diese hatten es sich schmecken lassen und es hatte sich ein gutes Gespräch über das Schulleben entwickelt. Auf diese jungen Leute konnte man bauen, sie trugen mit ihren Ideen und ihrer Einsatzfreude die Schule mit.

Eine Referendarin war weinend in sein Büro gekommen, weil sie von einem Neuntklässler übelst beleidigt worden war. Knorr musste ihr zu Hilfe kommen. Er kaufte sich den Schüler und war sich sicher, dass er von nun an Ruhe geben würde. Das Risiko, noch einmal auf einen misslaunigen Schulleiter zu treffen, würde er kaum mehr eingehen.

Zwischendurch hatte er diverse Unterrichtsbesuche gemacht, davon einen erlebt, in dem eine Einsatzreferendarin in einer 5. Klasse ein einfältiges und überaus simpel gestricktes Würfelspiel zu Rechenaufgaben durchgeführt hatte, das auch für Drittklässler geeignet gewesen wäre. In einer anderen Stunde hatte ein Referendar in einer 9. Klasse das Thema »Hollywood Children« behandelt, populistischer Unfug mit Showstars, die die Schüler zum größten Teil gar nicht kannten. War dies das neue Niveau?

Zwei Stunden hatte er ein feindseliges Gespräch zwischen einer Deutschlehrerin und einem wild gewordenen Ehepaar moderiert, das behauptete, die Lehrerin würde ihren armen Sohn mobben. Sie versuchten jetzt ihrerseits in vorher abgesprochener Choreografie, die Lehrerin zu verleumden und einen Showdown gegen die Schule zu gewinnen. Erst als Knorr ihnen schlüssig belegen konnte, dass ihr angeblich so braver, gerade volljährig gewordener Sohn überhaupt relativ selten zum Unterricht erschien, schon mehrere Nacharbeiten und zudem Verweise wegen unverschämten Verhaltens erhalten hatte, von denen sie nichts wussten, weil er die Unterschriften gefälscht hatte, gaben sie klein bei und sahen die Welt zwangsläufig mit neuen, staunenden Augen.

Dann hatte Knorr versucht, einen jungen Lehrer zu coachen, der ein immer eigenartigeres Verhalten an den Tag legte. Oft konnten ihn die Kollegen und die Schulleitung tagelang nicht auffinden, obwohl er im Hause war und unterrichtete. Er kam nicht in das Lehrerzimmer und versteckte sich in den Pausen in irgendwelchen Klassenzimmern. Dann wieder tauchte er unvermittelt auf, war omnipräsent, quatschte ununterbrochen über Gott und die Welt und erzählte in beliebiger Reihenfolge und in rasantem Tempo Geschichten aus seinem Leben und vor allem von seinen ausgedehnten Reisen in obskure Länder. Die Kolleginnen und Kollegen waren genervt, konnten sich ihm aber nicht entziehen und mussten seine nächste depressive Phase abwarten, um wieder Ruhe vor ihm zu bekommen. Alle wohlgemeinten Ratschläge von Seiten der Schulleitung und des Personalrats nahm er scheinbar dankbar an, nur um dann umgehend wieder in sein altes Verhaltensmuster zurückzufallen. Konnte so jemand langfristig wirklich Lehrer werden? Knorr würde sich die Probezeitbeurteilung sehr gut überlegen müssen.

Drei Schüler hatten sich anlässlich einer Klassenfahrt auf einem Segelschiff die Schweinegrippe eingefangen, was zu allerhand Aufregung in der gesamten Elternschaft führte und zu zahlreichen Telefonaten mit dem Gesundheitsamt, das die Entwicklung misstrauisch beäugte. Gab es eine Clusterbildung? Zum Glück ging alles glimpflich aus. Allerdings schien dadurch die geplante Chinareise einer Schülergruppe zur Partnerschule in Shanghai gefährdet. Sie war nun schon x-mal verschoben worden. Man würde sehen müssen.

Der Schüleraustausch mit den Partnerschulen in Tschechien und Schottland dagegen verlief normal. »Normal« hieß, dass dieses Mal die Schüler aus dem Ausland zu Besuch waren, dass Knorr die aufgrund der langen Anreise völlig übermüdeten Gruppen begrüßte und ihnen das Schulhaus zeigte, dass am Anfang alle ein wenig fremdelten, dass einigen das Essen in den Familien nicht schmeckte und wieder andere aus welchen Gründen auch immer herumzickten, dass sie wie üblich vom Bürgermeister stolz im Rathaus empfangen wurden, dass sie ein paar Burgen und Schlösser der Umgebung anschauten, die sie aber nicht sonderlich interessierten, dass es bei einem heimlichen abendlichen Gelage ein paar Alkoholleichen gab, dass sich dann die deswegen erregten Eltern schnell wieder beruhigten, dass sich alle wieder halbwegs lieb hatten, dass sich ein paar tatsächlich verliebten und dass bei der Abfahrt bittere Tränen vergossen wurden, die dann bald wieder vergessen waren.

Zwei jungen Lehrkräften eröffnete Knorr ihre wohlwollend formulierten Probezeitbeurteilungen, wofür sie dankbar waren und sich seine positiven Ausführungen über ihre Arbeit geduldig und erfreut anhörten. Ihr Schritt ins lebenslange Beamtenleben war damit gesichert. Hoffentlich wurden sie damit glücklich.

Knorr hatte die iPad-Klassen erneut mehrmals besucht und versucht, seine noch nicht ausbalancierte Meinung zu dieser Art von Unterricht neu zu justieren. Das Ergebnis war für ihn immer noch offen. Sollte man wirklich auf diesen Zug aufspringen oder doch lieber die Entwicklung abwarten? Man würde das noch einmal mit dem gesamten Kollegium besprechen müssen.

Die Elternbeiratssitzung war auch in diesem Monat das gewohnte Sammelsurium aus Rückblick auf die verrichteten und Ausblick auf noch geplante Aktivitäten. Die Protagonisten tauschten wie üblich Meinungen aus, hielten ihre eigenen für die allein richtigen und murrten über alles Mögliche. Wichtig war, dass sich der Elternbeirat der Planung der bevorstehenden Abschlussfeier annehmen würde. Dies wurde denn auch signalisiert und so hatte die Soiree doch noch ihren Sinn gefunden.

Schließlich hatte Knorr der Amtseinführung eines ehemaligen Kollegen beigewohnt, der nun selber Schulleiter geworden war. Erstaunlich wie immer bei solchen Occasionen waren die ritualisierten Phrasen und stereotypen Worthülsen, die alle auftretenden, miserablen Redner an den Tag legten, egal ob Landrat, Ministerialrat oder Personalrat. Die Uralt-Turnhalle, in der die Inauguration vor dem versammelten Lehrerkollegium und einigen handverlesenen Honoratioren stattfand, war gar schauerlich, obwohl man sie mit ein paar Blumenstöcken und bunten Luftballons geschmückt hatte. Der neu ernannte Schulleiter kündigte an, dass nun die Zeit des Aufbruchs gekommen sei und dass alles besser werden würde an seiner Schule. Ein kapitaler Anfängerfehler.

Erneut hatten zwei Schüler Fahrräder geklaut und es musste wieder einmal der Disziplinarausschuss einberufen werden. Die Kolleginnen und Kollegen zeigten sich noch einmal gnädig und beließen es bei der Androhung der Entlassung, verbunden mit einem Arbeitseinsatz für die Schule.

Und weil es gar so spannend war und die Bürokraten einmal mehr ihre Existenzberechtigung nachweisen mussten: Es gab wiederum einen geänderten Abrechnungsmodus bei den Reisekosten. Freiplätze durften von den Lehrern nicht mehr angenommen werden. Damit uferten jedoch die Gesamtkosten aus, sprengten das Budget der Schule und verhinderten somit Schülerfahrten und Skilager. Das wollte man im Hohen Hause nun auch wieder nicht und so ruderte man zurück. Also durften wieder welche akzeptiert werden, allerdings nicht im Sinne einer Vorteilsannahme, was ja selbst den Dümmsten schon immer klar war und nicht besonders betont zu werden brauchte. Wie würde es weitergehen? Von der Abrechnungsstelle kamen im gefühlten Stundentakt neue, detaillierte Formblätter und Richtlinien, die keiner verstand. Knorr beauftragte erst einmal seinen Konrektor, eine besonders schöne, schulinterne Tabelle zu entwickeln.

Summa summarum war alles wie immer: Business as usual, der übliche, weit gestreute Mixed Bag, meist spannend, immer Energie kostend, manchmal enervierend.

*

Und neben dem kleinen, schulinternen Mixed Bag gab es selbstverständlich »The Grand Mixed Bag«, wie das Schulleitungsteam spöttisch zu sagen pflegte. Das waren die Direktiven, Verlautbarungen, kultusministeriellen Erkenntnisse und Umsetzungsstrategien, mit denen die Schulen überflutet wurden in der Annahme, dass das Sammelsurium an kultusministeriellen Anordnungen, Vergleichstests, externen Evaluationen und Visitationen denn je etwas nützen würde. Die Wahrheit war, dass all diese Regelungen und Instrumentarien längst zu hohlen Ritualen verkommen waren. Sie waren zeitaufwendig und in der Regel völlig sinnlos, sie streuten der Öffentlichkeit Sand in die Augen und brachten die Basis gegen die Obrigkeit auf, ohne dass Letztere dies je merken würde. Denn natürlich war die Basis nicht so dumm, ihren Verdruss lautstark öffentlich zu machen. Sie maulte hinter vorgehaltener Hand, ließ den ganzen Unsinn über sich ergehen, wurschtelte sich durch, lieferte die Ergebnisse, die gewünscht waren, auch wenn sie nur auf dem Papier standen. Externe Evaluation? Gut gelaufen. Schulvisitation durch die Dienstaufsicht? Unauffällig. Landesweite Vergleichstests? Leicht über dem Durchschnitt. Inklusion? Wird gemacht. Notenschnitte in der Abschlussprüfung? Können sich sehen lassen. Aufnahmequote? Adäquat.

Knorr saß in seinem Büro und ging die hereinflutenden neuen Nachrichten durch. Die Mail der Dienstaufsicht bedeutete nur sehr bedingt etwas Gutes: *... teilen wir Ihnen mit, dass die ursprünglich für dieses Frühjahr geplante externe Evaluation Ihrer Schule aufgrund personeller Engpässe bei den Evaluationsteams auf den kommenden Herbst, also zu Beginn des nächsten Schuljahres, verschoben werden muss.* Gut, ein bisschen Zeitaufschub, aber damit war nichts gewonnen, die Nervensägerei einer externen Evaluation kam dann eben im nächsten Herbst auf die Schule zu. Das passte wie die Faust aufs Auge und würde wieder heißen: langwierige Konferenzen, Hintergrundgespräche, Einsammeln und Nachkorrigieren von Leistungsnachweisen, Sichtung von Akten, Gespräche mit allen am Schulleben Beteiligten, unzählige Unterrichtsbesuche, schmalbrüstige Zielvereinbarungen.

Knorr hatte es an einer anderen Schule schon erlebt, wie unvorstellbar dumme, aber innerhalb des Systems emsige und auf Beförderungsstellen lauernde Lehrkräfte, die aufgrund welcher dubiosen Qualifikationen auch immer zu einer Art Schul-Kontrolleure ernannt worden waren, sich in wichtigtuerischer und anmaßender Weise aufgeführt hatten. Am Ende stand dann ein Evaluationsbericht, der wie immer und überall viel lobte, ein bisschen herumkritisierte und dann in den Akten verschwand, ohne dass ihn noch irgendwer zur Kenntnis genommen hätte. Und selbst wenn denn aufgrund von Kritik irgendwelche Zielvereinbarungen hätten getroffen werden müssen: Es hätte nichts genutzt, denn nie, wirklich nie, ging es um pädagogische Implikationen. Es ging immer um Unterrichtsausfall, Notenschnitte, zu wenige Lehrer, zu hohe Klassenfrequenzen, miserable Räumlichkeiten, um sogenannte harte Fakten und Parameter also, die nicht oder zumindest äußerst selten in der Verantwortung der Schule selbst lagen. Oder es ging um Systemkonformität der jeweiligen Schule, also zum Beispiel um die spannende Frage, ob alle Protokolle korrekt waren. Letztendlich wurden all die gesammelten Fakten, Pseudo-Erkenntnisse, Notenschnitte und läppischen Zielvereinbarungen irgendwo abgeheftet und vergessen. Konsequenzen würde es nie geben, es sei denn, irgendwo war eine Schule völlig aus dem Ruder gelaufen. Für die Fläche waren alle anderen Erkenntnisse insofern völlig sinnlos, als aufgrund finanzieller Klammheit oder pädagogischen und partiell ideellen Bankrotts sowieso nichts geändert werden konnte. Wenn man denn wenigstens einmal richtig Geld in die Hand genommen hätte und erstens professionelle Evaluationsteams oder Consultingfirmen von außerhalb des Systems die Arbeit hätte verrichten lassen, so wie es in Industrie und Wirtschaft gängiger Brauch war, und zweitens dann auch in konkrete, individuelle Lösungen Geld investierte hätte!

So taumelte das System weiter vor sich hin, nicht völlig schlecht, aber eben auch nicht so gut, wie es möglich wäre, wenn es denn selbstbestimmt, selbstbewusst und eigenverantwortlich agieren könnte. Zum Glück gab es interne Impulse kreativer Pädagogen und den einen oder anderen Impetus von außen, also aus der realen Welt der Verbände und Stiftungen, der Industrie und Wirtschaft oder aus dem Ausland. Nur sie führten zu Verbesserungen. Im Großen und Ganzen jedoch wurde der bestehende Notstand verwaltet. Die Bürokratie misstraute aus ihrer Perspektive allen Autonomiebestrebungen und Änderungsvorschlägen der Schulen schon allein deswegen, weil sie selbst dadurch zunehmend in ihrer Existenz bedroht, wenn nicht gar gänzlich überflüssig werden würde.

Knorr hätte sich wieder einmal maßlos aufregen können über diese Gesamtthematik, die sich bei ihm gleichsam zur monatlich einmal auftretenden Lieblings-Hass-Thematik entwickelt hatte. Er hatte sich längst dabei ertappt, dass er die Kultus-Bürokratie-Krake als eine Art Lieblingsgegner betrachtete. Er wusste, dass dies selbstverständlich auch ein albernes Verhalten war. Aber vielleicht brauchte er das ja inzwischen als Motivationshilfe für die Gestaltung der Schule vor Ort, vielleicht zog er daraus ja Energien? Oder war das schon leicht paranoid? Wie auch immer. Er schwor sich, dass dies das letzte Mal in diesem zu Ende gehenden Schuljahr war, dass er sich über etwas Schulisches oder Kultusministerielles aufregen würde. Im Gegenteil: Er würde sich in diesen restlichen paar Wochen nur noch den positiven und heiteren Seiten des Schullebens widmen und alle Widrigkeiten ignorieren. Mal schauen, ob das klappen würde. Vielleicht sollte er ja eine entsprechende Zielvereinbarung mit sich selbst treffen. Aber ob man die dann auch evaluieren konnte? Interne Evaluation sozusagen. Aber er wusste, dass dies wieder etwas ganz anderes war.

KAPITEL 9

Die letzten Schulwochen

»Das gibt's doch gar nicht! Ihr Blödmänner! Wehe, wenn ich euch erwische, ihr Idioten! Na wartet! So eine Schweinerei! Das ist ja wohl das Letzte! Was muss ich mir eigentlich noch bieten lassen?«

Studienrat Georg Odenwald, Motto: »Passt auf, ich mach die Schüler kalt, denn ich bin der Odenwald«, war außer sich vor Zorn und lief laut fluchend über den Pausenhof zum Schulgebäude zurück. Knorr schaute aus seinem Büro im ersten Stock. So hatte er den trotz seines martialischen Mottos eher friedfertigen und bei den Schülern beliebten Odenwald noch nie gesehen. Was war denn da los?

»Knallköpfe, Deppen! Das ist Sachbeschädigung. Ich werde euch alle anzeigen!«, schrie Odenwald voller Empörung.

»Was ist denn passiert?«, rief Hausmeister Klotzer, der Odenwald aus seinem Kabuff beobachtete.

»Diese Verrückten haben mein Auto davongetragen und auf einen Treppenabsatz gestellt!«, schrie Odenwald außer sich vor Zorn.

»Was? Na so was!«, tat Klotzer empört. »Wo genau haben sie es hingestellt?«

»Da um die Ecke, auf den Treppenabsatz bei den Bänken hinter dem Lehrerparkplatz. Da kann ich nicht mal mehr wegfahren. Da müsste ich ja erst wieder irgendwie die Treppe runterfahren.«

»Aha, soso. Da haben Sie recht. Da stecken Sie richtig fest. Die Treppe kommen Sie mit einem Auto nicht runter.«

»Das weiß ich auch. Und jetzt?«, fragte Odenwald mit hochrotem Kopf.

Knorr war hinzugeeilt. Da hatten sich die Abschluss-Schüler offensichtlich einen netten Scherz erlaubt.

»Kommen Sie, Herr Odenwald, gehen wir mal zum Auto und schauen wir uns die Lage genauer an«, schlug Knorr vor.

Sie bogen um die Ecke beim Lehrerparkplatz und da stand er: ein wunderschöner, knallroter Cinquecento, auf einem Treppenabsatz vor einer Parkbank. Das Problem war, dass sich jetzt am Nachmittag niemand mehr in der Schule aufhielt außer Klotzer, Knorr und Odenwald. Damit war keine Hilfe in Sicht.

»Das waren ganz klar die Abschluss-Schüler«, sagte Knorr. »Ein wirklich schöner Scherz.«

»Finden Sie?«, rief Odenwald empört. »Ein schöner Scherz? Ach wirklich?«

»Ist denn was kaputt am Auto?«

»Kaputt ist nichts. Jedenfalls ist nichts zu sehen. Aber wie bringe ich es die zehn Treppenstufen herunter?«

»Rufen wir doch mal den Klassensprecher Ihrer ehrenwerten 10d an. Vielleicht weiß der ja was oder vielleicht hat er eine Idee«, schlug Knorr vor.

»Ich soll diese Deppen auch noch anrufen?«, ereiferte sich Odenwald.

»Tja, ohne ein paar starke Arme kommen wir nicht weiter. Wir können ja nicht einfach Passanten um Hilfe bitte. Außerdem ist hier sowieso niemand mehr.«

»Also von mir aus. Schauen wir mal nach.«

Zurück im Büro suchte Knorr die Telefonnummer des Klassensprechers der 10d heraus. Odenwald saß mit einer Mischung aus Zorn und Hilflosigkeit in der Ecke. Hausmeister Klotzer schaute interessiert. Knorr war sich sicher, dass ihm dieser Vorfall großen

Spaß bereitete. Endlich hatte es mal einen der Lehrer erwischt. Nach außen gab er sich scheinheilig und solidarisch.

»Knorr hier. Tag, Herr Beck, oder besser Tag, mein lieber Johannes.«

»Ah, hallo, Herr Knorr. So eine Überraschung. Was verschafft mir denn die Ehre am helllichten Nachmittag?«

»Sag mal, Johannes, wie lange würde es dauern, bis du mit acht oder neun starken Männern aus deiner Klasse hier an der Schule auftauchen könntest?«

»Och, keine halbe Stunde, würde ich sagen. Aber was gibt's denn? Was sollen wir da?«

»Nur ein kleiner Transport. Dauert keine fünf Minuten. Ihr werdet schon sehen.«

»Na, wenn Sie das so sagen. Da bin ich aber gespannt. Okay, in einer halben Stunde sind wir da.«

Und tatsächlich. Schon nach 20 Minuten kamen die ersten Zehntklässler auf ihren Mopeds herangerauscht und nach etwas mehr als einer halben Stunde standen elf starke junge Männer in der Aula.

»Ihr kennt doch sicher Odenwalds roten Cinquecento?«

»Haben wir, glaube ich, schon mal gesehen. Klar, freilich, schönes kleines Auto. Was ist damit?«

»Kommt einfach mal mit.«

In diesem Moment kam Odenwald aus Knorrs Büro herbeigeeilt.

»Aha, da seid ihr also. Sauber. Ein toller Streich. Das wird …, das wird Folgen haben!« Odenwald schnaubte furchterregend auf.

»Was denn, was denn? Was hat Folgen? Was haben wir denn gemacht?«

»Herr Odenwald, jetzt mal ganz ruhig. Und ihr kommt bitte mal mit.«

Sie liefen zum Parkplatz, gefolgt von Klotzer, der die Szene weiterhin genoss.

»Ei, was haben wir denn da? Ein kleiner Cinquecento auf einem Treppenabsatz. Wie kommt der denn dort hinauf?«

»Das würde uns auch interessieren. Vor allem aber: Wie kommt der wieder herunter?«, sagte Knorr.

»Na, das ist doch überhaupt gar kein Problem, Herr Knorr. Das kriegen wir schon hin, gell Jungs?«, sagte Johannes.

»Klar doch, kein Problem«, schallte es Knorr entgegen.

Odenwald stand halb zusammengesackt daneben. Sein schönes Auto!

»Tja, dann packen wir mal an. Aber, äh, bevor wir das tun, noch was. Eine kleine Belohnung ist doch wohl drin?«, fragte Johannes und blickte auf Odenwald.

»Was? Was fällt euch ein? Ihr wollt eine Belohnung dafür, dass ihr das Auto wieder runterhebt? Ihr habt es doch selbst raufgetragen! Das ist doch der Gipfel!«, eiferte sich Odenwald erneut.

»Wir? Wir haben es da raufgehoben? Wirklich?« Die Jungen blickten sich vielsagend an, und Knorr glaubte, ein leises Lächeln zu erkennen.

»Wir doch nicht. Nö. Würden wir doch nie tun, gell?«, sagte Johannes. Die anderen nickten in gespielter Entrüstung.

Knorr blickte Odenwald an.

»Also, Herr Odenwald. Wie auch immer. Tatsache ist, dass Ihr Auto da oben steht und Sie nicht wegfahren können. Also muss es herunter. Tatsache ist auch, dass hier ein paar starke junge Leute stehen, die es herunterheben können. Tatsache ist weiterhin, dass diese jungen Leute extra hergefahren sind und ihre Zeit opfern. Also, geben Sie sich einen Ruck, sonst müssten Sie heute ja wohl zu Fuß heimgehen.«

In Odenwald arbeitete es. Er war hier der Depp. Die hatten ihn reingelegt. Jetzt wollten sie auch noch eine Belohnung. Die Welt war ungerecht. Das alles war eine Unverschämtheit sondergleichen.

»Gut. Also was wollt ihr?«

»Ach, wir sind doch bescheiden. Sagen wir, insgesamt fünf große Pizzas. Das ist doch fair. Oder etwa nicht?«

Knorr blickte Odenwald aufmunternd an.

»Also gut. Was soll ich machen. Was bleibt mir übrig. Von mir aus.«

Odenwald schaute beleidigt.

»Schauen Sie, Herr Odenwald. Sie haben uns nun drei Jahre als Klassenleiter gehabt. Und nie haben Sie uns was spendiert. Weder bei Klassenfesten noch auf unseren Fahrten. Also, da kommen Sie doch wirklich billig davon«, sagte Johannes.

»Also doch. Es war mir gleich klar. Ihr habt mein Auto da raufgetragen, um mich zu erpressen. Bravo! Ein Skandal! Aber gut. Ihr habt mich in der Hand. Fünf große Pizzas. In Ordnung.«

Die Schüler stellten sich um den Cinquecento, zählten bis drei, riefen »Hopp« und trugen ihn Stück für Stück die Treppe hinunter.

Odenwald grummelte vor sich hin, Knorr grinste, Klotzer war begeistert, die Schüler kassierten ihre Prämie.

»Also dann, danke schön, Herr Odenwald, vielen herzlichen Dank. Wir tun auch nie, nie wieder irgendetwas Böses.«

Die Schüler brausten davon. Knorr, Klotzer und Odenwald standen noch einen Augenblick herum.

»Also dann, gute Heimfahrt, Herr Odenwald. Problem elegant und sogar recht preiswert gelöst. Und jetzt hören Sie auf zu schmollen. War doch eigentlich irgendwie ein harmloser und origineller Scherz«, sagte Knorr aufmunternd zu Odenwald.

Der fing sich langsam wieder und blickte stolz auf sein schönes Auto.

»Na ja, ich fang mich schon wieder ein. Sie wissen ja, wie das so ist, Herr Knorr. Im ersten Moment, da könnte man sie alle erwürgen. Geht schon wieder. Diese Bande!« Und dabei musste er sogar verhalten lächeln.

Keiner ahnte zu diesem Zeitpunkt, dass dies nur das Vorspiel zum sogenannten Abschluss-Scherz war. Am nächsten Morgen kam alles noch viel besser.

Als Knorr aus seinem Auto ausstieg, sah er schon den Menschenauflauf vor dem Schulportal. Schüler und Lehrer standen herum und debattierten aufgeregt. Hausmeister Klotzer schritt aufgeregt auf und ab, entdeckte Knorr und kam auf ihn zugelaufen.

»Kommen Sie mit, kommen Sie schnell«, rief er.

»Was gibt's denn?«, fragte Knorr zurück, während sie sich den Weg zur Eingangstüre der Schule bahnten.

Und dann sah er, was los war: Das Eingangstor war zugemauert. Und zwar fachmännisch, von unten bis oben. Lückenlos.

Die herumstehenden Schüler johlten vor Begeisterung. Die versammelte Klasse 10d stand direkt neben dem Eingang und feixte. Auch den Lehrern schien die Szene Spaß zu machen. Kein Zugang möglich, also keine Schule. Prima. Alle waren gespannt, wie sich die Lage entwickeln würde.

»Herr Knorr, es ist alles geregelt«, rief Hausmeister Klotzer fast triumphierend. »Ich habe alles Nötige veranlasst. Die Polizei und die Presse sind informiert.«

»Ach was.«

»Aber selbstverständlich. Ich weiß doch, was in so einem Fall zu tun ist.«

Dieser Idiot, dachte Knorr. Hat dieser Trottel auch noch die Presse informiert. Toll. Man würde sich wieder mal zum Affen machen. Aber er sagte nichts und sah durch Klotzer hindurch.

Jetzt mal souverän bleiben, dachte er sich.

»Tja, liebe Leute, dann wartet mal ein bisschen hier auf dem Pausenhof. Ich komme gleich wieder zurück. Bis dann.«

Knorr hatte für Notfälle immer einen geheimen Zugang zum Schulgebäude. Er besaß einen Schlüssel für eine versteckte Nebentür hinter der Sporthalle. Von dort konnte er sich durch ein Labyrinth an Gängen den Weg zu seinem Büro bahnen. Die Schülermeute schaute ihm anerkennend hinterher. War ja heute wieder ganz schön cool, der Alte.

Knorr wählte die Nummer des städtischen Bauhofs. Dort war man schon durch Klotzer über die Aktion informiert worden. Selbstverständlich würde man gleich ein paar Arbeiter vorbeischicken, wenn Knorr das wollte, kein Problem. Knorr trat kurz ans Fenster und winkte scheinbar vergnügt auf den vollen Pausenhof hinunter.

»Buuuuh«, schallte es von unten zurück.

Er musste grinsen. Wieder ein netter Abschluss-Scherz. Das würde heute wohl noch so weitergehen.

Der Bautrupp erschien und ruck, zuck war die Mauer eingerissen.

»Nicht schlecht. Das haben die echt fachmännisch gemacht. Mit Schnellbinder!«, sagte der Vorarbeiter.

»Tja, sind halt praktisch veranlagte Schüler. Jedenfalls danke ich für die schnelle Hilfe«, sagte Knorr und drückte dem Mann einen Schein in die Hand. »Für die Brotzeit.«

Der Bautrupp zog wieder ab. Ein emsiger Volontär der Ortspresse machte eifrig Fotos und Notizen. Zwei junge Polizisten tauchten auf und wurden von Knorr wieder weggeschickt. Nein, er plante keine Anzeige. Das würde man intern regeln. Dann sprach Knorr mit Johannes Beck, dem Klassensprecher der 10d. Die Umstehenden sahen nur noch, wie Knorr diesem zunickte und ihm auf die Schulter klopfte.

Um 8:30 Uhr konnte der Unterricht wieder aufgenommen werden. Um 9:30 Uhr, pünktlich zur ersten Pause, war es damit wieder vorbei. Ohrenbetäubende Musik erschallte über eine Lautsprecheranlage und ein Abschluss-Schüler rief alle anderen auf, auf den Pausenhof zu kommen zum großen Abschluss-Scherz. Und dann ging es für zwei Stunden rund. Eine große Show mit Musik, Spiel, Spaß, Tanz und Veralberung der Lehrer lief ab. Für zwei Stunden zahlten die erfolgreichen Abschluss-Schüler ihren Lehrern auf witzige Weise zurück, dass sie in ihrem Schülerleben so allerhand hatten aushalten müssen. Die Lehrer mussten gegen Schüler Bobby-Car-Rennen fahren, mit verbundenen Augen einen Weg durch einen Parcours finden, Karaoke singen, Quizfragen beantworten, auf Stelzen Wettrennen bestreiten, sich einem Tanzwettbewerb stellen, Sackhüpfen und was es sonst noch an Jux und Tollerei gab. Die

Abschluss-Schüler hatten sogar für einen Imbiss und für Getränke für alle gesorgt. Alle Schüler waren bei strahlendem Sonnenschein in bester Laune Zuschauer des bunten Treibens auf dem Pausenhof. Hätten die Lehrer diesen Abschluss-Scherz als »Projekt« bewerten sollen, sie hätten sicherlich die Note Eins vergeben müssen. Respekt.

Knorr war angetan. Er hatte diese sogenannten Abschluss-Scherze nach bestandener Prüfung schon anders erlebt. Manchmal rächten sich die Schüler bei dieser Gelegenheit für Unbill, die sie während ihrer Schulzeit erlitten hatten. Ganze Schulhäuser waren schon mit Graffiti beschmiert, sämtliche Stühle und Bänke einer Schule des Nachts mit Klebebändern zusammengebunden worden. Mit üblen Parolen wurden missliebige Lehrer verunglimpft, Lehrerautos wurden beschädigt. An der Nachbarschule hatten die Schüler mehrere stinkende Misthaufen vor dem Gebäude abgeladen. Oft war in der Nacht vor dem Schulstreich Alkohol im Spiel und dann lief alles außer Kontrolle. Hinterher waren die Reinigungskräfte die Dummen, weil sie alles säubern mussten. Aber so wie das heute hier lief, fand es Knorr okay. Zur zweiten Pause gab er unter dem Applaus aller Schüler für den restlichen Tag unterrichtsfrei. Die Schüler jubelten und gingen nach Hause, auch die Lehrer freuten sich. Nur Frau von Plechschmidt-Hammerstein schaute missmutig. Wie konnte man nur dem proletarischen Zeitgeist derart nachgeben und dem Mob das Spielfeld überlassen! Und dann noch zwei Stunden Unterricht ausfallen lassen! Wäre sie hier Schulleiterin, würde sie diesem Unfug auf der Stelle Einhalt gebieten. Aber bitte, von einer Schulleitung wie dieser war ja wohl nichts anderes zu erwarten als die Anbiederung an den Pöbel.

*

Die offizielle Verabschiedung der Abschluss-Schüler fand wie immer am Freitag der vorletzten Schulwoche statt, und zwar traditionsgemäß in sehr feierlichem Rahmen. Viele Hundert Menschen nahmen teil, Eltern, Großeltern, Schülerinnen und Schüler, Lehrerinnen und Lehrer. Die gesamte Schulfamilie war in Eintracht vereint. Alle hatten sich fein herausgeputzt und harrten der Ansprachen und musikalischen Darbietungen von Schulband, Chor, Orchester und Instrumentalgruppen. Es würde wieder allerhand geboten werden und anschließend würde man zum geselligen und kulinarischen Teil auf dem Pausenhof übergehen. Der Elternbeirat bewirtete, ein Caterer sorgte zusätzlich für das leibliche Wohl. Es gab einen Bierausschank und eine Sektbar. Die Überreichung der Abschluss-Zeugnisse jedoch war an diesem Tag das Wichtigste. Sie stand am Ende des offiziellen Festaktes und markierte den gelungenen Abschluss der Schullaufbahn. Alle Schüler hatten bestanden.

Zunächst aber musste Knorr wieder diese leidige Abschlussrede halten. Die wurde von ihm natürlich erwartet und sie sollte möglichst feierlich und der Würde des Ereignisses angemessen sein. Nicht, dass er nicht gern redete, aber vor diesem ritualisierten Schwulst graute es ihm jedes Jahr. Was sollte er auch immer wieder Neues und zugleich Würdiges verkünden? Er hatte zig Reden und austauschbare Versatzstücke im Hinterkopf und wusste, dass seine lieben Schulleiterkollegen gerne über Statistiken sprachen und die Erwartungshaltungen, die die Gesellschaft an die jungen Absolventen hatte. Oder sie sprachen bedeutungsschwangere Worte über die Probleme auf dem Arbeitsmarkt und die Zukunftsaussichten für diese Generation von jungen Leuten. Gerne ging man in diesen Abschluss-Reden auch von irgendwelchen wertvollen Zitaten irgendwelcher bedeutender Schriftsteller oder Weisen aus. Im Grunde war der Inhalt dieser Reden mit geringer Variationsbreite immer der Gleiche, nämlich wie junge Menschen sich in vernünftige Erwachsene, in nützliche Glieder der Gesellschaft verwandelten. Das nervte, aber Knorr wusste, dass diese Erwartungshaltung im Saal vorhanden war. Und die jungen Leute, die nun ihren Schulabschluss in den Händen hielten? Sie mussten sich das alles geduldig anhören und ebenfalls feierlich schauen. Die Schülersprecherin würde sich dann in aller Form für die genossene Ausbildung, für die guten Jahre an der Schule und die Bemühungen der Lehrkräfte bedanken, die Elternbeiratsvorsitzende würde ihren Senf dazugeben. Das an allen Schulen im Lande stets ähnliche Ritual würde zum Glück von fetziger Musik umrahmt sein. Wenigstens etwas. Knorr fügte sich in sein Schicksal. Richtig vorbereitet war er nicht, er hatte nur ein paar Stichpunkte notiert und würde improvisieren müssen. Also gut, rauf auf die Bühne und reden. Und was genau? Egal, irgendwas. Was Nettes.

»Meine sehr verehrten Damen und Herren,
werte Gäste,
liebe Absolventinnen und Absolventen,
liebe Kolleginnen und Kollegen,
eine letzte Feierstunde noch, ein paar Stunden heiteren Beisammenseins, ein ganz klein wenig Zeit im Menschenleben, dann ist dieser Abschnitt der Schulzeit vorbei, sind alle ungeliebten Zwänge des Schülerlebens zunächst passé. *(Okay Knorr, leichter Einstieg.)*

Von unseren Schülerinnen und Schülern ist in der Abschlussprüfung in mehreren Fächern die Auseinandersetzung mit verschiedenen Themen und Aufgaben verlangt worden. Und ich kann Ihnen sagen: Sie alle haben diese Herausforderung bravourös gemeistert. Alle haben bestanden, viele mit herausragenden Schnitten. *(Positive Eröffnung, ein bisschen banal, na ja.)*

Von dem, der hier oben steht *(Ausgerechnet ich!)*, wird gemeinhin eine Rede erwartet, eine Rede, die ein hehres Thema aufgreift, sich mit einer Thematik vielleicht beschäftigt, die aktuell ist, über die es sich nachzudenken lohnt.

Die Globalisierung vielleicht? Etwas über internationale Beziehungen oder über Jugendprobleme, über Arbeitslosigkeit, über den weiteren Weg unserer Absolventinnen und Absolventen ins Leben? Über das Gute, Wahre und Schöne gar? Nach dem Motto, der Schulleiter rief die Jugendlichen auf zu irgendetwas, mahnte die

Jugendlichen zu dem und dem, hielt die Schülerinnen und Schüler an, dies und das zu tun oder zu lassen. *(Mensch Knorr, was willst du eigentlich sagen?)*

Aber lassen wir das. In einem Englischbuch, das ich vor ein paar Jahren in Frankreich zusammen mit einem englischen Freund schrieb, findet sich eine kleine Geschichte, die wir damals in einem netten französischen Bistro nach einer Abschlussfeier der französischen Schule, an der wir zusammenarbeiteten, verfassten. *(Gut, was Persönliches, hoffentlich gelingt mir das Zitat.)*

Die Geschichte handelt von ›The Undertaker of Liverpool Street‹ und natürlich wissen alle unsere fremdsprachlich hervorragend gebildeten Schülerinnen und Schüler und die Lehrer sowieso, dass Undertaker auf Deutsch nicht Unternehmer, sondern Leichenbestatter heißt. Gemeint war damit ein Schuldirektor, der, stets in schwarze Anzüge gekleidet, bei einer Sommerfete eine fürchterlich ernste Rede zur Entlassung der Jugendlichen hielt. Ich darf kurz zitieren: *(›Undertaker‹ kennt natürlich keiner, ein bisschen angeben schadet ja nicht.)*

›He was a miserable man who never smiled. On the day of the summer fete he was standing on the stage in front of all the parents and pupils … and began his usual speech about school being a place where boys were turned into gentlemen. The boys, however, were just waiting for the whole thing to end and the teachers were sitting around pretending to smile all the time.‹ *(Ha, super, halbwegs hingekriegt, das wird die Leute beeindrucken.)*

Meine sehr verehrten Damen und Herren, liebe Schülerinnen und Schüler, ich weiß, dass ich das hier und jetzt nicht übersetzen muss, leben wir doch in einer gebildeten Stadt. *(Hoho.)*

Die Schule also ein Ort, wo junge Leute lernen, Gentlemen respektive Ladies zu werden und Jugendliche, die nur darauf warten, dass dieser offizielle Teil der Feier endet und Lehrer, die dasitzen und so tun, als ob sie lächeln und sie das alles interessiert. Ich hoffe, dass dies nicht auch die Stimmung hier im Saal ist.

Wie auch immer, mein englischer Freund, er gleichzeitig Direktor der englischen Schulabteilung des französischen Collège, und ich waren uns einig, künftig keine Reden mehr zu halten über Ideale, über Erwartungshaltungen, über Ansprüche, über Jugend und Gesellschaft und so weiter. Uns selbst ödeten schon als Schüler die alljährlichen Reden anlässlich von Abschlussfeiern an. Als junger Lehrer langweilten sie mich immer noch, und ich weiß von zahlreichen Schulleitern, dass sie die einzigen sind, die denken, dass ihre Rede irgendwen interessiert. *(Schön und gut, aber was will ich jetzt eigentlich sagen?)*

Andererseits stehe ich nun hier oben *(Leider!)* und habe schon etwas Zeit darauf verschwendet zu sagen, was ich nicht sagen will. *(Was zum Teufel will ich überhaupt sagen?)* Und vielleicht gibt es Erwartungshaltungen, die mit dem bisher Gesagten gar nicht überein stimmen, die etwas Anregendes, etwas Positives, etwas Schöngeistiges einfordern wollen. Es wäre mir durchaus ein verständlicher, durch die Tradition legitimierter Gedanke. *(Okay, Imponiergehabe.)* Ich gebe diesem Anspruch also nach und formuliere ein paar kurze Gedanken, die nicht zentral ein Thema behandeln, sondern die ich eher als kleine Anregungen für euch, liebe Schülerinnen und Schüler, die ihr brav hier sitzt, verstanden wissen möchte. Die erste Anregung hat zu tun mit Schule und Leben. *(Ist ja alles ein Widerspruch, ist aber auch wurscht, irgendwas muss ich ja sagen.)*

Liebe Schülerinnen und Schüler, es gibt wichtigere, spannendere und lustigere Dinge im Leben als die Schule. Es gibt Interessanteres, als zu wissen, wie man Parabeln schneidet, es gibt Interessanteres, als zu wissen, wie man Widerstände schalten kann, und damit sich nicht nur die Mathematiker und Naturwissenschaftlicher ärgern, füge ich hinzu, es gibt Wichtigeres, als zu wissen, wie man ›immediately‹ oder ›archaeology‹ schreibt oder wie man ›romantische Ironie‹ definiert. *(Genau, ist zwar populistisch, aber doch eine gute Idee, und jetzt?)* Aber: Nichts oder wenig zu wissen, sollte euch allen zu billig sein, denn Wissen ist Lebensqualität. Auch Leistung ist Lebensqualität. Das meiste, was man im Leben relativ billig bekommt oder wofür man sich nicht anstrengen oder mühen muss, ist auf Dauer schal und banal. Leistung macht Spaß, auch wenn dies die meisten von euch heute noch nicht glauben mögen. Eure Eltern und Lehrer haben euch allerhand Potenzial an die Hand gegeben, etwas zu leisten. Ich kann nur sagen: Nutzt es, macht etwas draus, und wenn ihr es schon nicht für die weitere Schullaufbahn oder eure Arbeit tut, dann tut es für euch selbst. Man sieht nur, was man weiß. Also: Seid neugierig auf Neues, bildet euch weiter, lest, und zwar nicht nur Mails, Facebook, schnelllebigen Online-Blödsinn oder sonstige Banalitäten. Ums trivial zu sagen: Geht in eine Buchhandlung, kauft euch ein Buch, das euch interessant erscheint, das aber auch ein bisschen etwas für euch Unbekanntes anreißt, setzt euch in ein Straßencafé, trinkt einen Cappuccino und lest und genießt. *(Trara, das kapiert eh wieder keiner, aber irgendwie habe ich die Kurve gekriegt, und jetzt? Und jetzt?)*

Die zweite Anregung hat zu tun mit IQ und PQ, was immer das zunächst auch sein mag. *(Mann oh Mann, wie komm ich da jetzt überhaupt drauf? Wie jetzt weiter?)* Schule vermittelt Wissen. Wenn sie nichts als dieses tut, ist sie antiquiert. Wissen allein garantiert im Leben keinen Erfolg, auch wenn so mancher Smart Ass, so mancher flotte Managertyp gerne eine Turboausbildung für seine Kinder hätte. *(Das kommt bestimmt im Saal an.)* Zwar stimme ich einem meiner ehemaligen Kollegen nur bedingt zu, der sagt, dass es im Leben oftmals entscheidender ist zu wissen, wie man eine Flasche mit einer Hand öffnet, als zum Beispiel den Pythagoras zu kennen, doch möchte ich anfügen, dass die individuelle Weiterentwicklung wichtiger ist als die Anhäufung reines Faktenwissens. Wer intelligent ist, der eignet sich das Wissen beziehungsweise die Strategien, die er zur Lösung eines komplexen Problems braucht, sowieso an. In einer Gesellschaft, die in der Zukunft stark polarisiert sein wird in Wissende und Intelligente einerseits und Unwissende und damit Abhängige andererseits, solltet ihr, liebe Schülerinnen und Schüler, frühzeitig erkennen, dass es wichtig ist, aus seinem eigenen Potenzial etwas zu gestalten, sich weiterzuentwickeln. Am wichtigsten dabei aber sind nicht das erwähnte Wissen und auch nicht der IQ, wesentlicher ist der PQ. Was ist das? PQ steht für Persönlichkeitsquotient. Menschen ›denken‹ auf zweierlei Weise, auf eine rationale und auf eine emotionale Weise. *(Etwas sehr schräg formuliert, aber egal.)* Die emotionale Denkweise bezieht sich darauf, wie ein Mensch die Welt erfährt, wie er auf Erlebnisse reagiert. Sie hat wenig mit dem herkömmlichen Intelligenzquotienten zu tun. Wichtig ist die Alltagsintelligenz. *(Na ja, zum Glück die Stichpunkte vom Spickzettel verwurstet.)*

Man könnte – für einige sicher trostreich – sogar sagen: Zu viel Wissen macht dumm, denn es verwirrt und überfordert, es lähmt. Um Intelligenz richtig einsetzen zu können, braucht man vor allem Fähigkeiten wie Kreativität, Einfühlungsvermögen, Ausstrahlung, Menschenkenntnis, Taktik und Intuition. *(Prima, alter Junge, hau einfach ein paar Begriffe rein, irgendwie passt es schon.)* Diese Dinge zu erwerben erfordert Zeit, man muss an ihnen arbeiten. Das Resultat daraus ist die Persönlichkeit. Ich möchte euch also sagen: Bewahrt trotz aller Widrigkeiten, die den modernen Menschen stets umzingeln, eine optimistische Lebenseinstellung. Lasst euch in dieser Hinsicht auch von miesepetrigen und besserwisserischen Erwachsenen nicht beirren. *(Mal ein bisschen Anbiederung.)* Lehnt Fremdes oder Ungewohntes nicht einfach ab, fragt nach den Hintergründen, fragt danach, warum eine Sache ist, wie sie ist, und sagt nicht einfach Nein. Nur der Dummkopf ist gegen Fremdes und Neues. Die politischen Konsequenzen einer solchen Haltung möchte ich hier nicht ausführen. *(Wäre auch verdammt umständlich, ich tu mal so, als ob die eh klar sind.)* Ich möchte stattdessen hinzufügen: Der PQ, der Persönlichkeitsquotient, ist der Zufriedenheitsfaktor des Individuums.

Über die Dummheit wollen wir hier nicht mehr reden. Aber weder Wissen allein noch ein hoher IQ machen glücklich. Für eine reine Intelligenzbestie kann es eine gewaltige Hürde sein, einen Receiver zu programmieren *(Gute Idee, kann ich selbst auch nicht richtig.)*, eine Dosensuppe zu kochen, Holz zu hacken oder sich einmal bewusst vom öden Alltag zu lösen, zu feiern und einfach aus dem Trott auszusteigen. *(Na ja, so halbwegs hingekriegt, und nun? Was jetzt noch?)*

(Schnauf!) Der simple und oft strapazierte Satz ›Der Weg ist das Ziel‹ ist eine alte taoistische Weisheit. Natürlich kann am Ende eines Weges ein Ziel stehen. Aber es steht eben nicht nur am Ende des Weges ein Ziel, der Weg selbst, das Leben selbst könnte, oder besser, sollte das Ziel sein. Die Vertreter der Kirche mögen mir das Gesagte nachsehen. Es nützt euch nichts, liebe Leute, wenn ihr irgendwann 70 seid, euer Leben in Banalitäten verzettelt und jeglichen Glauben unterwegs verloren habt. Also: Hier und jetzt, carpe diem, nutzt den Tag, macht was aus eurem Leben. *(So, jetzt reicht es eigentlich, vielleicht noch ein Allgemeinplatz?)*

›Ein jedes Ende ist ein neuer Anfang‹ ist ebenfalls eine recht abgedroschene Weisheit. *(Genau, passt!)* Trotzdem: Das Ende eines Abschnitts der Wissensvermittlung und Bildung, liebe Absolventinnen und Absolventen, markiert demnach auch für euch diesen Neubeginn. *(Die übliche Floskel, aber was soll's.)* Glaubt nicht alles und nehmt nicht alles ernst, was wir Alten euch erzählen, denkt selbst, seid kritisch und verantwortungsbewusst, genießt euer Leben und habt Spaß. *(Sehr schön, Spaßgesellschaft!)*

Ich wünsche euch alles Gute für eure Zukunft und danke euch für die Geduld beim Zuhören. Und dann geht hinaus, freut euch und hüpft und singt und tanzt.« *(Puh, Mann oh Mann!)*

Na also, geht doch. Geschafft. Und noch dazu stehend freihändig und ohne Manuskript. Und sogar großer Applaus. Ob aus Höflichkeit oder Zustimmung, das war Knorr jetzt auch egal. Jetzt konnten noch alle anderen reden und musizieren, dann die Zeugnisübergabe an die Absolventen und dann endlich ein kühles Bier. Es war, als ob die Last eines Schuljahres von ihm abfiel. Und als er sich dann später wie immer diskret und heimlich vom geselligen Teil der Veranstaltung davonschlich, überfiel ihn fast ein wenig Melancholie.

*

In der letzten Schulwoche regierte fast nur noch das Chaos. Die Schüler wussten, dass die Notengebung abgeschlossen war und die Zeugnisse bereits gedruckt wurden. Was sollte ihnen also noch passieren? An regulären Unterricht war nicht mehr zu denken. Also vertrieb man sich die Zeit mit allerhand sonstigen Aktivitäten. Wandertage, Projekttage, Tanzkurs, Judokurs, Präventionsvorträge, Klassenfahrten, Schulhausgestaltungsaktivitäten und Sportturniere hielten die Schüler halbwegs bei Laune. Die Lehrerfußballmannschaft verlor wie jedes Jahr auf katastrophale Weise gegen die Schülermannschaft, diesmal mit 8:1. Und das war gut so. Endlich ein eindeutiges und viel bejubeltes Erfolgserlebnis für die Schüler! Zum großen Sommerfest fand parallel ein von Eltern und Bekannten gesponserter Lauf aller Schüler statt, der viel Geld einbrachte, das für soziale Zwecke, aber auch für die Schulhausgestaltung verwendet werden konnte. Derlei Geld bringende Aktionen häuften sich an allen Schulen, die in Zeiten wie diesen irgendwie schauen mussten, dass sie das Angenehme mit dem Nützlichen verbinden konnten.

*

»Am morgigen Wandertag werde ich leider nicht mit meiner Klasse mitgehen können. Sie wissen schon, die Hüfte«, sagte Frau von Plechschmidt-Hammerstein mit matter Stimme zu Knorr.

»Ich verstehe. Ja, wenn Sie nicht laufen können, dann kommen Sie eben in die Schule und da können Sie sich bei Verwaltungsarbeiten einbringen. Das Sekretariat ist sowieso völlig überlastet. Die Versendung der Jahresberichte, die Zeugnisse, der ganze Schuljahresabschluss, Sie wissen schon«, entgegnete Knorr.

»Wie bitte? Habe ich Sie eben richtig verstanden? Ich soll in der Schule Verwaltungsaufgaben erledigen? Wie meinen Sie das?«

»Na so, wie ich es sage. Wenn Sie aufgrund Ihrer Hüfte nicht mit wandern gehen können, was ich einsehe, dann können Sie doch wohl trotzdem dem Sekretariat helfen. Dabei können Sie ja sitzen.«

»Das ist ja unerhört. Wenn ich nicht wandern gehen kann, dann bleibe ich natürlich zu Hause.«

»Das wäre eine sehr schlechte Idee. Sie wissen, dass Sie eine Dienstpflicht haben. Sie können nicht einfach ankündigen, dass Sie zu Hause bleiben.«

»Was heißt hier Dienstpflicht? Ich bin Akademikerin. Verwaltungsaufgaben für die Schule sind unter meinem Niveau. Ich sehe nicht ein, so etwas zu machen.«

»Und ich sehe als Schulleiter nicht ein, dass Sie einfach zu Hause bleiben, wenn hier viel zu tun ist.«

»Dann bin ich eben krank. Punkt. Aus.«

»Heißt das, dass Sie hiermit eine Krankheit für den morgigen Tag ankündigen?«

Frau von Plechschmidt-Hammerstein spürte, dass sie sich aufs Glatteis begeben hatte.

»Äh, ich kündige das nicht an. Aber wer weiß. Es könnte ja sein, oder?«

»Seien Sie vorsichtig, was Sie sagen. Ich will das alles mal überhört haben.«

»Das ist eine reine Schikane. Aber bitte. Wie soll ich mich wehren. Sie haben weder Verständnis noch Mitgefühl. Das ist typisch für Sie. Dann bleibt mir nichts anderes übrig, als meine Yogastunde abzusagen.«

»Hervorragende Idee. Also bis morgen.«

Es war eigentlich nicht Knorrs Art, den Dienstvorgesetzten herauszukehren und derart zu reagieren. Aber in diesem Fall bereitete ihm diese Rolle ausnahmsweise einmal Vergnügen. Hatte sich die Dame doch erst über zwei ausgefallene Stunden aufgrund des Abschluss-Scherzes echauffiert und ansonsten sowieso abgeseilt, wann immer sie konnte. Jetzt beging er eben das Revanchefoul. Das war auch ein Zeichen an das Kollegium. Und so saß Frau von Plechschmidt-Hammerstein am folgenden Tag zwei Stunden im Sekretariat und verpackte zum Erstaunen aller übellaunig Jahresberichte in Briefumschläge. Ätsch.

KAPITEL 10

Der letzte Schultag

Gleich würde man es geschafft haben! Der letzte Schultag war angebrochen, ein strahlender Tag mit viel Sonnenschein, passend zu den kommenden Ferien. Jetzt noch vier Stunden herumbringen, dann hinaus in die Freiheit! Doch das galt nur für die Schülerinnen und Schüler und für die Lehrkräfte und die hatten sich alle die Ferien verdient. Das Schulleitungsteam würde noch eine Woche anhängen müssen, um das gesamte Schuljahr organisatorisch halbwegs zu einem Abschluss zu bringen. Am ersten Ferientag würden wieder Dutzende Eltern mit ihren Kindern schon am frühen Morgen wegen Neuanmeldungen vor der Schule warten. Das waren all die Leute, die erst von woanders zugezogen waren, und diejenigen, die aus anderen Schulen und Schularten übertreten wollten. Sie hatten ja auch gerade erst die Zeugnisse ihrer Kinder in die Hand bekommen, die sie zum Übertritt vorlegen mussten. Man würde sich um die Beratung der Eltern und insbesondere der Kinder kümmern müssen, die durchgefallen waren, aber noch eine Nachprüfung vor Schuljahresbeginn ablegen und damit aufrücken konnten.

Am letzten Schultag gingen die Klassen zunächst einmal in die Kirche zum Gottesdienst. Diesen gestalteten die Religionslehrer in seltener ökumenischer Eintracht gemeinsam mit den Schülern. Natürlich gelang es den anwesenden Lehrern mit ihren leeren Drohgebärden nicht, durchgehend für Ruhe zu sorgen, und so gab es wieder das übliche Gerangel auf der Empore, von der dann prompt Papierflieger heruntergeworfen wurden. Auf dem Heimweg zuckelten die Schüler besonders langsam, um gleich nahtlos in die erste Pause gehen zu können.

Der Hausmeister hatte seinen gesamten Krimskrams bereits ausverkauft und ein Schild ausgehängt, auf dem zu lesen stand: *Die Hausmeisterfamilie wünscht allen Schülern schöne Ferien. Fundsachen können bis 13:00 Uhr abgeholt werden.* Vor dem Hausmeisterkabuff standen zwei große Kisten mit Kleidung, Schuhen, Schmuck, Taschen, Federmäppchen und vielen anderen Dingen, die irgendwann in der Schule verloren gegangen waren, die aber offenkundig kein Schüler vermisste. Symptome einer saturierten Wohlstandsgesellschaft. Im Sekretariat herrschte hektisches Treiben. Die letzte Post wurde sortiert, noch einige Jahresberichte wurden verschickt, ein paar Schülerakten geordnet, die Schreibtische abgeräumt, damit die Reinigungstrupps leichteres Spiel hatten.

Es kamen Jahresberichte anderer, befreundeter Schulen herein, die Knorr alle sammelte und dann gemächlich in den ersten Ferientagen durchblätterte. Er amüsierte sich seit Jahr und Tag über die Vorworte, die Worte des Dankes und das gesamte ritualisierte Geplapper dieser sich inhaltlich stets penetrant ähnelnden, aber in der Aufmachung zunehmend pompöser daherkommenden Druckwerke. Fiel der Jahresbericht seiner Schule auch in diese Kategorie? Besonderes Vergnügen bereiteten ihm immer die »*allerbesten* Wünsche für schöne Ferien, verbunden mit *aufrichtigem* Dank für das im vergangenen Schuljahr Geleistete«, die in einem elektronischem Rundbrief an alle Schulen von der regionalen Oberbehörde verschickt wurden. Meist hatte Ministerialoberrat Gumbmann oder einer seiner Gehilfen irgendeinen kindischen Kalenderspruch ausgegraben und diesen mit einigen Ranken versehen abgedruckt, um so zu tun, als sitze man in einem Boot und rudere hoffnungsfroh in eine Richtung, und zudem um glauben zu machen, man sei von Herzensbildung durchströmt, ja geradezu überwältigt. So wurde einfältig versucht, Harmonie und Schulterschluss zu demonstrieren, was aber konterkariert wurde durch die ein paar Minuten später folgende Aufforderung zur Abgabe einer weiteren Statistik über Schulabgänger, die man bis nächsten Montag auch noch brauchte. Egal, zwei Minuten später hatte Knorr die fertige Statistik schon wieder zurückgesandt. Er wusste auch, dass fünf Minuten vor dem definitiven Ende der zuständige Referent noch schnell die Unfallstatistik des Jahres anfordern würde. Jedes Jahr dasselbe alberne Spiel.

11:15 Uhr. Die Zeugnisausgabe war beendet, der letzte Gong des Schuljahrs ertönte, die Klassenzimmertüren flogen auf und die

Schüler rannten über den Schulhof in die Freiheit der Sommerferien. Knorr stand in der Eingangstür, wünschte in alle Richtungen schöne Ferien und genoss die gute Stimmung. Viele Schüler grüßten zurück und wünschten ihm ebenfalls schöne Ferien. Schule war doch wirklich etwas Schönes, wenn es »nur« um Schüler und Lehrer ging. Das Lehrerzimmer begann sich zu leeren, die Kolleginnen und Kollegen verließen das Schulgebäude mit dem Latte-macchiato-Becher in der einen und ihren Mappen und oftmals auch kleinen Geschenken in der anderen Hand.

13:00 Uhr. Knorr lief durch das Schulgebäude. Eine leere Schule hatte eine seltsame Atmosphäre und strahlte eine gewisse Tristesse aus. Was war während dieses Schuljahres nicht alles geschehen in diesen jetzt leeren Hallen. Er schlenderte zurück in sein Büro, in dem er wieder einmal zwangsläufig viel zu oft gesessen hatte, und räumte seinen Schreibtisch halbwegs auf. Nächste Woche nur noch Verwaltungsaufgaben und Elterngespräche. Wieder allerhand erfolgreich gemeistert. Wieder ein paar Niederlagen erlitten. Wieder ein paar Federn gelassen. Wieder ein Schuljahr vorbei. Nächstes Jahr würde einiges noch viel besser werden. Oder etwa nicht?

Ferien.

SCHWARZKOPF & SCHWARZKOPF

111 GRÜNDE, LEHRER ZU SEIN

EINE HOMMAGE AN DEN SCHÖNSTEN BERUF DER WELT – PÜNKTLICH ZUM NEUEN SCHULJAHR

111 GRÜNDE, LEHRER ZU SEIN
EINE HOMMAGE AN DEN SCHÖNSTEN BERUF DER WELT
Von Dietrich von Horn
224 Seiten, Taschenbuch
ISBN 978-3-86265-310-2 | Preis 9,95 €

Dieses Buch ist eine ganz persönliche Liebeserklärung und eine längst überfällige Hommage an einen Job, der vielmehr Berufung als Beruf ist. Witzig und hintersinnig stellt Dietrich von Horn die Besonderheiten des Lehrerberufes und der Spezies »Lehrer« heraus.

Es geht um wunderliche, aber liebenswerte Eigenheiten, um die überraschenden Parallelen zwischen einer Unterrichtsstunde und einem Rolling-Stones-Konzert, um pädagogische Unterfangen in und außerhalb der Schule und nicht zuletzt darum, warum Lehrer gar nicht anders können, als immer alles besser zu wissen.

Der Leser wird mitgenommen auf eine abenteuerliche Reise durch das Lehrerdasein. Und am Ende wird klar, dass es die Mischung aus allem ist, die diesen Beruf einzigartig und zum schönsten und wichtigsten auf der Welt macht!

WWW.SCHWARZKOPF-SCHWARZKOPF.DE

SCHWARZKOPF & SCHWARZKOPF

MANCHMAL SCHAUEN SIE SO AGGRO

GESCHICHTEN AUS DEM SCHULALLTAG – EINE LEHRERIN ERZÄHLT
VOLLER SYMPATHIE FÜR DIE SCHÜLER UND VOLLER ADRENALIN

MANCHMAL SCHAUEN SIE SO AGGRO
GESCHICHTEN AUS DEM SCHULALLTAG –
EINE LEHRERIN ERZÄHLT
Von Hildegard Monheim
288 Seiten, Taschenbuch
ISBN 978-3-86265-166-5 | Preis 9,95 €

»Hildegard Monheims Geschichten gelingt eine gute Balance, trotz aller Härten bleibt am Ende kein Bild der völligen Hoffnungslosigkeit.« Süddeutsche Zeitung

»In 33 Geschichten beschreibt Hildegard Monheim humorvoll das Seelenleben der Lehrer; dass sie selber morgens manchmal keine Lust auf Schule hat; Ohrringe nicht die besten Gegenstände sind, um sie nach Schülern zu werfen und jeder gute Lehrer den Blick hinter die Schülerfassade lernen sollte.« radio eins

»Hildegard Monheim unterrichtet an einer Hauptschule. Was der unbeugsamen Lehrerin zwischen Leiden und Lachen so alles widerfährt, bringt sie humorvoll auf den Punkt – und spart dabei nicht mit kritischer Reflexion und Selbstironie.« Emsland-Kurier

WWW.SCHWARZKOPF-SCHWARZKOPF.DE

SCHWARZKOPF & SCHWARZKOPF

SCHULFRUST

VIVIANE CISMAK ZEIGT, WIE SCHWER BILDUNGSFÖDERALISMUS, ANDAUERNDE UNGERECHTIGKEIT UND UNZÄHLIGE REFORMEN DEN SCHULALLTAG MACHEN

SCHULFRUST
10 DINGE, DIE ICH AN DER SCHULE HASSE
Von Viviane Cismak
240 Seiten, Taschenbuch
ISBN 978-3-86265-065-1 | Preis 9,95 €

»Leistungsfeindlichkeit, Wischiwaschi-Unterricht, Multikulti-Irrsinn; die Berliner Einser-Abiturientin Viviane Cismak hat das alles erlebt – und ein Buch darüber geschrieben. ›Schulfrust: 10 Dinge, die ich an der Schule hasse‹ ist eine bitterböse Abrechnung mit dem Bildungschaos.« *Berliner Kurier*

»Mit ihrem provokanten Werk ›Schulfrust‹ ist es Viviane Cismak gelungen, Aufmerksamkeit auf die Missstände zu lenken, die sie in ihrer Schulzeit am eigenen Leib erfahren hat.« *Der Westen online*

»Bildungspolitiker sollten ›Schulfrust‹ ernst nehmen, denn allein die Tatsache, dass eine gute Schülerin solch eine Hasstirade loslässt, zeigt, dass unser Bildungssystem reformbedürftig ist.«
Niedersächsische Allgemeine

WWW.SCHWARZKOPF-SCHWARZKOPF.DE

SCHWARZKOPF & SCHWARZKOPF

NACHBARN!

WAS BRAUCHT MAN FEINDE, WENN MAN NACHBARN HAT?
EIN ABENTEUERLICHER STREIFZUG DURCH VERMINTES TERRAIN

NACHBARN!
KEINER BRAUCHT SIE – JEDER HAT SIE!
Von Moritz Petz
Mit Illustrationen von Jana Moskito
256 Seiten, Taschenbuch
ISBN 978-3-86265-303-4 | Preis 9,95 €

Der Umzug der Familie steht bevor: ein Abenteuer – und der Anstoß für Moritz Petz, einen Streifzug durch den Nachbarschaftsdschungel zu unternehmen. Ausgehend von der aktuellen Situation der Familie Petz, die so einiges durchzustehen hat, erinnert er sich an frühere Nachbarn und Nachbarschaftserfahrungen und gewinnt einige erstaunliche Erkenntnisse zu diesem brisanten Thema.

Ganz ohne Berührungsängste, aber mit viel Humor untersucht Feldforscher Moritz Petz Nachbarn und Wohnverhältnisse in all ihren schillernden Facetten: vom WG-Mitbewohner über den Messie, die Schlafwandlerin und den Blockwart bis hin zum Gartenterroristen. Vom Spanner und Kontrollfreak über die SM-Nachbarn und solche, die man unfreiwillig im Urlaub trifft, bis hin zu freundlichen oder auch unerträglichen Vermietern.

WWW.SCHWARZKOPF-SCHWARZKOPF.DE

SCHWARZKOPF & SCHWARZKOPF

111 GRÜNDE, BÜCHER ZU LIEBEN

EINE INNIGE LIEBESERKLÄRUNG AN DAS LESEN
UND EINE UNVERZICHTBARE LEKTÜREEMPFEHLUNG FÜRS LEBEN

111 GRÜNDE, BÜCHER ZU LIEBEN
EINE LIEBESERKLÄRUNG AN DAS LESEN
Von Stefan Müller
280 Seiten, Gebunden mit Schutzumschlag
ISBN 978-3-86265-001-9 | Preis 14,95 €

Der Literaturwissenschaftler Stefan Müller liebt die Welt der Bücher von A wie Antiquariat bis Z wie Zeilenumbruch und spürt in seinem Buch dem Reiz des gedruckten Buchstabens nach. Er sinniert über erstaunliche Bestseller, die schönsten ersten Sätze von Romanen und das Vergnügen beim Sortieren eines Bücherregals.

Aus übervollen Kisten kramt er Klassiker sowie fast vergessene Meilensteine hervor und nimmt den Leser mit auf eine literarische Reise durch die Epochen der Literatur. Dabei gibt er unzählige Lesetipps und bietet die Gelegenheit, neue, alte, berühmte, berüchtigte und geliebte Schriftsteller und ihre Werke kennenzulernen oder wiederzuentdecken.

111 GRÜNDE, BÜCHER ZU LIEBEN kürt das Lesen zum besten Hobby der Welt und ist die Antwort auf die Frage: Was soll ich lesen?

WWW.SCHWARZKOPF-SCHWARZKOPF.DE